HEROIC LEADERSHIP

Best Practices from a 450-year-old Company That Changed the World

裁培領袖

持續五百年的人才培育學

CHRIS LOWNEY

克里斯・勞尼｜著 陳曉夫｜譯

栽培領袖

持續五百年的人才培育學

Heroic Leadership

Best Practices from a 450-year-old Company That Changed the World

〈專文推薦〉

耶穌會和栽培領袖

Fr. Jerry Martinson, SJ
丁松筠

很多人問我為什麼要做神父？這個問題的答案和一個組織有很大（很可能是全部）的關係，它的名字叫做耶穌會。

我在十七歲加入天主教一個修會團體，英文名稱叫做 The Society of Jesus，通稱做 Jesuits，中文名稱就叫耶穌會。一輩子不結婚，不能擁有任何私人財產，不能選擇自己的工作、參與的活動或是生活的環境，以十七歲的年紀做這樣的承諾實在是很年輕。我為什麼會這麼做呢？

我小的時候，並沒有想過要做神父。我覺得做那樣的選擇犧牲太大。我媽媽守寡把我們養大，我覺得我有責任照顧我的媽媽和兩個弟弟。我有很多好朋友，也有女朋友。那時候，我心目中的神父生活很無聊。

有一天，一位神父到我就讀的高中，向我們介紹耶穌會的事情。當我打開他散發的小冊子，我彷彿打開一扇門，這扇門通往我夢想的人生。我夢想的人生正是往需要我的任何地方、不管在地球上的哪個地方去服務別人，這樣的人生能讓別人的人生大不同——我想要畢生追隨一條道路，而這條道路是那位充滿愛卻神祕的天主專為我設計的。

小冊子上有兩個名詞跳出來吸引著我：「更」和「使命」。依納爵．羅耀拉原本是西班牙的貴族，在四百五十年前建立了耶穌會，他勸勉耶穌會的夥伴們不受任何事物牽絆，好能徹底奉獻自己投入於指派給他們的使命。他們的使命沒有一定的範疇，只要是他們的長上認為在天主眼中最迫切、最重要、而且是這位被使派的耶穌會士舍我其誰的使命。只是接受使命，對耶穌會士還不夠，他們要做到完全擁抱使命，要持續地問自己：「我可以怎樣做得更好？我怎樣可以做得更多？」耶穌會士永遠不會覺得自己現有的成就「已經夠好了」。

徹底的投身和慷慨的奉獻，到任何需要的地方，去服務最需要的人們，把自己所能給的全都給出來，我的內心深處因這召喚而澎湃。我彷彿聽到有人說：「這正是為你準備的。這樣的人生會帶給你喜悅、滿足和幸福。」

結果的確如此。儘管有所犧牲、遭遇困難，我始終明白我加入耶穌會的決定是對的。而且，正如我所期待的，耶穌會派遣我到一個非常遙遠的國度，在那兒和不同文化的人們一起工作、一起生活。耶穌會運用天主給我的才能和恩賜，還不斷地勉勵我要為更多人、為我的教會和社會做更多事。

耶穌會是天主教會的一個修會（就像方濟會、本篤會、奧斯定會等等都是天主教的修會），分享並傳揚耶穌基督的教誨和聖經中陳明的對天主的信仰。耶穌會士必須服從天主教教宗，遵守他的諭令。這是耶穌會的使命。耶穌會的建立就是為了以最卓越的方式達成這個使命。

然而，耶穌會獨特之處在於他們以非常獨特、且有創意的方式執行他們的使命。耶穌會士不只是做本堂神父、宣教士和神學教師。除了經營本堂、神學院、避靜院，他們還經營教育機構（從幼稚園到大學一應俱全）、媒體製作中心、社會服務中心和研究機構。耶穌會士之中有科學家、工程師、社會學家、社會工作者、監獄教誨師、醫生、天文學家、難民權益推動者、婚姻諮商、青年輔導者、藝術家、教會法學者、新聞記者、音樂家、靈修輔導、演員、詩人、電影製片、護士、醫生等等，甚至還有人是釀酒人、養蜂人、廚師。這長串名單似乎說也說不完。

如果說耶穌會最重要的使命就是讓世界認識耶穌基督，並邀請人們加入天主教會、好一起跟隨耶穌，那耶穌會士為什麼做這麼許多其他的事情？耶穌會創立者依納爵．羅耀拉在靈性上的天賦使他能看到並體驗到天主臨在每一個地方。因此，他派遣耶穌會夥伴探索每一個有生命的領域，根據他們個人的興趣和才能，去發現天主隱藏在哪裡，並且把天主在我們中間的好消息向整個世界宣報。

利瑪竇和他的耶穌會夥伴在中國明清兩朝來到中國，在中國文化和中國人中間尋找、並且找到天主。

我也在台灣擔任電視製作人的工作當中看到天主的確在這個地方。沒錯，即便是在肥皂劇、MTV和武打片，在製作出這些影片的演員、編劇、導演、剪輯、歌手和詞曲創作者當中，也可以找到天主。我希望，和我一同生活過、工作過以及我試著去服務的人當中，至少有些人能在我身上看到一部份的天主。

《栽培領袖》這本書說明了耶穌會在使命和教育工作以及廣泛的社會、文化和宗教活動之所以有成的一個理由，就是所有的耶穌會士都被要求成為領導者。當我加入耶穌會時，覺得自己是個好的追隨者，可是並不像是領導者的可塑之才。我的個性挺友善、親切的，也非常喜歡和人們來往，但我並不想去告訴別人該做什麼，也不想指揮人做這做那，更別說領導一群人了。我在耶穌會初學院的第一年時，我的長上告訴我，我以個人溫和、不說教的方式，我其實正是在做領導者。這句話對我來說實在很震撼。我從沒聽人跟我說過這話，似乎很不搭調，不符合我對自己的認定，也不符合我對自己的期許。我只想做服務他人的簡單生活，我不想領導誰。

但是耶穌會一向要求「更多」，慢慢地，我接受的工作和責任教導我，如何以適合個性、天賦和限度的方式去領導。

更重要的是，我很感激耶穌會幫助我發現，我可以用我從未夢想過的方式幫助別人。耶穌會也讓我運用這些我發現並且盡全力開發的能力。這使得我的人生充滿挑戰，更圓滿，(我盼望)也更能幫助別人。

我很高興能邀請全世界的中文讀者，閱讀《栽培領袖》這本書，分享深刻影響我一生的一些真理和實踐方法。四百五十年以來，來自各種背景的領導者和學習者受到依納爵・羅耀拉的智慧啟發、受他的神操引導，因他的願景和靈修激發創新。這些依納爵式的特質每一天仍持續塑造耶穌會士和世俗的領袖。

（本文作者丁松筠神父為光啟社副社長）

〈專文推薦〉

不是英雄，就別領導！

金惟純

近年來，我常陷入「無書可讀」的窘境。

沒事買本新書，理論講得頭頭是道，可裡面舉的「成功典範」，常有公司已破產或正紓困中，而人物已從英雄變成了狗熊。每遇此況，都覺得自己傻得可以，很想把書從窗子丟出去，所以我改讀舊書。最近讓我最驚豔的，是克里斯．勞尼（Chris Lowney）六年前所寫的《栽培領袖》。

耶穌會創立於一五四〇年，迄今已運作長達四百七十年，目前仍是世界最大的天主教修會組織。在長達五世紀間，她所累積的成就，包括在科學、教育、濟弱扶傾和宣揚教義上，遠非任何現代組織可比。這樣一個經過長期歷史巨變考驗，卻始終能因應茁壯的團體，所依恃的，正是永不枯竭的領導力。

作者克里斯對此感受最深，因為他曾在耶穌會生活七年，然後進入摩根投資銀行，工作十七年做到常務理事。在克里斯眼裡，包括世界頂尖企業的最新管理思潮及實踐，若不是離蟲小技、不值一提，就是耶穌會幾百年前早就在做、而且成效斐然者。從領導或管理的觀點看，任何現代企業站在耶穌會旁，都有如侏儒。

事實上，早在我年輕時讀近代史，耶穌會傳教士就曾是心目中的英雄，他們所曾寫下的英雄事跡歷久不衰、傳誦不絕。他們所奉行的，也正是「英雄式的領導」（本書原名：Heroic Leadership）。什麼人是英雄呢？必須兼具以下四種特質：

- 自覺（self-awareness）：能了解自己的長處、短處、價值和世界觀。
- 才智（ingenuity）：能在不斷變化的世界裡充滿自信地創新與調適。
- 愛心（love）：能以正面及關懷的態度與他人交往。
- 英雄豪氣（heroism）：能以豪情奔放的雄圖激勵自己與他人。

近五世紀前，以羅耀拉（St. Ignatius Loyola）為首的十位好朋友，就是兼具這四種特質的英雄，他們因英雄相惜而創辦了耶穌會，從此被他們吸引而來的，全都是英雄（必須經過自我及前輩的檢測）。而他們幾百年所做的一切努力，就是持續不斷地保持及延續這種英雄特質。所以說，耶穌會的管理、領導、組織文化……，一言以蔽之：誓為英雄，英雄相惜。

講完了。人類歷史上最偉大的組織之一，就是這麼運作了近五百年。不學這個，還有什如此而已。

麼別的好學？

怎麼學？很簡單。先檢查自己是否兼具自覺、才智、愛心、英雄豪氣四種特質（必須四種都有，缺一不可），如果答案是肯定的，無論職位高低、所為何事，你已經是領袖了，你已經在領導了。你所需要做的，就是繼續保持並強化這些特質，然後不斷鏈接更多具有相同特質的人，並且發掘、培養更多這樣的人。只要持續地這麼做，終有一天你們會像耶穌會一樣偉大。

如果答案是否定的呢？唉，我也不知該怎麼說，也許你的人生還需要些歷練。在那之前，最好不要想太多。因為這些特質不僅是領導所需，缺了它們，你的人生也難免味如嚼蠟。

（本文作者為《商業周刊》發行人）

〈專文推薦〉

領導的真諦：我從耶穌會得到的啟示

歐晉德

耶穌會是天主教教會內的一個修道團體，由西班牙籍聖依納爵．羅耀拉於一五四〇年成立，當時他號召一群志同道合的青年，立誓奉行神貧、貞節與服從，傳播耶穌基督的福音，在行為上則效法耶穌的精神，直接地為貧窮人服務。他們不是關在修道院中祈禱，而是強調「愛與服務」，到任何有需要的地方，用最卑微、謙虛的方式，為人服務。

明朝時來到我國的利瑪竇，就是一位博學的耶穌會士。他引進了以西方自然科學的知識，促進了中西文化的交流；其他如清朝時的繪畫名家郎世寧，以及當過順治皇帝的欽天監，對天文曆法有重大貢獻的湯若望，也都是耶穌會士。

耶穌會於一九五一年來到台灣後，一直以基督精神從事文化社會等事業，更關懷弱勢族群。創辦華光啟智中心的葉由根神父，以及百歲高齡仍為智障兒童服務的蒲敏道神父，都是具代表性的耶穌會士。

我自己在大學時期，就受到多位耶穌會會士的影響，例如單國璽樞機主教及已過世的鄭爵銘神父，且受到感召而加入天主教會內一個以服務社會為目標的教友組織——基督服務團。自此以「興教建國」為終身志向，不論擔任公職或在私人企業服務，均鞭策自己秉持耶穌會神父的教導，盡力養成奉獻、犧牲、儉樸的生活習慣，及服務的精神。在這些服務過程中，逐漸領悟「領導」的真諦。正如耶穌會會祖聖依納爵在《神操》一書中所闡釋的幾個階段，就是時時反省，克服自己的弱點，勇於革新，立大志向，放眼世界，以「更」(magis)的精神不斷衝刺，學習做地上的鹽，溶化自己，讓世人得到滋味；做世上的光，燃燒自己，照亮週遭的人。

這樣通過自我的奉獻和犧牲，來改變世界的領導方式，的確使耶穌會培育了許許多多世界菁英。看到啟示出版這本《栽培領袖》，介紹耶穌會培育領袖的方法，真是於我心有戚戚焉。特為此序，向讀者推薦。

（本文作者歐晉德先生為前台北市副市長、現任台灣高鐵公司董事長）

第一章 耶穌會和摩根投資銀行

在耶穌會生活七年，誓言奉行貧窮、貞節、與服從耶穌會總會長諭令，之後，我改頭換面，成為一個企業人。離開耶穌會的那個星期五下午，我的角色典範是耶穌會創始人依納爵・羅耀拉❶，他的著述提醒我們這些神學院學生「要愛貧，因為貧窮是修道生活的堅固保護牆」。

三天後，星期一，我在投資銀行界展開全新的職業生涯，也有了新的角色典範。一位投資銀行的常務理事對著亟欲延攬的英才，為這一行許下一幅令人垂涎的美景；他說，進入這一行能使人「富有得連豬也瘋狂」。我始終無法想像「豬也抓狂」究竟是甚麼景象，但我確實明白他的意思。

一開始，我保持低調。一切事物對我而言都那麼新奇，令我應接不暇。即便隨意幾句閒聊，也讓我驚覺自己的背景與摩根的那些新同事們確實有些不同，而這還是最客氣的說法。當同樣都是新進員工的大夥們歡聚一堂，相互吹噓著那年夏天情場追逐的豐功偉績時，我能談些甚麼？要談我做了最後一次整周守靜默的避靜靈修活動，還是我買了第一套不是黑色的服裝？

能夠在離開一個「行業」頂尖的組織以後，隨即進入另一行數一數二的組織，實在是我莫大的福份與榮幸。在我服務摩根投資銀行❷的十七年間，除兩年例外，這家公司每年高踞《財富》（*Fortune*，或譯為財星）雜誌最受推崇金融公司排行榜的榜首。我得趕緊聲明，我加入摩根、與摩根的輝煌成就這兩件事，純屬巧合，而不是因果關係。

領導的挑戰

「摩根金融帝國」儘管勢力龐大，我們仍必須在一長列的各種挑戰中苦苦掙扎，而這些挑戰，無論對摩根或對投資銀行業而言，沒有一項是獨特的。一個核心議題再三反覆地困擾著我們：如何從我們的團隊中培養領導人才，使摩根能在這個競爭劇烈的行業中取勝。我曾以常務理事的身份在東京、新加坡、倫敦與紐約為摩根公司服務，發現我們面對的領導挑戰並不因地理位置而有所不同。我同時也有幸，得以接連在公司的亞太、歐洲與投資金融等幾個管理委員會❸服務。在這些工作崗位上，無論出身修道院的我，以及我那些出身世界一流商學院的管理委員會同事們，都必須應付招募與塑造勝利團隊的同樣挑戰。

我們聘用的都是聰明絕頂、抱負遠大、意志力又堅強的一時之選，湯姆．渥爾夫❹在《走夜路的男人》創造的名詞「天之驕子」❺，正是這批菁英的寫照。而且，如同渥爾夫書中那位主人翁，我們的天之驕子也經常慘遭敗績。僅憑才賦與雄心壯志，未必能成就長遠的功業。許多新起之秀彷彿流星隕石般劃過摩根的星空：一開始，在以新進可造之材的身份，接受公司交付的數字處理任務時，他們光華燦爛。但一旦跨入公司領導境界、面對「成人」任務的挑戰時，他們卻驟然光芒盡逝、隕落長空。要他們做重大決策，一些人嚇破膽，另一些人呢，若是沒和他們商量便做決定，他們絕不善罷甘休。有些人在只需管理數字的情況下做得有聲有色；可惜他們的管理長才在會思考、有感情的人身上施展不開，畢竟與電腦報表相形之下，人是比較難以操控的。諷刺的是，儘管他們最初所以投身這一行，看上的正是投資金融業迅速變化的步調，後來令他們受不了的正是變化與承擔個人風險（當然，富有得連豬也抓狂的美景也讓他們心嚮往之）。投資金融業不僅具有高度周期性，也因襲捲整個業界的結構性變動而動盪：當我離開摩根時，美國十大銀行都已歷經轉型性的整併，無一得以倖免。

在我們這行，改變和整併如同家常便飯，最後僅有少數幾家銀行會成為贏家。而且這些勝出銀行的員工應該是能夠冒險與革新，能夠順利推動團隊合作與相互激勵，能夠不僅應付改變、還能刺激改變。一言以蔽之，領導決勝負。

在摩根，我們總是採取一切可能採取的行動，以營造我們需要的思維與行為。就在一次這樣的行動過程中，一束小小的靈光在我心中閃過。當時摩根正在建立所謂「三百六十度回饋❻」，這在當年是一種劃時代的先驅做法。根據這項新制度，員工的年度績效考核不僅納入直屬長官的意見，部屬與同儕的看法也將納入其中。我們得意非凡地拍著胸脯，誇稱摩根是首開先河、大規模實施這項「最佳實務」的少數幾家公司之一。

但實情果真如此？

我難道不曾在其他地方見過這種做法？在遙遠的年代、另一個世界之中，我整天穿著黑袍、視貧窮為「宗教生活的堅固保護牆」而甘之如飴的那段歲月，依稀出現在我的記憶之中。耶穌會事業體也有一種類似的三百六十度回饋系統。事實上，早在《財富》雜誌多年來推崇有加的摩根投資銀行以及其他美國大公司開始建立它以前大約四百三十五年，耶穌會已經推出它的三百六十度回饋作業。

一個近五百年的事業體

不僅如此，耶穌會還相當成功地克服了其他一些重大挑戰。而時至今天，這些挑戰仍然在摩根面前張牙舞爪，仍然迫使許多大公司面對考驗。它們包括：如何建立合作無間的跨國團隊，如何鼓舞員工創造佳績，如何使員工常保「應變機動」，並且在策略上保持彈性。

此外，儘管時隔四個世紀，耶穌會當年邁入的大環境，與我們今天的環境也有驚人雷同之處。接二連三的發現之旅建立了歐洲通往美洲與亞洲的永久管道，新世界的市場也隨而開放。媒體科技在不斷進步：古騰堡[7]的印刷機，使書籍從奢侈品轉變為較為大眾化的媒體。隨著新教徒宗教改革者對羅馬天主教教會發動第一波廣泛而持久的「競爭」，傳統做法與信仰系統或遭質疑、或遭捨棄。耶穌會事業體就是在這樣一種益趨複雜、不斷轉變的世局中成立；由於當年的世局與今天喧囂變化的環境頗多類似，耶穌會組織設計人當年奉為要件的思維與行為，同樣為現代公司珍視也就不足為奇，這些要件包括：革新的能力，保持彈性與不斷調適的能力，訂定雄圖大志、放眼全球、迅速行動與甘冒風險的能力。

一家投資銀行的使命不同於一個修會，這是明顯的事實，但當我超越此一事實縱目遠眺，上述這些同樣明顯的類同之處引起我的注視。我就是在這樣的背景下，開始思考依納爵．羅耀拉與他那幾位早期耶穌會夥伴的事蹟。我於是越來越相信，他們為塑造敢於革新、冒險、有大志、有彈性、又能放眼全球的領導人，而採行的做法確實有效。而且容我放肆地說，就若干方面而言，他們的做法，比許多現代公司為達到同樣目標而採行的做法更為有效。

這束靈光使我有了寫這本書的動機。執筆之初，呈現於兩個迥異的歷史時代之間的這種類同令我著迷。在有關領導、有關如何因應複雜多變環境的事務上，十六世紀的教士能給二十一世紀的飽學之士什麼指教？這個極富挑戰性的問題深深吸引了我。在完成這本書時，早期耶穌會士能為今人提供的價值與時宜性，已令我完全深信不疑。

革命性的領導

當年耶穌會所採做法的若干要素，在近年來的研究中獲得越來越多佐證，比如自覺與領導間的關係就是一例。我確信，如果羅耀拉有知，對於今人的研究終於能跟上他的直覺一定很開心。問題是我們並沒有完全跟上他的腳步，此外，若干耶穌會式的領導風格就像一些引人爭議的新構想一樣令人不安，甚至遭致人們怪誕、瘋狂之譏。舉例言之，羅耀拉與他的夥伴們深信，如果能在充滿支持、鼓勵與肯定氣氛的環境中工作，我們會有最佳表現（直到這裡，應該都沒有問題），於是他勸勉屬下的管理者要創建（想到過去在摩根的那些嚴厲的同事們，寫到這裡我禁不住誠惶誠恐）「愛心勝於恐懼」的環境。但在接受這種愛的工作環境的構想一段時間之後，我覺得這個構想不僅一點兒也不瘋狂，而且非常明智。我希望讀者們也能在接受羅耀拉的一些原則一段時間之後，咀嚼到同樣的智慧。

對我個人而言，這些原則最具革命性意義、最令人耳目一新之處在於，它們針對的不僅是人的職場生涯，而且是整個人生。耶穌會的原則所以能使耶穌會進步，正因為它們能使各個成員都進步。這些原則所本的基本概念是，我們都是領導人，我們的整個人生都充滿領導機會。領導不是在大公司身居要職的少數權貴的專屬品，領導機會也並非只出現在職場的「台面上」。我們可以在我們的一切作為中成為領導人，無論在我們的工作與日常生活中，在教導他人或向他人學習的過程中皆然。而且無論任何一天，我們大多數人都在做著各式這類事情。

我有幸能與一些偉大的領導人共事，我堅信依納爵．羅耀拉與他的團隊也都是偉大的領導人。我之所以注意他們有關領導的理念，這是唯一的理由。羅耀拉雖獲天主教會封為聖人，但他與他的耶穌會夥伴都是天主教徒，都是神父，清一色是男性。我盡力避免根據上述的這幾個事實判斷，為的是僅以一種標準衡量他們，這標準就是：他們領導自己與其他人有多成功。同樣，我也要求讀者，無論對羅耀拉特定的宗教信仰、或對這個純男性的組織抱有任何正面或負面的情感，在讀這本書時務請將之拋開。我盡可能去除引證其中宗教色彩過於濃厚的直喻與用語；耶穌會士所以成為成功的領導人，不僅因為他們嚴守特定宗教信仰，也歸功於他們生活與工作的方式。而他們的生活方式值得每個人效法，無論其宗教信仰是甚麼。

耶穌會士讀了本書之後，可能會惱火本書提及宗教的內容如此之少，不過，其他的讀者應該不會對書中的宗教內容感到不快。然則，耶穌會之所以成功，正因為它能以現實世界的領導策略把握現實世界的機會。這項成功秘訣為羅耀拉本人所奠立，而遵奉他的教士們也鑄下耶穌會的以下格言：「以成功與否全靠自己努力的胸懷工作，但要以一切聽憑上帝做主的精神信賴天主。❽」羅耀拉的繼任者雷奈斯則以更加明確的說法闡揚羅耀拉的觀點：「上帝是可以藉驢子的嘴說話，如果驢子真說話了，當然會被視為奇蹟發生。我們一旦期待奇蹟，就等於在試探上帝。一個欠缺常識、卻希望只靠祈禱而成功的人，正是如此。」

我相信讀者們終將給予羅耀拉與他的團隊公道待遇。再怎麼說，事實證明所謂「領導課程」的類型五花八門、包羅萬象，連匈奴王阿提拉❾、小熊維尼、黑手黨經理❿、美國開國元勳、以及默片時代巨星斐爾茲（W. C. Fields）等等令人匪夷所思的人物都能提供經營管理的智慧，這個領域自必也有十六世紀一位教士與他的夥伴們一席之地。

耶穌會有什麼值得效法之處？

耶穌會由十個人在既無資金也沒有業務計劃的情況下，成立於一五四〇年。但在成立後在短短一個世代的時間內，便擴展成為與同類型組織相較之下性格獨特、全世界最有影響力的事業體。耶穌會士不僅做歐洲君王心腹，與中國明朝的皇帝、日本幕府的大將軍、以及統治印度的蒙兀兒王朝的帝王也過從甚密，他們自誇是在商業、宗教或政府實體的影響力無出其右者。但他們的豪情壯志使他們不能滿足於出入宮廷，耶穌會士似乎更鍾情於冒險犯難、探索帝國的邊界。雖然受限於當年歐洲人的世界觀，這些探險之旅只能將他們帶到世界的盡頭，但他們總是在各處邊陲不斷探索，以了解究竟盡頭之外還有些甚麼。在第一批跨越喜馬拉雅山脈進入西藏、第一批逆流直上青尼羅河源流與深入上密西西比河探源的歐洲人中，不乏耶穌會的探險家。

他們在歐洲的夥伴，也在同樣不達目標誓不罷休的意志力驅策下，以同樣無窮無盡的精力，營造了後來成為全球最大的高等教育網絡。在全無辦學經驗的情況下，他們在十年之間竟創辦三十餘所高等院校，而且運作無礙。到十八世紀末葉，耶穌會共創建約七百所中等與專上學府，遍及五大洲。據估計，在所有接受正統高等教育的歐洲人中，幾近二〇%的人受教於耶穌會。

在歐洲的耶穌會士與他們遠在世界各個角落的夥伴，以一種榮枯與共色彩濃厚的合作關係，將彼此努力的成果發揮得淋漓盡致。羅馬的耶穌會天文學家與數學家，為身在中國的耶穌會士提供技術知識，使他們在中國贏得史無前例的特權與影響力：他們因而成為中國天文局（即欽天監）的負責人、曆法改革家與皇帝的私人顧問。在偏遠邊陲地區工作的耶穌會士，也因為使他們在歐洲的夥伴成為觸角遍及全球的學者與開拓者，使這些夥伴的整體形象更加大放異彩，而連本帶利地回饋了這些在歐洲的夥伴。法國的耶穌會士自豪地向法王路易十五獻上銅版印刷的中國地圖全圖，這地圖是由在中國的耶穌會士遵照中國皇帝之命而繪製的，是全世界第一幅中國全圖。透過由全球各地耶穌會士執筆的近一千件有關自然史學與地理學的作品，歐洲的知識份子迫不及待地學習關於亞洲、非洲以及美洲的新知。

他們的成就絕不僅止於學術範疇而已。儘管宗教鬥爭在反宗教改革的歐洲使新教徒與天主教徒成為死敵，瘧疾患者卻無分宗教信仰，都心懷感激地用著草藥煉製而成的奎寧，在十六世紀初，安地斯山脈及亞馬遜高原土著即使用金雞鈉樹皮治療高燒，到世紀中期，由耶穌會會士帶回歐洲，並廣為流傳，因此許多人稱這種草藥叫「耶穌會的樹皮」；因皮膚過敏而受苦的人，也因使用耶穌會發明的以安息香為基底的滴劑而受益。這兩種草藥，都是耶穌會士向新世界的原住民學來的。

這樣一個崇尚革新、領域無限寬廣的耶穌會事業體依然存在。一度面對其他規模較大修會而顯得微不足道的耶穌會，成為世界最大修會迄今已極為久遠。它擁有的兩萬一千位專業教士，在全球百餘國管理兩千個機構。耶穌會成立迄今已歷四百五十餘年；在達爾文式優勝劣敗的企業環境中，僅憑如此長壽一項，已足以做為它成功的鐵證。耶穌會正穩步邁向第一個五百年；相形之下，在一九〇〇年名列全美百大排行的公司，迄今有幸繼續存活而歡度百年之慶的，僅得十六家。

這些耶穌會士為什麼成功？是甚麼激發了他們的創造力、活力與革新能力？在這許多公司與組織早已淪入歷史陳跡的情況下，耶穌會何以能夠如此飛黃騰達、歷久彌新？

成功的四大支柱

今人眼中的領導，往往只是膚淺的技術而不是本質。耶穌會不理會華而不實的領導風格，只重視創造領導本質的四種獨特的價值：

- 自覺（self-awareness）
- 才智（Ingenuity）
- 愛（love）
- 英雄豪氣（heroism）

換言之，耶穌會所以成功，就因為能將成員塑造為具備以下特質的領導人：

- 能了解他們的長項、短處、價值、與世界觀
- 能在一個不斷變化的世界充滿自信地創新與調適
- 能以一種肯定而關懷的態度與他人交往
- 能以豪情奔放的雄圖激勵自己與他人

此外，耶穌會訓練每一位新人領導，因為耶穌會相信一切領導都以自我領導為開端。這種四大支柱的模式，直到今天仍塑造著耶穌會的領導人。而且這種模式還能塑造生活與工作中各種領域的領導人。

本書探討的，不僅是十六世紀耶穌會所以成功的要件，也包括甚麼是領導人，以及歷代以及我們這一代領導人的塑造過程。耶穌會創始人在創會之初，面對的是一個複雜的世界，在那個動盪多事的年代，半個世紀的滄海桑田或許不亞於千年的變化。這現象豈不令人眼熟？他們足供我們師法之處甚多，而且在為我們提供這些教益之際，他們的身份不是那些在早已過時的十六世紀環境中處事的專家，而是無論世事變化如何惱人，無論處身任何世紀，都能造就成功領導人、都能創造佳績的專家。

本書密切觀察早期耶穌會成功的要件，並設法將這些要件應用於今天，以供有意學習與採行全人性、有效領導的個人或組織之用。

以下各章將鉅細靡遺地探討耶穌會強調的四大原則，並以取材自耶穌會史上的逸事對每

一項原則加以說明。其中有些故事與人們心目中教士這職業的印象相去不遠；其他故事則大異其趣。這些故事也不盡然敘述耶穌會士光彩的一面；他們也曾有人違背自己修會所定領導原則的事例，同樣也在故事中突顯。即使是偉大的事業體也有跌倒的一刻，而耶穌會跌跤之慘尤可謂嘆為觀止。他們高姿態的戰術運用與勝利奏凱，固然為他們贏得無數仰慕的信眾，樹敵之多也幾乎同樣難以盡數。約翰·亞當斯[11]曾在忿恨之餘，向湯瑪斯·傑佛遜[12]大吐苦水：「如果有任何一個男修會罪有應得、應當在人世間與地獄裡永遠沉淪，則非羅耀拉的那幫人莫屬。只是我們的系統標榜宗教自由，卻不得不提供他們一個庇護之所。」事實證明，並不是每一個國家都能像美國這個「自由之土」一樣寬容大度。到一七七三年，不斷膨脹的反耶穌會勢力終於佔上風，獲得教宗許可，發動在全球各地對耶穌會的全面鎮壓。數以百計的耶穌會士或遭下獄、或遭處決；或者在遭驅逐出境後淪為難民，流亡於歐洲各地（本書第十章對這場大鎮壓有詳盡描述）。

大多數讀者已經知道這場慘烈的鎮壓未能將耶穌會就此埋葬。事實上，如果說這世上曾出現過甚麼令人佩服得五體投地的領導事跡，則因這場鎮壓而轉入地下四十年的耶穌會事業體鳳凰一般的浴火重生，應該當之無愧。本書有關耶穌會領導的故事，就以耶穌會自成立至遭鎮壓這段歷時兩百餘年的過程中發生的事為取材對象，我自行將這段時期稱為耶穌會早期史。

這些早期耶穌會士壓根沒有想過自己會是領導大師。他們即便曾提起過「領導」這個名詞，所指的意涵應該和今天的管理顧問運用「領導」一詞大異其趣。他們不談領導，他們只是活在領導之中。本書下一章將詳細列舉他們獨特的領導價值，與今天宗派林立的管理學界流傳的各種理論相形之下，他們的價值觀尤顯特異。此外，下一章也將探討我們整個社會對卓越個人領導的迫切需求，並且將現代三個流行的領導原型，與耶穌會關於有效領導極為特殊的見解作一對比。

---

❶依納爵．羅耀拉（Ignatius Loyola）：一四九一年生於西班牙的羅耀拉（Loyola），出身低階貴族，一五四〇年創立耶穌會，一五五六年逝世，當時約有一千位耶穌會士。一六二二年被天主教會封為聖人。耶穌會士。

❷摩根投資銀行（J. P. Morgan & Co.）：是由約翰．皮爾龐德．摩根（John Pierpont Morgan）於一八九五年創立，一直是美國投資銀行界的翹楚。二〇〇一年接受大通銀行的併購，成為摩根大通集團成員。

❸Management Committee

❹湯姆．渥爾夫（Tom Wolfe）：美國小說家，一九三一年生，著有《太空先鋒》（*The Right Stuff*）及《走夜路的男人》（*The Bonfire of the Vanities*）等小說。

❺天之驕子（masters of the universe）

❻360度回饋（360-degree feedback）：是評估個人表現的方法和工具，評估者除了直屬長官外，還包括六至八位同儕、部屬、其他同事和顧客。這種評估表現的方式旨在協助受評估者找出個人的強項及弱項，並針對其專業發展提出建議。

❼古騰堡（Johann Gutenberg）：德國活字印刷術發明人，生於一三九八年（？），逝於一四六八年。

❽"Work as if success depended on your own efforts_but trust as if all depended on God."

❾匈奴王阿提拉（Attila the Hun）：西元四三三年，阿提拉揮軍中亞及歐洲，將羅馬及波斯納入版圖，但他的霸業有如曇花一現，西元四五五年，阿提拉逝世，匈奴的勢力很快就瓦解了。關於阿提拉的著作包括 *The Leadership Secrets of Attlia the Hun*，中譯本書名為《匈奴王阿提拉汗的領導智慧》。

❿*Mafia Manager*，中譯本書名為《黑手黨的金玉良言》。

⓫約翰．亞當斯（John Adams）：生於一七三五年，逝於一八二六年，美國第二位總統，於一七九七至一八〇一年擔任美國總統。

⓬湯瑪斯．傑佛遜（Thomas Jefferson）：生於一七四三年，逝於一八二六年，美國第三位總統，於一八〇一至一八〇九年擔任美國總統。

第二章
領導人．做什麼？

琳瑯滿目、擠滿今天書店架上的，多的是類似入門手冊一樣的東西；而乍看之下，它們推銷的，似乎更像是一些畫符唸咒、令人意亂神迷的教派。想成為更好的領導人嗎？無論翻閱任何一本時下流行的、為領導與管理藝術解密的書，都能發現它們都有一套法門，例如成為領導人的「七種奇蹟」、「十二條簡單的秘訣」、「十三種致命的錯誤」、「十四種有力的技巧」、「二十一項不容辯駁的法則」、「三十個真理」、「一百零一個最大的錯誤」、以及「一千零一個辦法」等等。

我們早已知道我們對領導人的期待是什麼。三十餘年來一直身為公司管理做法著名評論家的哈佛商學院教授約翰．科特❶對於我們心目中所謂領導人的職責，有以下極精闢、簡要的工作概述（引述自科特著作《企業成功轉型 8 Steps》〔*Leading Change*〕）：

——確立方向：為組織的未來、而且經常是遙遠的未來勾畫一幅遠景，並訂定策略以推動達成遠景所需的改革。

——結合群眾：透過言行，傳達指示給那些需要與之合作的人，以利團隊的創建與聯盟的締造，並且使這些團隊與聯盟了解組織的遠景與策略，使它們接受這種遠景、策略的正當性。

——鼓舞與激勵：滿足群眾基本的、但經常未獲滿足的人性需求，從而鼓舞群眾克服阻礙改革的重大政治、官僚與資源性障礙。

——主要拜前述三項領導角色之賜：推動不斷改革，而且經常是大規模的改革。

換言之，領導人設想出我們需要走向何處，指引我們正確的方向，說服我們，讓我們同意有前往目標的必要，然後結合我們，使我們鼓起勇氣、克服必需面對的障礙以達到目標。

因此，我們知道領導究竟是甚麼樣子，這一點我們很確定。我們也可以毫不費力地將一千項各式領導「秘訣」、「不容辯駁的法則」、以及各類提示編輯成冊，務使我們每個人都能成為有效的領導人。令人大惑不解的是，儘管我們認為自己的了解如此豐富，但似乎沒有人相信我們的社會已經擁有所需的各式領導人才。科特再次提出見解，這次是一項惱人的控訴：「我完全相信今天絕大多數組織面臨領導人短缺，而且短缺的程度往往還很嚴重。我所謂的短缺不是一〇%，而是組織上下各種領導人才二〇〇%、四〇〇%、甚或更大程度的不足。」（引述自科特著作《領導與變革》〔*What Leaders Really Do*〕）

四〇〇%可是極大的數字，但沒有人嘲諷科特過於誇張。到現在，也沒有一位學者專家能提出甚麼令人信服的反證，告訴我們「不必擔心，要快樂」，因為我們的公司與組織有的是領導人才。今天世人已經普遍承認領導人才荒確屬事實，並無誇大，這其中應該不無道理。

那麼，我們究竟知道甚麼？我們知道我們心目中領導人應有的作為，我們知道二十多年來我們一直苦於欠缺領導人才，我們也知道各式各樣的領導處方正從一個大開的龍頭中源源而出。只是我們在領導人才的需求上卻還是缺了一點：設想短缺四〇〇％會是甚麼情景。

耶穌會對領導智慧的貢獻

十六世紀的一群教士，在這些事情上又可能給我們什麼指教呢？有關領導人做些甚麼的問題，這群耶穌會士並沒有告訴我們多少我們不知的事；至於領導人成就些甚麼的問題，他們也沒能教我們甚麼。

但在誰是領導人，領導人如何生活，以及他們一開始如何成為領導人的問題上，這群耶穌會士卻有極其豐富的獨特見解。他們經由這許多見解塑造的領導模式，與大多數當代領導模式背道而馳。一些當代的模式主張速成，因為它們認為領導不過是技巧加上戰術而已；另有一些模式則強調「指揮與控制❷」，重點為一個偉人領導其他人。耶穌會否定了這些做法。它認為，領導的機會不僅出現在工作上，也存在於日常生活一般活動中。耶穌會以一面頗不相同的稜鏡對領導進行剖析，透過稜鏡的折射，領導以一種非常不同的形象呈現。它的領導有四種與眾不同之處：

——我們都是領導人，而且我們一直在領導，無論處身順境或逆境時皆然。

——領導發自於內。我是誰對於領導的重要性，不下於我做了甚麼。

——領導不是一種行為。它是我的人生，是一種生活方式。

——領導人的使命是永遠完成不了的。因為它是一種不斷進行的過程。

我們都是領導人，而且我們一直在領導

已故美國總統杜魯門❸曾說，領導是「說服人們去做他們原本就該做到的事的藝術」。他說得好，但是早期的耶穌會士比他更為高明。耶穌會管理者的職責不是說服新進成員、要他們做些甚麼，而是授予他們技巧、使他們自行察覺應該做甚麼。

耶穌會認為每個人都擁有未經開發的領導潛能，這與時至今天仍主控領導人定義思維、那種由上而下的組織領導模式大異其趣。儘管美國企業界正苦於領導短缺，它的領導模式卻以一種間接迂迴的方式，緩緩落入一些最常見的、有關領導人是甚麼的俗套。根據典型的角色模式，領導人就是主事者：如公司的總經理、將領與教練等。於是乎所謂領導人，就是鞭策部屬、使之熱血澎湃而成事的人；當年英王亨利五世手下那些士氣高昂的戰士，儘管眾寡懸殊，卻仍然「又一次奮不顧身投入戰團」，而在哈夫勒❹大獲勝捷，靠的正是這種領導。這類繪聲繪影的描述雖說高潮迭起，但其中透著詭詐。它們鼓吹的，是一種或許可以稱之為「一%」的領導模式：一%的團隊，僅僅一%的時間。問題在於，這類模式狹隘地強調團隊中一%的人（即將領），而忽略其餘九九%的人（即士兵們）面對的挑戰。更有甚者，它

們以更狹隘的目光，盯視著領導人理應領導的整個時段的一%（大戰前夕的關鍵時刻），忽略了他或她在日常生活中其他九九%發揮領導影響力的機會。也就是說，它們著眼的，只是一%的潛在領導人所享有的一%的領導機會，換言之，它們談的不過是領導大餅中萬分之一而已。試想這是何其重大的損失，若能充分開發領導潛力，其勢又將如何沛然難當。

每一個人都要成為英雄

早期耶穌會士在面對領導大餅時，比較貪心，也比較饑渴。他們拋開迫使人們只能看見主事者領導的眼罩，並且培養每一位成員都成為領導人。他們避開「一位偉人」式的領導理論，才能注意到其餘九九%的潛在領導人。

每個人都是領導人，每個人都在所有的時間領導著，有時以立即、戲劇性、與顯而易見的方式進行，大多數時間以精微、難以評估的方式為之，但無論採取甚麼方式，他們都在領導。

對耶穌會士而言，「我們都是領導人」的理論雖說十分管用，但這難道不僅僅只是一句讓人聽來受用、將領導本質輕描淡寫化為子虛的口號？畢竟，如果每個人都在領導，則沒有追隨的信徒，而沒有許多信徒的領導人，也不能成其為真正的領導人。「一位偉人」式的領導理論或許談不上平等，但它們反映現實世界的領導現實。只是，實情果真如此？領導人影響其他人，並且造成改變，這一點大多數人都會同意。但甚麼樣的影響或改變稱得上領導？公司總經理進行合併的大膽決策，無疑將為他贏得企業領導的美譽，而他在發掘與提攜後進、培養公司未來領導人方面的努力亦然。但這是截然不同的兩種行為。合併行動帶來立即、物質、而明顯的衝擊，提攜部屬則是一件或許多年難見成效的精微作業。但大多數人應能一眼看清兩者都是領導的展現，至少當它們都是公司總經理採取的行動時如此。

但如果這位致力培養公司日後管理層的總經理是領導人，多年前教導同樣這些公司明日之星如何讀書、寫字與思考的人，不也是領導人？

如果集結成百上千士兵進行決戰的將領是領導人，那些養育同樣這些士兵、使他們成為有良知、有自信成年人的父母親，不也是領導人？

如果引領同事度過一場工作危機的經理是領導人，那位鼓勵友人解決友人個人難題的人，難道不是領導人？

總之，將一些人譽為領導人，而其他人則不過是教師、父母、友人或同事的尺度標準，究竟是誰發明的？這其中的分界線何在？一個人是否必須同時至少影響一百人才算是領導人？或者，只影響五十人也可以？如果影響五十人也可以，那麼影響二十人、十人、甚至只影響一個人，是否也稱得上是領導人？

此外，一個領導人造成的衝擊，是否必須在一個小時以內凸顯？或在一年內凸顯？有些人的影響力終其一生幾難覺察，但卻在一代以後，透過他們扶養、教導、提攜或訓練的人而自我呈現，這些人是領導人嗎？

這一切的混亂，都出自一種對領導人的過於狹隘的觀念，認為只有指揮其他人、並能在短期內造成重大變化的人，才是領導人。而且做得越快、造成的變化越大、影響的人越多，他們在領導溫度計上的表現也越熱。

但這種傳統的由上而下、立即的、造成大轉變的領導不是解決之道，而是問題。如果只有身居高位、能指揮大批群眾的人才是領導人，所有其他人必然都是信徒。而那些被安上信徒標籤的人，勢必像信徒一樣行動，他們把握本身領導機會的精力與衝力也將逐漸腐蝕、淪喪。

耶穌會基於一個簡單的理由而推翻「一位偉人」的領導模式。這理由就是：每個人都有影響力，而且每個人在所有的時間都在發揮著影響力——無論是好是壞，是大是小。領導人要把握一切可以把握的機會進行領導、發揮影響力。環境會為少數人帶來改變世界的劃時代機會；大多數人終其一生無緣於此。但領導的定義不在於領導機會的規模，而在因應行為的品質。一個人不能控制環境的一切要素，只能控制因應環境而採的行為。

我是誰？

關於領導人應做些什麼，老生常談多矣，耶穌會沒有強調領導人要做些甚麼，它採取的做法只強調領導人是甚麼。沒有人能靠著讀過一本領導手冊而成為有效的領導人；要想靠著模仿一些一體適用的規則或格言而有效領導，則更加是天方夜譚了。

事實上，領導人最有利的領導工具，在於他或她是誰，在於了解他或她的價值與需求，在於堅守某些原則，以及以一種前後一貫的看法面對世界。一旦這種內在基礎奠定，領導行為自然應運而生。

領導人最大的力量，在於他或她透過日常生活行為典範，而向外宣示的個人遠見。就此意義而言，所謂遠見，指的不是從公司詞彙中搬出的那些模糊的訊息與箴言，諸如「做好事」，或「做世界的超級市場」等等。在這裡，所謂遠見指的是極端個人的、透過自我省思而得來不易的成果：我關心的是甚麼？我要甚麼？我應如何切入這個世界？

令公關專家們懊惱不已的是，公司的使命聲明不會僅因為措詞優雅而確立。只有在部屬眼見管理人以身作則、投入使命之後，它們才能植根於員工心目之中。打敗競爭對手的使命感，所以能如此鮮活地呈現在我面前，不因我的上司反覆叮嚀這項目標，而因我眼見他或她為取勝而獻身的一腔熱情。更簡單的說，這種發自於內的領導，能造成空談與實踐兩者之間的差異。如何使一個團隊齊心合力，如何因應長程目標而有所行動，以及如何訂定目標以爭取買氣等等技術面事物，能使遠見更加恢宏，但它永遠不能取代遠見。

領導是一種生活方式

領導不是一個職務，不是一個人在上班時扮演的角色，一旦下了班，在返家途中就能將之拋在一邊、以求放鬆身心、享受真正的人生。

早期耶穌會士經常談到「nuestro modo de proceder」，亦即「我們做事的方式」。某些行為切合 nuestro modo；其他則否。沒有人曾嘗試以書面方式說明所謂 nuestro modo，因為沒有人辦得到，也因為沒有人有此必要。「我們的行事之道」出自耶穌會全體會士共享的一種世界觀與優先考量。他們的行事之道是一種指南針，而不是一種行事清單。如果你知道自己目標何在，指南針自然是更加無比珍貴的工具。對耶穌會士而言，情況亦若是。一位耶穌會士在來到文化環境全然陌生的中國以後，發現在歐洲管用的那套戰術手冊，在這塊異國土地上對他而言已一無用處。但他的「指南針」（即他的行事之道）對他頗有助益。由於了解自己的價值所在，以及自己要達成的是甚麼目標，他在新環境中自我調適，充滿信心地在這陌生的境遇下安身立命。

持續進行的自我發展過程

「成為領導人的七步曲」這類書籍，總是提出一種充滿誘惑、但是誤導讀者的承諾：它讓人以為只要完成這些步驟，就真能成為領導人。任何有過自我領導、或團隊領導經驗的人，都知道這類說法最是虛假不過。身體力行的領導是一種持續進行、永無休止的工作，它需要領導人不斷寄予深思熟慮的自我了解。隨著外在環境演變與切身情勢變化，個人的優先行事考量也因應而變。即使當發展其他優勢的機會呈現之際，若干個人優勢會腐蝕。面對所有這些變化，身為領導人者，必須不斷謀求成長與演化之間的平衡。對軟弱的領導人而言，這種持續的過程逐漸成為一種威脅，或一種難纏的瑣事；對他們來說，最美的事就是能來到一處想像中的領導高原，在這裡，無需勞神費力也能安享領導地位。相對而言，強悍的領導人會因此而欣喜雀躍，因為這種過程使他們有機會不斷自我學習，不斷學習世事，使他們得以不斷期盼新發現與新利益。

獨樹一幟的領導詮釋

以上種種，在在使得聖依納爵．羅耀拉與他的夥伴們，在領導叢書的領域另樹一幟。他們看起來無疑與我們今天所謂的領導人相似。他們也做著我們期待領導人做的那些事：革新、冒險、造成重大改變。他們可以全不費力、真誠無欺地建立他們的領導地位。

但是在領導人是誰，以及領導人如何塑造的問題上，他們提出一種獨特的見解，從而自絕於主流。在我們這種快速滿足的文化中，如果能夠在芝加哥登機以前買一本關於領導的書，等飛機在紐約著陸時，已經是更好的領導人，如果能夠這樣，該有多好。耶穌會士們不作這類速成的保證。他們的見解不能濃縮為純技術；它不附帶任何現成的戰術守則。他們提供我們方向，但沒有給我們中肯、實際而簡易可行的答案，就讓我們懷抱著疑問上路。如果一切領導都始於發自個人信念與態度的自我領導，則每個人首先都必須決定他或她應該拋下甚麼個人領導遺產。如果我們的領導角色不斷推陳出新，我們將不只一次做這種決定。而且，如果無論我們是否知情，我們一直在影響周遭的人，則我們通常並沒有選擇領導；是領導找上了我們，而不論我們是否情願。我們唯一的選擇，就是好好做，或是做個差勁的領導人。

但如果這些早期耶穌會士是領導異例，則與通常擺在我們面前的形形色色相形之下，他們或許才是更值得我們效法的角色典範——理由很簡單：因為他們的典範，是為在真實世界中過著真實生活的真實的人而設。另一方面，在我們跨入第三個千年之際，不妨考慮一下領導專家們為我們提供的若干建議。

將領

至少有兩本討論領導的書，大肆吹捧著又名「上帝之鞭」的野蠻人阿提拉。阿提拉無疑稱得上一位領導人。他在紀元四四〇年左右兼併散處中歐的各游牧部落，組成一個統一的匈奴國。不僅如此，他還殺掉他的兄弟兼共同領導人布雷達，以徹底「肅清」匈奴領導結構。大權既已在握，阿提拉訂定一項明確的策略目標，並動手實施。他的匈奴鐵騎於是蹂躪著從萊茵河直到 海的歐洲，向那些倒霉的國家勒贖，以交換一紙停止掠奪的和約。根據他訂定的原則，顧客必須付款以買通他「停止」提供服務。他或許是根據這項原則而大發利市的第一位企業家。

有鑒於他對部屬要求之苛，阿提拉一定具有驚人的感召力。他驅使匈奴人對抗規模較大、裝備較佳、科技較優越的部隊。如果打了勝仗，戰利品大部歸於阿提拉與他的核心領導層。但一旦戰敗，最基層的那些匈奴人必須不成比例地承受苦果。當羅馬人、法蘭克人與西哥德人會師加特隆平原❺、大敗匈奴之際，阿提拉丟下十餘萬部眾，任其屍橫遍野，自己掉轉馬頭一走了之，造成就比例而言軍事史上一次最血腥的大屠殺。

直到進了墳墓，阿提拉仍然守著他這種「擲錢幣定勝負：正面，我贏；反面，你輸」的管理哲學：根據傳言，負責埋葬他與他的藏寶的那些人，在墓穴埋妥之後立遭處決，以免墓地曝光、遭人掠奪。

阿提拉早期掠奪行動之囂張固然令人側目，但他建立的匈奴組織實在算不得甚麼歷久不衰的最佳典範。在橫行霸道八年之後，阿提拉在最後兩場主要戰役盡皆敗北，甚至在他死前，匈奴王朝已逐漸黯然無光。

內部人士轉任的管理顧問

與依納爵．羅耀拉同時代的馬基維利❻則至少為六本領導叢書奉為偉人。

六本書。馬基維利究竟有些甚麼可憐的羅耀拉不具備的長處？當然不會是領導經驗。沒錯，馬基維利可謂少年得志。年僅二十九歲的他，已是佛羅倫斯的高官；而羅耀拉在成立耶穌會時已屆四十九。但馬基維利置身核心領導圈內的經驗短得令人難堪。在著名的麥迪奇❼家族在佛羅倫斯重新得勢後，僅四十歲出頭的他立即被「貶」。一年後，他因涉嫌陰謀推翻麥迪奇家族（或許這項罪狀並無實據）而曾經短暫入獄。

既失勢又失業的馬基維利，於是有足夠時間寫下《君王論[8]》一書。這是一本領導入門的著作，對象為有意取得、保有或運用權力的潛在領導人，我們所以奉馬基維利為領導顧問的宗師，所以對他懷有似乎無盡的憧憬，原因也在於這本書。顯然為了巴結豪門，藉以重返政界，只是終於沒能巴結成功。馬基維利表明這本書是為羅蘭佐·麥迪奇[9]而做。實際上，真正使他產生靈感、寫下這本書的人是西沙葉·博日亞[10]。博日亞號稱神童，只十七歲已獲教宗冊封為樞機主教。這是對他萌芽中的聖德的一種彰顯？倒也不是。實情是，提拔他做樞機主教的教宗正是他的父親。就像許多一旦成年、就將中學時代打的工放棄的青年一樣，博日亞也很快脫下他的樞機主教冠袍。他結了婚，並且繼他遭謀殺的哥哥之後出任教宗御林軍總司令。殺害他哥哥的罪犯一直逍遙法外，不過歷史學者普遍認為博日亞涉嫌重大。

馬基維利在書中以一種讚賞的語氣，說明殘酷、奸詐、又無情的投機份子博日亞，如何出賣一位對他忠心耿耿的部屬，不但將這位部屬殺害，還「在一天上午將他斷為兩截的屍首棄置於色西那[11]廣場示眾」。馬基維利在接下來一頁寫道，「在觀察公爵的所有這些行動之後，我覺得他的作為無可非議；事實上，我認為，稱他為典範是錯不了的。」

沉默的阿提拉說的不多，更沒有寫下甚麼東西；但馬基維利卻將他的無數領導智慧流傳後世：

「如果必須有所選擇，當一個為人畏懼的領導人，遠比當一個人們喜愛的領導人安全得多。因為世人總是不知感恩，反覆無常，他們滿口謊言，他們是騙子，害怕風險而又貪得無厭，這是人性的金科玉律。」

「居上位者，只有那些對信守自己的承諾毫不在意，卻懂得如何巧妙操控人心的人，才能最有所成。到最後，他們總是超越那些行事正直的領導人，脫穎而出。」

「你必須是個大騙子，是個偽君子。世人的腦筋非常單純，而且總是為立即的需求牢牢支配。一個騙術高明的人，不愁沒有一大群信徒等著受騙。」

不過，至少我們知道馬基維利在領導議題上抱持甚麼立場。但我們真的希望我們的領導人如此作為嗎？你希望做這樣的領導人嗎？

教練

運動教練或許已經成為我們文化中最顯要的領導角色典範。造訪任何一家一般規模的書店，你都會發現不下十幾本標榜現職或退休教練管理建言的書籍。運動智慧既能掀起如此強勁的風潮，教練們面對的，一定與我們每個人在人生旅途中面對的挑戰極相類似。

果真如此嗎？我們有多少人生活與工作在一種類似職業籃球的環境中？甚至是略有一絲類似的環境中？籃球比賽的規則鮮少改變，即使改變，幅度也有限。三位裁判帶著哨子負責保證每個人都遵守規則，他們隨時吹哨停止比賽，伸張正義，即使稍有逾越也不放過。對賽事進展不滿意、或感到透不過氣的一方，可以叫暫停暫時休兵，經過一番重整再列隊上陣。

每一位教練只生產一種產品：一支籃球冠軍隊伍。也因此，沒有人需要擔心競爭對手會推出甚麼新產品而勝過自己（試想，如果當年能有類似的執法當局挺身而出，禁止生產卡帶或雷射唱片，則電唱機製造業者的日子該有多好過）。不僅如此，在這個小小世界中，沒有人需要為公司用多少員工最適當的問題絞盡腦汁；因為最適當的員工數為十二人（不是十一，也不是十三，永遠是十二人）。這十二位員工永遠在同一地點一起工作；他們一次只進行一項行動，而且這項行動永不改變：擊敗對手。

在職業籃球界，作為領導人的球隊教練的成績表現，端在於他激勵這十二位員工、為贏取球賽的共同目標而群策群力的能力。他極度仰仗自己的經驗、智慧、與對比賽的知識進行領導。不過他還有另一項激勵士氣的工具：他有權將大約八千萬美元的酬金，分配給支薪名單上的十二位球員。根據美國國家籃球協會（ＮＢＡ）的「最低工資」標準，他為手下價值最低的球員提供大約每人二十八萬美元的酬金，以鼓勵他們勤練球技，努力打好每一季約八十場的每一場比賽。這種分配方法，一般都能使教練猶有餘裕地支付表現較佳的球員每人五百萬到一千萬美元，以鼓勵他們為球隊的勝利獻身。

如果說，在美國境內一億三千五百萬勞工人口中，絕大多數人的工作環境與人生挑戰，與職業籃球員的工作環境不甚相似，這說法會嫌過於誇張嗎？

耶穌會

儘管耶穌會士在世人心目中不是甚麼領導專家，他們的方法、觀察力與歷久不衰的事實，使他們成為世人卓越的領導典範。與阿提拉那個曇花一現的匈奴國不同的是，耶穌會有超過四百五十年悠久的成功傳統。馬基維利寄望於一位大人物，希望這位大人物有能力領導可憐的臣民；耶穌會則將希望置於所有成員的才賦上。幾世紀以來，耶穌會士也眼見他們的成員在全球各地，以英勇的事蹟、創新的手段將這些希望付諸實現。他們奮不顧身的求勝精神不輸阿提拉，但不同於阿提拉或馬基維利的是，他們不認為只為爭取或保有勢力就能欺騙、謀殺、無所不用其極。而且早期耶穌會士在一個沒有規則、迅速變化的世界中運作，這與職業籃球員的處境也不一樣。

進一步透視四大支柱

耶穌會的領導祕訣何在？個別耶穌會士如何成為領導人，他們的團隊努力又何以成功？這一切歸功於四大原則。耶穌會士所以成為領導人，因為他們：

——能了解自己的長處、弱點、價值、與世界觀

——能充滿信心地革新與調適，以擁抱不斷變化的世界

——能以一種正面而關愛的態度與他人交往

——能透過豪情萬丈的雄心大志鼓舞自己與他人。

這四大原則並非出自一本耶穌會規章，或領導指導手冊。我們可以相當肯定地說，早期耶穌會士以及十六世紀的耶穌會士，沒有人曾經以我們今天對「領導」一詞的認知使用過這

個詞。他們也從未明言自覺、才智、愛與豪氣是推動耶穌會向前邁進的四大核心原則。事實上，只有當我們從他們的言行舉動中細細探索，尋找那些賦予他們活力、使他們攀登頂峰的主題時，他們的領導原則才昭然若揭。以早期耶穌會士的例子而言，有意細加探索的人或許可以準備一把長柄叉子：因為這四大主題已經注入他們的工作與成就，躍然於他們著作的字裡行間，而且支配著他們精心訂定的訓練計劃。

這四大領導原則引導著個別耶穌會士，也是耶穌會事業體文化的基礎。

自覺：「整頓自我人生」

領導人所以能夠成長茁壯，只因能夠了解他們是甚麼人、以及他們崇尚甚麼，只因能夠看清能導致他們出軌的一些不健康的盲點或短處，只因能夠耕耘養成不斷自我省思與學習的習慣。

只有知道他或她要甚麼的人，才能全力以赴地朝目標邁進，並鼓勵他人也這麼做。也唯能鎖定自己短處的人才能征服這些短處。這些都是顯而易見的原則，但能夠做到的人少之又少。

早期耶穌會士研創了一套工具與做法，以塑造自覺的成員。新成員在受訓期間，以一月為期，不得接觸工作、友人、新聞，甚至不得與人閒談，他們必須將一切精力置於一種徹底的自我評估。在這項訓練計劃中，學員學習的科目從服雜役到乞食，直到獨自進行的長途旅程都有，而訓練計劃更以所謂神操⑫而達到最具啟發性的高峰。透過這種訓練，學員逐漸知道他們的人生追求是甚麼，如何達到追求目標，以及甚麼弱點會使他們偏離正軌。

自覺從來不是一種成品。當然，人們一般會在人生早期接納一些指導性的人生價值，並且之後一直堅信不疑。但我們早已十分複雜的世界仍在不斷變化。領導人也必須不斷改變因應。每一位早期的耶穌會士，每年都會以一周為期，全神投入地再造他的核心承諾，並評估他在過去一年的表現。此外，耶穌會以長期灌輸的方法，養成成員不斷學習與每日反省的習慣，也因此，它的自覺技巧不乏因應改變的機制。正因為它們的設計目的就在於使忙碌的人「在百忙之中反省」，這些技巧至今仍然切實可行。在耶穌會以前，大多數的修道人每天必須藉助修道院的面壁，以保持自己的專注與冷靜。但為使他的耶穌會士融入日常生活的滾滾紅塵之中，羅耀拉就本質而言已經拆掉了修道院的四壁。既已不再有壁可面，耶穌會士必須運用技巧、保持冷靜，以應付群魔亂舞的周遭世界——就像生活在今天的每一個人都必須應付的一樣。

歷經數世紀之後，學術研究終於趕上羅耀拉當年的遠見，認定他的強調自覺確實有理。雖說主管們經常憑藉技術專業、未經精煉的才智、以及全然的野心而躍居高位，但僅憑這些特質而能成就長遠而成功的領導者幾稀。越來越多的研究成果顯示，就領導的成功而言，智商與技術性技巧的重要性遠不及成熟的自覺。換言之，硬的證據已經證明認識自我的軟技巧確實重要。

才智：「整個世界將成為我們的家」

在一個不斷變化的世界，領導人會使自己、也使他人感到安適。他們積極探討新理念、做法與文化，而不是一旦面對人生旅途的下一個變化，立即採取守勢、退縮不前。藉重於一些不容質疑的原則與價值觀，他們耕耘著使他們得以信心十足地自我調適的那種「持平之心⑬」。

根據羅耀拉的描述，理想的耶穌會士「隨時舉著一隻腳過日子」——因為他必須隨時準備採取因應行動，以把握湧現的機會。

要想舉著一隻腳而能成功度日，關鍵在於自覺。一位領導人必須拋棄根深蒂固的習慣、偏見、文化偏好、以及「我們一直是這麼做的」的態度——因為這些都是使人無法迅速調適、反應的包袱。當然，並非一切事物都是可以拋棄的包袱。核心的信念與價值觀不容改變，因為這是一股最主要的穩定力量，領導人唯憑這股力量，才能不至於漫無目標的隨波逐流，才能進行有宗旨的改變。領導人因為知道甚麼可以談判、變通，甚麼不能談、不能變，而能充滿自信地進行調適。

似乎永無止境的改變，令今天的世人目為之眩。在過去半個世紀，幾個人登上了月球；而普羅大眾也學會以電子郵件與友人通訊。早期耶穌會士也曾面對同樣劇烈的變化。當時歐洲人已知、有人居住的世界版圖，因發現之旅而擴增三倍有餘。亞洲與美洲開始在世界地圖上出現（這裡所謂世界地圖，指的是歐洲版本的世界地圖），首先出現的只是一些概略性的輪廓，但在十六世紀初葉逐步補強。在歐洲，馬丁．路德[14]激起的新教徒宗教改革浪潮，以新的宗教理念與做法而廣獲支持，天主教會一統基督徒世界的局面也在一代之間成為歷史。宗教改革派的運動，同時激發世上第一次媒體革命。據估計，單只是馬丁．路德一人的著作，即佔德國境內十年間出版的一切書籍的四分之一。新興印刷媒體在路德與其他人盡情利用的情況下，得以初試啼聲：短短五十年間，出版商在歐洲造成書籍氾濫，發行書籍之多超過千年以來發行的總數。

時勢造英雄還是英雄造時勢？

在那個動盪不安的時代，梵蒂岡層峰的決策搖擺不定，他們或陷於驚惶失措的癱瘓狀態，或為反制亂局而反應過當。或因其他要務纏身，或因一味只知逃避事實，教會當局在一開始對馬丁．路德的挑戰採取不予理會的態度；接下來，在將這位異議教士短暫逐出教會之後，他們給了他一個得以糾集信眾的講台。當路德等人透過書籍與小冊在歐洲各地大事宣揚他們的改革理念時，梵蒂岡當局開始忙著發佈他們第一份禁書書目。

就在梵蒂岡亂成一團、急著遏止這項惱人變局之際，羅耀拉領導的耶穌會一頭栽進這個不斷變化的世界。在歐洲境內，梵蒂岡官員譴責著新教崇拜中使用的、用當地文字寫成的聖經與祈禱書；在歐洲境外，耶穌會士正首開先河、編纂著坦米爾文（印度南部及斯里蘭卡人使用的語言）、日文、越南文、與其他許多語文的翻譯字典，使他們可以透過當地文化、以當地語言表達他們的訊息。龐然大物、一切早已制式化的天主教會，花費幾近十年的準備工夫，而終於召開特利騰大公會議，以統籌因應新教威脅的策略行動；而敏銳的耶穌會士則更快、更緊迫地展開他們的策略行動。在決定以推動高等教育做為一五四〇年代關鍵性要務之後不到十年之間，耶穌會士已經在全球各地創辦三十餘所大專院校。

在那個動盪不安的時代，世局變化步幅之大或許不亞於千年以來的蛻變。何以當年的早期耶穌會士竟能這麼迅速、這麼徹底的處之泰然？耶穌會士強調個人與團體的敏銳。他們速度快、彈性大、對新理念也抱持開放態度。羅耀拉那套「神操」做法，不僅教導會士們自覺，也為他們培育「持平之心」。所謂持平之心就是不受處身的場所以及財物的一切牽累，這類牽累往往使人不當地抵制行動或變化。「隨時舉著一隻腳過日子」的訊息不斷反複著：羅耀拉的首席副手在歐洲各地巡遊，提醒耶穌會士：如果能開放胸襟、坦然面對持續變化的新使命，「整個世界將成為（他們的）家」。他要求會士們迅速、機動、反應敏捷，而所謂以世界為家並無絲毫誇大，確實就是四海為家。不過他同時也強調一種思維，要每一位耶穌會士努力耕耘。

愛心：「愛心要勝於恐懼」

領導人相信自己具備領導所需的才賦、尊嚴、與潛能，並憑藉這樣一種自信而健康的自我意識面對世界。他們在其他人身上也發現全然相同的這些屬性，於是熱情投入，以彰顯、發揮他們自己與他人的這些潛能。他們開創因忠誠、感情、與相互支持而結合，而充滿活力的環境。

馬基維利告誡領導人「當一個為人畏懼的領導人，比當一個人們喜愛的領導人安全」。馬基維利既已認定人類「不知感恩，反覆無常，滿口謊言，都是騙子，害怕風險而又貪得無厭」，這樣的告誡出自他口中自也不足為奇。

聖依納爵．羅耀拉正是與他相反的另一極端。他告誡耶穌會管理者，要他們以「盡可能一切的愛、謙和、與慈悲心懷」治事，使耶穌會的各個團隊能在「愛心勝於恐懼」的環境中成長茁壯。

截然不同的世界觀，導致耶穌會這種截然不同的做法。在馬基維利眼中，世人盡是欺善怕惡、不知感恩的騙子，但耶穌會士則以一種非常不同的角度觀察這個世界：他們認為每一個人都以獨特的方式具有才賦與尊嚴。耶穌會士的行為源出於他們的觀念，如同馬基維利根據他的觀念而對領導人有上述告誡一樣。無論在教育青少年，或在對抗拉丁美洲那些凌虐土著的殖民當局的過程中，耶穌會士總是本著愛心，充滿熱情與勇氣地工作著。

耶穌會士一直獻身於這種觀念，因為它管用。能與重視、信任、並支持他們的夥伴共事，能為這些夥伴效力，使他們活力無限。耶穌會的團隊因忠誠與感情而結合，沒有人搞陰謀陷害、惡言中傷。耶穌會事業體在亞洲的創始人方濟．沙勿略，正是將這種結合既深又遠的影響力發揮得淋漓盡致的典範。當他風塵僕僕於亞洲大陸，與一起創會的夥伴睽別經年、相隔萬里之際，使他鬥志昂然的，只是他帶在身邊的幾張紙，紙上載有他每一位夥伴的簽名。何以如此？因為單只是這些簽名，已能讓他時刻不忘「（夥伴們）一直示予我、而且仍在示予我的大愛」。換在今天，一位處身異域、為公司事業打拼的主管，如果能打開公事箱、取出總部最新的備忘錄一觀，就能精神抖擻，一定讓人難以想像。

平等主義與擁抱世界的觀念，使耶穌會士得以從歐洲貴族、從全世界最貧窮的家族、以及從其間各式人等汲取新血，並使他們水乳交融、建立合作無間的團隊。在中國工作的耶穌會團隊，成員包括來自六個國家的人士，而這一切，都早在「多國團隊」一詞出現於公司術語數世紀之前，已經為耶穌會實現。

當團隊成員能彼此尊重、重視與信任，當他們能犧牲狹隘的一己私利以支持團隊目標、以支持同事們的成功之際，組織、軍隊、運動隊伍、與公司的表現最佳，這是盡人皆知的事。在受到真正關心他們福祉的人的尊重、重視與信任時，個人的表現最佳。羅耀拉坦然以「愛心」為名，總括這些致使團隊取勝的態度，並藉以振奮、結合他的耶穌會團隊。今天，有效的領導人同樣也能藉重於愛心之力。

豪氣：「誘發宏願」

領導人想像一種令人鼓舞的未來，於是極力塑造它，而不是消極地看著未來在他們周遭出現。英雄人物能利用手邊的機會製造黃金，而不是坐待黃金般的大好良機來到手邊。

為使個人與團隊能夠積極進取、全力以赴，管理顧問總是在尋求一些難以捉摸、百發百中的辦法。只需打開一個開關，或按下一個按鈕，就能造就一群群鬥志昂然的員工，美國企業管理層夢寐以求的正是如此。但事情不是這麼運作的。所謂鼓舞士氣的開關並不存在。或者，較精確地說，這樣一種開關確實存在，只不過它存乎於內心。最重要的是，只有個人能夠激勵他或她自己。

羅耀拉曾在為義大利費拉拉⑮的一個耶穌會團隊打氣時說，他們應該「盡力想出解決問題的好辦法，並許下同樣好的宏願」。羅耀拉有此感慨並非偶然。耶穌會文化鼓勵耶穌會士設想宏偉的目標以「許下宏願」。就像運動員、音樂家或經理人，在面對宏大的目標時會全力以赴、創造佳績一樣，個人與團隊也能因不懈的努力而表現傑出。驅動耶穌會士勇往直前的另一股力量，是一種無休止的旺盛活力。耶穌會以一句簡單的箴言道盡這種活力：「magis」，亦即「more」，永遠要多做一些，要做得更好一些。對於遍佈全球各地的耶穌會探險家而言，由於有 magis（更的精神）的鼓舞，他們成為第一批進入西藏、深入青尼羅河與上密西西比河探源的歐洲人。對於在數以百計的大專院校中任教的耶穌會士而言，由於有 magis 的鼓舞，他們得以專心奉獻，提供堪稱全球最高品質的高等教育：他們一次只教一個學生，一次只教一天。無論做些甚麼，他們總是深信團隊與個人只要能訂下崇高的目標，定能有超水準的優異表現。

耶穌會士就是根據這項信念營造他們的事業體。當面對的目標過於艱鉅，非任何一位耶穌會士獨力所能完成之際，他們會投入整個團隊的群策群力。但團隊承諾繼個人承諾之後。每一位新成員首先必須經歷個人塑造過程，從而體認團隊要求個人自許本身「宏願」與自我鼓勵的目標。

耶穌會士如何營造這個有史以來最成功的宗教性事業體？今天的個人又如何成為領導人？答案就是了解自己，就是革新創造以擁抱不斷變化的世界，就是自愛、也愛他人，就是訂下崇高的目標。

自覺，才智，愛心，與豪氣。它們不是四種技巧，而是形成一種生活方式，一種「行事之道」的四大原則。早期耶穌會士沒有一人能夠採行其中三個、獨漏第四個原則而成功。要了解耶穌會的領導，我們首先必須對這個組織詳加剖析，研究它的四大核心要件，然後才能重加整合、體現耶穌會的領導。因為它真正的力量，不僅是它各部份力量的總合，而是當這四大原則以一種整體搭配的方式相輔相成時造就的成果。

以下各章將以更進一步的細節，逐一探討這四大原則。但談到耶穌會，首先不能不談一位影響耶穌會至深的人物：依納爵·羅耀拉。羅耀拉的故事，是一種人們耳熟能詳、軍人化身為公共領導人的典型；其中莊嚴之處令人緬懷喬治·華盛頓[16]，清新之處讓人想到柯林·鮑爾[17]。不過羅耀拉從軍人以至於事業體領導人的歷程，卻與所有說明這類人事變遷如何出現的典型故事大不相同。他的走向領導之旅，使吾人深思唯真正領導所能特具的那些屬性。下一章也將帶領讀者重訪耶穌會事業體那一段似乎不可能成事的開端。在成立之初，耶穌會的頭一批夥伴既無產品、品牌、也沒有業務計劃，但他們很明白他們重視甚麼，也了解他們要如何透過工作反映這些價值。

---

❶約翰．科特（John P. Kotter）：美國哈佛商學院教授。

❷command and control

❸哈利．杜魯門（Harry Truman）：生於一八八四年，逝於一九七二年。美國第三十三位總統，任期為一九四五年（接替羅斯福總統未完的任期）至一九五三年。

❹Harfleur

❺Catalaunian Plains

❻尼柯洛．馬基維利（Niccol -Machiavelli）：生於一四六九年，逝於一五二七年。著有《君王論》。

❼Medici：十四、十五世紀佛羅倫斯城有錢勢的大家族，一門出過三位教宗。

❽*The Prince*

❾Lorenzo de Medici

❿Cesare Borgia

⓫Cesena

⓬神操（Spiritual Exercise）：依納爵．羅耀拉著。

⓭indifference

⓮馬丁．路德（Martin Luther）

⓯Ferrara

⑯喬治・華盛頓（George Washington）：生於一七三二年，逝於一七九九年，美國第一位總統。

⑰柯林・鮑爾（Colin Powell）：美國小布希總統任內國務卿，歷任參謀首長聯席會議主席等職。

第三章
耶穌會：成立於無意之間，但目標明確的事業體

耶穌會士享有令人稱羡的品牌名聲。然而，每個人都知道可口可樂何以著名，一談到耶穌會，人們聯想到的只是一團模糊不清、雜亂無章、互不相干的許多事實、軼事與形象：它令人想到談判桌上狡猾的對手，因為人們慣常稱這類對手為「耶穌會來的（Jesuitical）」；令人想到在越戰反戰示威活動中，一位神父被抓進警車帶走的一幕；也或者讓人憶起在薩爾瓦多遭軍隊屠殺的眾多教士。耶穌會也讓人聯想到高品質的教育機構，包括柯林頓、密特朗❶、安東尼恩．史加利❷與卡斯楚❸等人，都是出身這些學府的校友；耶穌會還讓人聯想到美國大學籃球勁旅，特別是喬治城大學、公撒格大學❹、波士頓學院、馬奎特大學與底特律．梅西大學等等，在美國大學籃球聯賽終年纏鬥不休的那些球隊。

耶穌會的十位創會夥伴，不像是一個能凝聚、結合的團體，與十六世紀大多數事業體與組織的領導團隊相形之下，這個十人組的多樣性濃厚得太多。它是一個由西班牙人、法國人與葡萄牙人組成的大雜燴，其中最年輕的成員比最年長的足足小了二十四歲。成員們的家族與社會經濟背景也是大不相同。伯鐸．法伯爾是法國貧農之子；方濟．沙勿略是來自納瓦

爾的巴斯克貴族，在他家族的城堡中長大，大可在日後承繼豐厚的財產；雷奈斯和沙勿略一樣是西班牙人，家境也很富裕。但與沙勿略以及其他成員不同的是，雷奈斯的曾祖父是猶太人，這使他在宗教裁判時代的西班牙，成為嚴厲的反閃族規範中的所謂「新基督徒」。根據當時的規範和氣氛，新皈依的基督徒甚至不能加入規模大一點的修會。也因此，雷奈斯協助創建一個修會的事蹟極具反諷意味，而反諷意味更加十足的是，羅耀拉死後，他被夥伴們推舉為耶穌會第二位總會長。

這些核心成員是在巴黎大學攻讀高等學位期間逐漸走近，巴黎大學是當年全球最富盛譽的大學系統。即使在這樣一個精英薈萃的學術圈，他們當中多數能成為其中佼佼者；但儘管如此，他們彼此間在學識智能方面的差距，竟不下於彼此背景的互異。其中一位成員對雷奈斯有這樣一段描述：他「擁有極其卓越、幾乎超凡入聖的智慧，於各門學科都有觀察入微、近乎不可思議的豐富知識」。另一方面，雷奈斯本人則不由自主地注意到羅耀拉「在口才與學習能力上的才賦都有限」。

不過，口才與學習能力「才賦有限」的羅耀拉，仍然成為這個十人組的核心。表面上看來，這一小群歐洲最頂尖知識份子，選擇以一位完全缺乏傳統領導條件、不可能中選的人，做為他們的領導人。羅耀拉當年三十八歲，以十六世紀人均壽命而言，可說一隻腳已經踏進墳墓裡了。他的經歷讓人看不出一絲領導潛能：他的職業生涯曾兩度受挫，曾兩度被捕，還曾與西班牙宗教裁判所以及其他當局有過多次爭執，而且他沒有錢。他沒有甚麼值得一提的成就，沒有明確的展望，沒有追隨者，也沒有計劃。

你會為這樣一個人效力嗎？

兩度重生的領導人

哈佛商學院名譽教授亞伯拉漢．沙里茲尼克（Abraham Zaleznik）曾經指出，「領導人是『兩度重生』的人，他們經歷的重大事件，使他們產生一種對周遭環境的隔閡、或疏離的意識。也因此，他們轉而求諸於內，為的是以新創的、而非取自他人的認同意識重生」。

依納爵．羅耀拉的履歷或許不起眼，但他絕對夠得上兩度重生的條件。他的首度人生於西班牙北部偏遠地區的亞茲裴夏（Azpeitia）展開，這是個距法國邊界不遠的巴斯克人聚居的小村。羅耀拉家族是小貴族，雖然在窮鄉僻壤的亞茲裴夏，貴族身份不能保證豪華的生活，但它確實能帶來一些使羅耀拉得以走出這座荒僻小村的政治關係。少年時代的羅耀拉曾為王室司庫大臣當隨從，這是他日後軍旅與宮廷生涯的學徒階段；處於這個階段的他，沒有浪費時間學習讀書與寫字這類比較不重要的技巧，他每天只是盡情學習劍術，沈浸在有如賽萬提斯的《唐吉訶德》活靈活現的騎士規範之中。

羅耀拉的自傳以及之後出版的一些傳記，對他的早年歲月只有最輕描淡寫的描述，或許這其間很有道理。為聖徒立傳的作者，往往粉飾一位聖徒生平一些比較不那麼光彩的細節，為羅耀拉立傳的幾位作者也不例外。羅耀拉有他的缺點。擔任過羅耀拉執行助理的耶穌會士胡安．鮑郎高❺，當然聽說一些無意之間流出的故事。而鮑郎高對「皈依以前」的羅耀拉的描繪，已經足夠讓讀者想見其餘了：「雖然對信仰十分依戀，（羅耀拉）生活得與他的信仰並不一致，對於罪惡也不迴避。特別是在關於賭博、女色與決鬥的事情上，他尤其搞得一團糟」。他曾因行為不檢而至少一次遭地方執法官員逮捕；這位官員雖基於對羅耀拉家族的尊重，沒有詳細說明羅耀拉的犯行，但還是忍不住稱這項犯行「極其無禮」。另一位年輕時代的舊識，對當年男性荷爾蒙奇旺的羅耀拉有以下一段回憶：「（羅耀拉）拔出他的佩劍，追著他們滿街亂跑。如果不是有人出面制止，要不是他殺了他們中的一人，就是他們將他殺了。」究竟為了什麼深仇大恨，使羅耀拉盛怒至極、非殺人而後快？原來是兩個路人因通路過窄而撞了他。

火爆浪子

他的第一個職業是軍官，結果沒能維持太久。它因一場戰鬥而展開，也因同一場戰鬥而告終。羅耀拉與他率領的衛戍部隊在駐防帕隆納❻的西班牙城堡時，不幸碰上一支兵力強得太多的法軍來襲。或許遭到誤導，但羅耀拉英勇地集結他的巴斯克人鄉親進行必敗無疑的抵抗。抵抗只能推遲必然到來的厄運，但他犧牲了他的軍旅生涯、他的自我形象，而且險些犧牲了他的性命：法軍的一發砲彈炸碎了他的右腿。

喜歡自稱「火爆浪子」的羅耀拉只剩下一條腿以後，再如何火爆，也不復往日雄風。而

這幅聖依納爵．羅耀拉身後的畫像，是文藝復興時代大師賈柯平諾．德．康特（Jacopino del Conte）一五五六年的作品，陳列於耶穌會位於羅馬的總會院。

為了掩飾一截惡形惡狀、赫然突出於膝下的腿骨，羅耀拉不得不穿著得極其誇張，只是如此穿著也不能見容於講究穿貼身長褲的中古宮廷。

不過，頑固的羅耀拉不肯就此放棄他在軍旅與宮廷生涯的地位，於是找上相當於今天外科整形醫院的一家診所。讀者們不妨想像當時情景：在十六世紀的一家診所，一位可以說是自學出身的「外科醫生」，拿著一把在當地所能找得到的最像鋸子、最鋒利的東西，不屈不撓地截除一塊突出的腿骨，而且我們也很可以相信當時沒有麻醉師在場。我們很難判斷以下兩件事，究竟哪一件更令人嘆為觀止：是羅耀拉作戰負傷、大難不死，還是他在那位醫生鋸子下虎口餘生？總之，他歷經這兩場浩劫且活了過來。這次手術雖對他的外型有所改善，但也造成微跛，使他與軍旅生涯絕緣。

羅耀拉的故事就以悲劇小說的必然情節一幕幕展開：少不更事的放浪形骸、個人生涯的危機、嚴厲的轉變經驗。但在那些慣見的、常帶有浪漫色彩的文字粉飾之下，為再造自我意識與宗旨感，這篇人生故事必然有著更加複雜得多的內心掙扎。他的鋸腿手術儘管可怕，或許只算得這段個人再造過程中比較簡單的一部份。這次手術持續不過幾小時，而沙里茲尼克所定義的兩度重生，在羅耀拉身上則持續了幾近十年。在癒後康復期間的一次深刻而恆久的宗教信仰大轉變，給予他一種精神上的目的，但事實證明，欲將此一目標轉換為現實世界的成熟而有意義的作為，還需歷經一段苦不堪言的漫漫長路。

在一開始，他讀了一些流行的聖徒故事，對書中聖徒們英雄式的苦行事蹟嚮往不已，

「他想赤腳徒步走到耶路撒冷，想到吃素，想到效法（聖徒）其他苦行」。對耶路撒冷之行的嚮往，使他想到此行一路上不能穿鞋，只能吃素，至於其他細節（例如果真到了耶路撒冷究竟要做甚麼）他顯然不很關心。就像任何家人的反應一樣，他的家人在聽說他的這項奇想之後都驚嚇不已，極力說服他打消這個念頭，「他的兄弟帶他到一個房間，之後又帶他到另一房間，苦苦哀求，要他不要這樣自暴自棄」。

朝聖者

一切勸說終歸無效。他的第二段生涯也於焉展開。在那個時代，一輩子踏足過出生地十哩以外的歐洲人寥寥無幾，而羅耀拉這次長途跋涉了兩千多哩。他一路上乞食求宿，經常睡在空曠的郊野，或蜷縮於人家的門廊。一度自負容貌的羅耀拉，曾為整容而甘冒性命之險，但現在的他卻又走在另一極端。如他在自傳中所述（他在自傳中一直以第三人稱自稱）：「他決定任由（他的頭髮）自然披散，不梳理、不修剪，也不在白天或夜晚遮蓋任何東西。基於同樣理由，他不修剪手、腳指甲，因為過去他在這方面也過於計較了。」

儘管羅耀拉絕非第一位前往聖地朝聖的歐洲人，但他的容貌必曾在聖地引起一場不小的騷動。奪命無數的黑死病，當年仍不時席捲著歐洲各地城市，讓都市居民不斷處於警戒與極度焦慮的狀態。有些城市完全不准羅耀拉這類流民入城，因為他們提不出證明身體健康的「通行證」。羅耀拉記得，有一次在威尼斯撞上一名男子，這男子看了他一眼之後「嚇得拔腿就跑……猜想他一定是被他的如此蒼白嚇壞了」。

歷經千辛萬苦，羅耀拉在長途跋涉個月之後，終於在一五二三年秋抵達耶路撒冷，但僅僅待了三周就遭驅逐出境。對少數孤身覓路而來的旅者而言，當時的耶路撒冷是處險地，而負責監督朝聖人士的修會，也因必須付贖救出一切遭扣押的歐洲人質而越來越憤怒、越來越貧窮。就這樣，即或情節發展不那麼火爆，羅耀拉的第二段生涯原本是在耶路撒冷度其一生，效法先聖英雄行徑，卻如同他的第一段生涯一樣，也迅速告終。

他垂頭喪氣地從耶路撒冷折返。一場船難不死之後，他來到威尼斯。又隔了六個月，走了六百哩，他抵達巴塞隆納。時年三十三歲的羅耀拉展現他的彈性，決定展開他的第三段生涯：與一班不到十歲的男孩一起研讀拉丁文文法入門。在許多人心目中，羅耀拉這項人生方向的突然改變，或許是他這一生做的第一件有意義的事。但羅耀拉在自傳中只用一句話解釋這項決定：「他內心不斷思考著他該做些甚麼；最後他打定主意學習一段時間，使自己有能力協助他人。」

他緩步而前，在巴塞隆納的文法課程結束後，來到西班牙的奧卡拉與沙拉曼卡，攻讀大學課程，最後他抵達巴黎，邂逅後來成為耶穌會創會夥伴的那些人。這位耶穌會事業體的未來「執行長」，終於來到人們公認的、他畢生事業的起始點，只是他這時已經年近四十，以十六世紀人均壽命而言，已經一腳踩進棺材裡了。

一位兩度重生者的個人魅力

怎麼會有人願意結交像他這樣的人？至於歐洲最頂尖的一群才賦之士居然願意與他為友，就更加令人嘖嘖稱奇了。在抵達巴黎以前，羅耀拉行徑之奇，單單「古怪」一詞尚不足以形容。

毫無疑問，羅耀拉採取的，絕非營造履歷最便捷的一種方式。他的人生進程也不能打動任何求才委員會的心：他沒有從企業基層逐步而上的經歷，沒有辛勤耕耘而建立的權力經紀網路，沒有一連串越來越高的管理職位，也不具因為擁有政治背景而替企業遊說的紀錄。

但在以上所述、羅耀拉從帕隆納到巴黎的七年旅程中，我們漏了他在西班牙小城茫萊撒（Manresa）那段改變他一生機運的插曲。原打算在當地稍停幾天的羅耀拉，結果在茫萊撒住了一年。他後來也曾幾次回顧，只是一直沒有說清楚究竟在茫萊撒遇到甚麼。但他明白表示那段謎樣的經驗確實為他帶來無比衝擊。一天下午，在倘佯於卡陶內（Cardoner）河畔之際，他「茅塞頓開般的澈悟，覺得他彷彿是換了腦子的另一個人」。他繼續寫道，即使將一生所學加在一起，「他覺得也比不上那一次的領悟」。

這次經驗或許不可思議，但並無神奇之處。在這次精神饗宴中，他對自己與這個世界顯然有了較前此一生所得、更加透徹的領悟，但這次奧妙的啟示，並沒有在「我擅長甚麼工作？」等等這類較為世俗的問題上為他帶來任何啟發。不過，無論傳統智慧怎麼說，人生其實是這樣的：自我體認的有些層面所涉及的，不僅是生涯道路的選擇而已。羅耀拉在離開芃萊撒時，對今後人生旅途的盤算並不比抵達時清楚，他只知自己已經重新上路，追尋那個模糊不清、不切實際、在耶路撒冷終老一生的夢想。

但事實證明，他在這次經驗中獲得的，遠較神賜的生涯規劃更重要、更持久；他也因這次際遇，對恆久領導有了極為重要的澈悟。離開芃萊撒時，他已能深刻了解自己，已能較過去更成熟、更精確地察覺自己的缺失，但同時又能自我珍視，認為在這個似乎遠較他來到芃萊撒時更加積極的世界中，自己是個具有獨特尊嚴與天賦的人。雖然他仍繼續進行孤身朝聖之旅，自我懲罰行為停止了。例如，他開始認為，梳理頭髮不是甚麼大罪惡。當然，總是先有小成才能寄望大成的出現。如果他原本不知道該做些甚麼，這時他更為宏觀的目的感和方向感，發揮了類似個人指南針的作用。最後，他有了一種世界觀。或者以不那麼恢宏的方式而言，他了解到自己應如何切入這個世界，了解到這個世界並非充滿敵意。

他之所以能夠吸引他的夥伴、甚至能讓歐洲最具才賦之士傾心，最主要靠的就是這種自覺。當然，他們一定也因為羅耀拉天賦的領導魅力而傾倒，而這種魅力是無論他的行徑多麼古怪，也不能完全隱誨的：在帕隆納集結鄉親、抵抗來襲法軍時展現的英雄氣慨；在無畏萬難、完成赴耶路撒冷朝聖宏願的過程中顯示的奉獻精神與強悍；以及從軍人成為朝聖者、到和一班娃兒一起學習拉丁文、再做大學生的轉型過程中，表露無遺的那種進退裕如的調適力。但羅耀拉最能吸引人的長處不是他本身的領導魅力，而是他察覺並啟發他人領導潛能的能力。耶穌會創會的每一位成員都異口同聲說出，他們如何在羅耀拉親自引領下進行有系統的自我檢討，從而變得更具活力與專注力，更能明確體認人生目標與自己的短處。羅耀拉以諄諄善誘、誨人不倦的態度，親身示範這種世人不甚瞭然、更未能充分利用的人生工具。他不僅掌握自己的長項與短處，還全無保留地慷慨、奉獻，引導其他人進行他們本身的自我評估。

羅耀拉的「重生」持續經年，在這段期間，他以一個身無分文的乞者浪跡數千哩。但他找到一種方法，使他人無需歷經如此創傷、無需如此漂泊經年，也能享有他本人從這段重生過程中獲取的自覺果實。他將本身的經驗轉換為一種包括默想與實踐、可供取用的計劃，並且稱之為神操。他那個國籍與社會經濟背景極其龐雜的十人組，在抵達巴黎之初，除了獲取最高品質教育的雄心壯志以外，彼此間幾無共同之處。但他們結合為一個團隊，而這種結合，也正是參與過這種自我啟發演練的人士的共同經驗。

隨著相互間友誼的滋長，他們結合成一個不很嚴密的組織，目標是「協助人靈」。協助人靈，這是甚麼意思？他們以甚麼為業？他們有甚麼產品？他們不可能如何精確地答覆這類問題，他們早期的運作過程就是證明。他們首先重拾羅耀拉早年那股不切實際的雄圖、打算前往聖地工作，於是他們輾轉來到義大利，希望取得教宗許可，讓他們去耶路薩冷朝聖。但就像許多理想遠大、計劃不周詳的策略一樣，他們既動彈不得，他們的計劃也一籌莫展。沒有船駛往耶路撒冷；不斷升高的政治緊張情勢，使得船隻不敢進入地中海，遭鄂圖曼土耳其帝國艦隊襲擊的風險已高得令人卻步。

這個十人組就這樣困在義大利，這當然令他們極度失望，但事實證明，對他們自己與對世人而言，這都是一件萬幸的好事。他們閒來無事，就在義大利街頭傳教，在醫院工作，做其他一切符合他們助人宏願的事。在街頭傳教的工作上，他們十人的本領參差不一。夥伴們猶記得羅耀拉在義大利城市廣場上傳教的情景。他以幾乎讓人不解的西班牙語、拉丁語與義大利語夾雜的洋涇濱，不屈不撓地傳福音，惹得當地小童嘲笑不已，還以蘋果丟擲這位禿頂、跛腳的巴斯克人。

事業體的組成

就表面而言，無論他們是否深刻自覺，這十位耶穌會士的作為失敗了。但事實上，他們唯一真正沒能做到的事，就是不引起矚目。他們具有衝勁、創造力與彈性，即便是早期這段在義大利的即興作為，也成為眾人矚目的焦點。品質就是本身最佳的廣告，世事往往如斯；十人組在義大利的整體表現有口皆碑，而羅耀拉笨拙的街頭傳教算是唯一的例外。教宗與其他教會官員開始找他們擔任一些零星的傳教或講學工作。沒多久，他們中有兩人奉命前往義大利中北部帕爾馬（Parma），兩人往席安納（Siena），一人到那不勒斯。常言道「人才終究會脫穎而出」，而這時天主教會對人才需求之殷尤勝於往昔。馬丁・路德與其他改革派人士在不過一個多世代的時間已經在歐洲大有斬獲。千餘年來，教會在歐洲精神與道德事務上一直享有幾乎絕對的領導權，但在歷經改革派二十年的大舉撻伐之後，梵蒂岡所能依靠的，只剩下地中海沿岸少數幾國的效忠。早已僵化的天主教會，很容易授人以攻擊的口實：腐敗的官僚充斥於它的各個階層，它的底層組織也放眼盡是教育程度不佳、士氣蕩然的神職人員。正是在這種背景下，羅耀拉等十人來到巴黎，而他們帶來的活力、正直、與知識力，迅速結合成為梵蒂岡得來不易、迫切需求的振奮劑。

但就像今天許多初放光芒的新秀一樣，這十位友人很快淪為他們本身的成功與名譽的犧牲品。經過在義大利的幾年停留，羅耀拉這組人馬顯已面臨解體邊緣。儘管他們已經為來自各方的需求疲於奔命，但小組積下的待辦事項仍多得必須有「四倍人力」才能完成。但另一方面，他們之間的向心力卻越見強大。不到數年間，同樣這十人不僅散居義大利，還分處於歐洲各地、甚至更遠的異域：葡萄牙、愛爾蘭、德國、奧地利、瑞士、與印度都成為他們的駐地。

展望前程，散居於世界各地幾成定局，這使他們首次就他們長遠的共同前程進行嚴肅的辯論。他們是否應該成立一個新的修會，並推選一位總會長？或者他們應該繼續維持這種鬆散的組織，而接受終有一日組織將因派駐地域過廣而解體的現實？迫於工作，他們只能在一整個夏天斷斷續續討論了這個問題。最後他們決定組建一個事業體。為什麼？

英雄豪氣與相互的仰慕。這絕非今天大多數公司（那些龐大、笨重、官僚、沒有想像力、一味爭強好勝、沒有個性的現代公司）的結合要素。使今天大多數公司結合的是甚麼？

是群聚效應、規模、資金、全球性觸角與粉碎對手的廣大能力？是的。是有限的權責？當然。是上市以謀致富？自然沒錯。但英雄豪氣與相互的仰慕？這卻是從何說起。

這組人同意因著工作機會而讓他們形分；事實上，對於能有機會在他鄉異域一展所學與發揮想像力，他們也頗感欣喜。他們不可能只為了保持密切接觸就放棄海闊天空的各式機會。他們似乎仍然深信，即使因任務所需，不得不形分，他們仍然有辦法保住將他們連繫在一起的那股精神。他們捫心自問的一個問題，說明他們對事業體的期望，與我們大多數人對我們公司的期望不盡相同。這個問題是：「我們是否應該有一種相互了解，使我們之中派出去的人，仍為我們摯誠關懷，就像這些派出去的人也念著我們一樣？」畢竟，若非如此，成立或加入一個機構又有甚麼意義？若非如此，何不乾脆獨來獨往？

組織是僵化的開始？未必！

只是，他們沒有驟下合組事業的決定。有一些負面因素必須考慮。十六世紀那時候，修會名聲並不頂好，一位耶穌會創始夥伴就曾指出，正式組建修會只會損害到他們這一小群人得來不易的誠正美譽：「『修會服從』這個名詞似乎已經不為人所喜，已經為信仰基督的人們唾棄。」更何況他們心目中的修會應該擁有敞開的彈性，以追求隨時出現的機會，他們擔心教宗會搬出一套既有教規加在他們身上，鎖住他們，「不提供充分機會」，使他們無力遂行四方之志。他們要保護他們機動、調適與革新的能力。

一個論點讓小組成員對組織修會一事疑慮盡去：「服從衍生於一種英雄行徑持續不斷的人生，衍生於一種英雄氣質。因為真正生活在服從中的人，應隨時做好準備，以便毫不猶疑、立即執行派給他的任務，無論任務有多艱鉅。」

一種英雄行徑不斷的人生與英雄氣質。這又是絕大多數公司不會讓我們聯想到的事。但羅耀拉與他的團隊考慮到這個問題。組建團體是伸張英雄氣慨之路，是維繫相互「摯誠關懷」的最佳途徑。他們決心將他們的小團體正式化，並爭取教宗批准，成立一個名為「耶穌會」的新修會。

走自己的路

不幸的是，梵蒂岡的官僚系統確曾設法，想將羅耀拉的小組納入一個根基穩固的既有修會、即提亞提那修會[7]之中。這本是一件完全合理的事。提亞提那修會擁有羅耀拉的小組所欠缺的一切。他們有很好的人脈，創始人是內定將成為教宗的一位勢力龐大的樞機主教。他們擁有財務資源，而且成員人數有增無減，而耶穌會的小小團隊則是個資金欠缺的新組織。但耶穌會決心在修道生活上遵循他們自己的革命性做法，經過一些非正式管道的外交折衝，在得罪一位未來的教宗之後，耶穌會終於獲得批准，成立屬於他們自己、擁有本身規章的修會。但梵蒂岡官方對耶穌會長期的存活力存疑。教宗由於不放心，在一開始還限制他們的會員人數不得超過六十人。

今天，有兩萬多位耶穌會士在全球一百餘國工作著。提亞提那修會的人數約為兩百人。

依納爵・羅耀拉的領導

不知如何，聖徒羅耀拉的故事，比創業領導人羅耀拉的故事更能引人入勝。他的形象在納入領導叢書以前，必先經過一番打磨、整飾。當然，他曾是戰場上的英雄，但有關他蓬頭垢面的那些情節必須刪除。而且人們樂見的，是一支更強調抱負、更有公司味的早期耶穌會團隊。再怎麼說，他們建立了全世界最偉大的教育網路。何不就從他們下定決心這麼做開始，省去那段「彼此情懷」的累贅？

今天的人該怎麼做才能成為成功的領導人？如果羅耀拉所示的途徑包括一條斷腿，一次經年的朝聖之旅，一年的徹底默想，以及兩次的被捕入獄，絕大多數神智清醒的人都會敬謝不敏，而寧可選擇一條傳統的晉身之道：讀一個企管碩士學位，並找一位強有力的人士拜師。

儘管耶穌會在羅耀拉最後十五年人生旅途中寫下如此成就，即使那些對羅耀拉的事蹟深感同情的人，或許也禁不住會想，如果羅耀拉能在二十九歲時已經浪子回頭、而不是四十九歲，耶穌會的成就不知還要大多少。

果真如此，耶穌會的成就可能反而有所不及。

將羅耀拉的故事重鑄為一種一般容易接受的模式，雖不失為一種方法，但從他的真實生活與他的團隊的發展過程中探討領導真諦，則更值得吾人一試。人們往往使用檢視履歷表的同樣方法，檢視羅耀拉在成立耶穌會以前的人生過程：找尋有形的具體成就，對其餘內容不予理會。羅耀拉幾近三分之二的人生旅程中，並無可以示人的具體成就。但他與他的團隊的成就，或許不亞於最擅長營造履歷之士，甚至較他們猶有過之。耶穌會士了解自己；他們透過創會前的歷程，對他們屬意的團隊工作有了明確構想：要以英雄豪氣為驅策，要以開放胸懷面對機會，要經由互助互持緊密結合。一旦終於成立修會，他們以一種爆炸性的衝勁拓展事業，而這種衝勁無論在當時或任何其他時代都屬罕見。這些事實，應該不只代表著一種偶然而已吧？換言之，耶穌會士所以能在創會之初立即大獲全勝，而且還能持久不衰，應該與他們在創會以前體現的自我認識與團隊價值有關。到最後，這些無形成就對個人與組織成功與否的重要性，或許猶勝於那些有形的具體成就。而我們在檢視他人履歷表、或在籌劃我們本身的前程時，往往只重視具體成就。

以另一角度加以說明。若不是在帕隆納遭遇那場軍事禍事，羅耀拉很可能一步步在軍事與宮廷生涯攀升，而永遠無緣一探他的長處、弱點、價值與人生目標之秘。一旦不具備這種自覺，羅耀拉在軍旅與宮廷生涯的成就，很有可能，甚至幾乎可以確定地說，將不及他身為耶穌會創始人與領導人而有的成就，即使他歷經十年曲折、走了許多蜿蜒曲折的道路之後，才於遲暮之年創立修會，這也將是必然的結果。羅耀拉若繼續從軍，或許能在十六世紀西班牙的晉身之階穩步攀升。但若不是在真實生活中遭遇那許多挫敗、危機與挑戰，他或許永遠也不會絞盡腦汁思考自己是誰、要甚麼、有甚麼個人資源、以及自己何以一路走來顛沛如是等等問題。只有在捫心自問並解答這類問題以後，一個人才能養成個人領導能力。

眾多修會中的一個？

本章主架構的問題是：「耶穌會是甚麼？」迄今仍只回答了一半。耶穌會士成立修會以後，究竟想做些甚麼？很顯然，他們沒有甚麼特定的事要做。或者，比較公允的說法是，他們要做切合一項任務提示的任何事與一切事，只是這項任務提示卻極難界定：助人，而且英勇地助人。但他們儘管將自己帶進一個廣闊的策略競技場，這個競技場並非全然敞開。他們畢竟成立的是一個修會，無論所謂修會究竟是甚麼。

在反對耶穌會士自組事業體的梵蒂岡人士中，並不是每個人都對羅耀拉與他的理念有所非難。許多教會官僚有一個較基本的反對理由：歐洲各地的修會已經為數過多。與今天的情形一樣，當年絕大多數神職人員也不屬修會，而是地方主教治下教區的成員。但早自教會有史以來，就有成群教士與非教士傳道人，在這類地方性主教轄區網路以外結合，組成所謂修會。每一個修會都有略有不同的規章，不同的傳統，與不同的一群人，往往造成混淆與困惑。由於修會跨越主教轄區，主教監督不易，若干官僚於是擔心修會將使困擾著教會的貪腐問題更形加劇。

其中有些修會，因一位聖潔的創始人的領導魅力而茁壯。以聖方濟[8]為例，他雖然表明無意領導一個大規模的修會，但憑藉他四射的魅力，終其一生仍吸引了三千多追隨者。還有些修會成立的目的無他，只為滿足一位教會高層人士刻意營造傳承的狂熱而已。另有一些修會則藉此為自己闢出一番獨特的職業天地：聖殿武士團[9]的武士們，誓言保護前往聖地朝聖的基督徒，並且在熱門的朝聖路線沿途建立一連串要塞。

只是根據傳統，修會養成的主要是崇尚默想沉思的僧侶，而不是舞刀弄劍的武士，聖殿武士團不過是極端特例罷了。大多數修會都守著一種或另一種修道清規。舊約聖經聖詠（基督教聖經譯為詩篇）作者寫道：「我因你公義的典章，一天七次讚美你；我的心腸在夜間也警戒我」，聖本篤（St. Benedict）的修會篤信躬行這番話，並根據它在第六世紀訂定一套著名的修道清規，直到今天，許多修會仍然奉行有加。

聖本篤的會士每天七次定時祈禱，其中一次在午夜；白晝大部份時間，都在靜修、室內勞動與默想之中度過。有些僧侶更進一步追求著默想的人生。聖勃倫諾（St. Bruno）曾率六位同伴深入阿爾卑斯山遠離都市塵囂的高處，在嘉爾篤（Chartreuse）建立修道院。勃倫諾成立的修會，以及他的會士們為禦寒而釀的甜酒，都以這座修道院院址為名，而稱為嘉爾篤。講究苦行的嘉爾篤修會教士們，過著一種隱士般的生活，至今猶然。他們都在一個較大的團體院落中的一個私人小間自己煮食，只有在共同禱告與極少有的休閒時間才與夥伴們共處。

數以百計的修會成立，數以百計的修會至今猶存。有些修會名聲響亮，在全球各地擁有超過萬人的成員：如耶穌會、道明會與方濟會等等。還有些修會規模與名氣都小得多，它們往往有一些謎樣的、幾乎稱得上神秘的名稱：如史卡拉布林[10]、尤迪斯[11]、索馬斯康[12]、祈禱會[13]、羅斯明尼[14]、前聖體匣會[15]、第一位隱士聖保祿修會[16]、聖痕教士與兄弟會[17]、黎巴嫩馬隆奈修會[18]、柯隆納山嘉瑪道理會[19]、與上帝聖若望慈善團[20]等等。

一個屬於他們自己的認同

在如此五光十色、令人目為之眩的眾多修會中，一個修會如何脫穎而出？這許多修會有何異同？耶穌會又如何切入？

首先，每個修會雖或各自強調某些傳統或做法，但都是天主教會的一份子，也都信守天主教的核心信念。即使耶穌會也不能例外，儘管天主教會內部一些耶穌會的敵人（甚至或許還包括一、兩位對耶穌會惱火不已的教宗）對耶穌會心存疑慮。耶穌會的教義不像聖殿武士團一樣，要教士們投身於一種特定行業，耶穌會士們也沒有專門行業。雖說早自創會初期起，高等教育即一直吸收著耶穌會大部份人力，但耶穌會創始人培訓成員的著眼，在於使他們能從事任何「助人」的工作。最後，耶穌會不以獨特的團隊顏色自我突顯。舉例說，熱愛卡布奇諾咖啡的人，免不了聯想起嘉布遣會（Capuchin）修士褐色僧袍；路過倫敦白僧侶街的人，也不免憶起著白袍的嘉爾默羅聖衣會在當地建立的修道院。耶穌會又如何？他們在僧袍上毫無獨特之處。他們一直穿著簡單而傳統的「黑袍」，直到幾位早期耶穌會士為適應亞洲文化（在亞洲，僧侶階級的袍服五顏六色，獨缺黑色）而改變衣著為止。

像所有其他修會成員一樣，耶穌會士也宣誓信守貧窮、貞節與服從的戒律。而且這些誓言是全無變通的鐵律：會士不得擁有（實質）個人財物，不得婚娶，不得有性，而且當長上要你前往任何遙遠偏僻的地方時，你都必須去。在一些罕見的案例中，有些修會似乎認為貧窮、貞節與服從戒律的挑戰性還嫌不足，從而又加上一些額外的戒律。已有數百年歷史的麥西修會（Order of Merced），有一個浪漫的別名，稱為贖人修士或俘虜修會，因為它的成員必須宣誓願意以自己為人質，換回被俘虜的人。耶穌會是這類罕見案例的又一例；大多數成員發誓遵守第四條特別戒律，必須立即出動、完成教宗交付的任何使命。當然，與救贖兄弟的特別戒律相形之下，這條戒律顯得較為平淡無奇，但它無論如何是耶穌會的一種標誌。

修會成員可以包括男性或女性，神職人員或非神職人員。有時一個修會又分為兩、三個較小的修會。舉例言之，道明會分為男道明會、女道明會、與非神職人員組成的所謂第三修會，它們各管各的事，但都遵循聖道明的傳統與見解。與道明會不同的是，耶穌會為清一色男性組成。

或許，應該說幾乎完全是男性比較妥當一些。如果瑪提歐．桑齊茲有知，一定會對「清一色男性」的說法表示不滿。瑪提歐其實是奧地利的喬安娜，神聖羅馬帝國皇帝查爾斯五世的女兒，西班牙國王菲利普二世的妹妹，葡萄牙王儲的未亡人，她的關係顯然非常好，顯然是道道地地的女性，可是，她也是耶穌會士。早期耶穌會士辛苦經營，為耶穌會爭得許多有權勢、有聲望的支持者，瑪提歐是其中一人。羅耀拉建立的人脈，最後終將歐洲權力舞台的關鍵性角色網羅殆盡，其中包括教宗、西班牙與葡萄牙的國王、神聖羅馬帝國皇帝、以及無數「沒那麼了不得」的樞機主教、公爵、與親王。創會不過數年，耶穌會成員擴增十五倍，他們的工作量也等幅增長；而如此迅速的成長主要依靠贊助者布施的機會與財務支援。據說，葡萄牙王若望三世曾對一位顯然因耶穌會聲勢過大而憂心忡忡的隨員說道，「即使會因此失去部份疆土，仍然願意讓整個耶穌會全體進駐他的王國」。

儘管羅耀拉對關係良好或「較不起眼」的人士一視同仁，要他們奉行守貧的戒律，但這些歐洲權貴除提供耶穌會工作機會與財務支援以外，還往往要求入會。沒隔多久，耶穌會士名冊上已經憑添許多鼎鼎大名，曾經倘佯於義大利博物館與舊王宮的觀光客，對這些名字想必耳熟能詳：博日亞、公撒格、艾卡維華、貝拉敏。這些人都為加入耶穌會而捨棄財產，但可沒有丟掉家族姓氏或關係。今天一些成功的公司，因擁有人脈四通八達的員工而能如同名片自動檢索機一般、要甚麼關係有甚麼關係；當年耶穌會也因同樣理由而獲益匪淺。

但每隔一段時期，耶穌會耕耘歐洲精英份子的努力就會惹來麻煩。能使奧地利的喬安娜這類重量級人士支持耶穌會，自然令羅耀拉欣喜；但當滿腔熱情的喬安娜宣佈要加入耶穌會時，他的欣喜化為驚慌。對喬安娜而言，身為女性、而且絲毫無意放棄皇家生活方式的事實，似乎都不是克服不了的障礙，她也顯然認為羅耀拉不會只因這些小小的顧慮就不讓她入會。羅耀拉於是處於一種兩頭皆輸的窘境。若是拒絕她入會，等於讓這位慣為人們奉承的公主吃上閉門羹，而可能惹來她的憤怒。但接納她入會，又可能導致極度難堪，一旦她的皇兄、她的皇父或歐洲人發現，耶穌會只因一位女性與依納爵．羅耀拉個人交好，就格外施惠讓她入會，甚至可能引發醜聞。

喬安娜如願以償，加入她無比仰慕的耶穌會，不過她必須信守一個入會條件，就是入會事宜必須嚴格保密。喬安娜於是快樂地繼續進行著她的皇家事務，一方面秘密享受著她身為耶穌會唯一女性成員的特權身份。對於這位神秘的瑪提歐．桑齊茲，似乎從不在教堂或在休閒室露面用餐一事，位階較低的耶穌會士也從未過問，這使羅耀拉與他的核心領導層大大鬆了一口氣。

因此，精確地說，耶穌會現在是一個清一色的男性修會，而它一直以來也是一個純男性的組織，只有一個例外，或許應該說，只有一個直到現在才曝光的例外。

「貧窮、貞節與服從」喪失吸引力

幾乎所有的修會還有一些共同之處：它們面對困境往往無法支撐。那些可憐的教士，必須向ＭＴＶ世代推銷「貧窮、貞節與服從」，確實也太難為他們了。修會的成員總數直線下滑。在一九六五年，全球各地的修會神職人員總數幾近二十三萬；今天，儘管作為他們服務對象的天主教教友不斷增加，他們的人數已不滿十五萬。而且，根據人口統計資料，修會的前景也不樂觀：美國境內神職人員的平均年齡約為六十歲。耶穌會也未能倖免於這種趨勢。

在一九六〇年代，全球各地耶穌會士總數達三萬六千，今天則為兩萬一千左右。但耶穌會的處境仍比大多數其他修會強得多。在與道明會、方濟會同一個時期相比，耶穌會的規模在相當長的時期總是相形見拙；而今天，耶穌會已是全球最大的單一修會。

但耶穌會的韌性，曾歷經遠較二十一世紀初期這種不友善的通俗文化更加嚴厲的考驗，而且耶穌會士本身的戰術也助長了威脅他們的這些熊熊火燄。羅耀拉似乎在一開始，已經很清楚會士們的雄心大志，以及時而失之莽撞的運作風格有危險。一位拜訪托斯卡尼大公夫人府邸的耶穌會士，直斥那些渾身上下珠光寶氣的有錢婦女過於浪費，坐視連基本生活必需品都沒有的窮人於不顧。羅耀拉無疑也支持這位會士的義憤，但他還是指責這位會士既在人府上做客，就不該如此莽撞地抨擊主人的生活方式：「有些人（已經）認定我們有意統治世界，這些人根本懶得探討事實真相，特別是在羅馬這個地方，情況尤其如此。」

習於做眾矢之的

羅耀拉果然有先見之明。耶穌會士一直沒能學會保持一種低姿態。他們總是身陷爭議，而且這些爭議還經常是他們一手挑起的，他們也理所當然地，以能藉此一挫對手為樂。幾十年下來，遭他們整得灰頭土臉的敵手終於組成離譜之極的夥伴關係，展開反撲。在中國，曾發生來自其他修會的傳教士，因不了解中國的國情，以異端邪說為名，譴責利瑪竇與他的後繼人等所採的激進做法。伏爾泰[21]與盧梭[22]等啟蒙運動的自由派思想家，雖有多人受過耶穌會教育，卻視耶穌會為唯一能在學識上駁斥他們、替天主教會辯白的團體。歐洲各地的政界人士，為擊退梵蒂岡的勢力，也視耶穌會為政治標靶。保守派與自由派，政治人物與教士，虔誠的信徒與無神論者，彼此之間當然找不到甚麼可以同心合力之處，只除了一件事：趕走耶穌會。

一七七〇年代中期，在耶穌會成員達到兩萬五千之際，它的敵人大舉發動了攻勢。一國接著一國開始將耶穌會士驅逐出境，到一七七三年，教宗下令解散耶穌會。耶穌會的總會長成為階下囚，耶穌會辦的學校被關閉，財產也遭沒收。許多突然失去組織依靠的耶穌會士，遭武裝衛士押解出境，成為流亡歐洲各地的難民。耶穌會就這樣冰封了幾近四十年。

倖存者

老實說，所謂教宗完全禁絕耶穌會的說法略嫌誇張。雖說整個耶穌會事業體有九九％以上遭到關閉，但由於一位意想不到的保護人提供的保護傘，兩百位耶穌會士在一處意想不到的庇護所存活了下來。俄國的凱薩琳大帝由於極重視俄境的四所耶穌會學校，一直不許教宗的禁制令在俄境頒行。這倖存的一小群耶穌會士牢牢把握住這個漏洞，自行推選一位總會長，繼續進行會務。隨著時間逐漸逝去，小股「遭禁絕的」耶穌會士開始潛入俄境，加入這個俄羅斯的耶穌會修會，想方設法苟延殘喘地存活下來。

美國喬治城大學出過總統校友柯林頓，以美國境內二十八所耶穌會創辦的大專院校的第一所而自豪。但喬治城大學創校於一七八九年，時值耶穌會被禁期間，因此，實際上是由「前」耶穌會士創辦的學校。這些前耶穌會士於一八〇五年加入俄羅斯耶穌會修會。隨著教宗在一八一四年為耶穌會平反，喬治城的這組前會士與其他人也重新加入全球耶穌會修會，這段奇特的加盟關係也因此僅持續數年而終止。喜歡對歷史事實做一些荒誕假設的人，不妨沉思片刻：假設俄國大革命在耶穌會復會以前發生，這個喬治城大學會是甚麼樣子。

永不妥協

運氣、精明的外交手段、以及地緣政治景觀的改變，都發揮一部份作用，使耶穌會終於度過這場大難。但耶穌會之不死，更重大得多的關鍵，在於流亡各地會士顯現的不服輸的強韌，他們不肯放棄耶穌會，也不肯放棄它的理念。今天，當運動團隊憑藉自信，而能重新振作、在最後一刻反敗為勝時；當哈雷機車的員工自我投入、拯救公司於崩潰邊緣時；當為人父母者自我犧牲、撐持家人度過似乎難以度過的財務困境時，類似當年耶穌會的故事在較小的舞台上反覆重演：成功來自許多人永無止境、不屈不撓的努力，而不是一個人的孤立作為。

所謂事業體的意義

本書反覆稱耶穌會為一種「事業體（company）」，對一些耶穌會士與一些非耶穌會士而言，這是一個同樣惱人的名稱。有些耶穌會士憎惡這個稱呼，因為它將耶穌會與一味牟利的企業相提並論，玷污了他們崇高、偉大的組織。反之，一些死硬派的自由市場論者也會駁斥這種比擬，因為耶穌會是修會，不是一個營利企業，稱它為一個事業體有失公正。

但所以稱耶穌會為事業體有一個很直截的理由：因為耶穌會士本身也如此自稱。當最早期幾位耶穌會士結合時，他們根本沒有名稱。時人稱他們為依納爵派（Iñiguistas 或 Ignatiani），意即跟隨依納爵．羅耀拉的一幫人。這類型名稱不乏先例可循。畢竟，道明會指的是追隨聖道明的人，方濟會指的是追隨聖方濟的人。但或許為了杜絕個人教派之患於未然，羅耀拉力促夥伴們另取一個稱呼。最後他們決定自稱為「耶穌會（Compaña de Jesus，英文譯名為 Company of Jesus）」。在正式的拉丁文文獻中，耶穌會的名稱為「耶穌會（Societas Iesu，即 Society of Jesus）」，因此耶穌會士時而也稱他們的團體為「修會（the Society）」。

無論最早期的耶穌會士如何自稱，這稱呼和「耶穌會士（Jesuits）」絕對天差地遠。耶穌會的稱號源於一五〇〇年代中期。對有些人而言，它只是一種方便的稱呼，但在眾多人士心目中，它帶有更加邪惡得多的意涵。當時有一位英國人厲斥「這個耶穌會教義（Iesuiticall doctrine）帶來的、極為危險的感染力，以及……無可救藥的毒害」。就像歷史上其他一些背負惡名的團體一樣，耶穌會於是乾脆以這項惡名自稱，而終於掌握了自己的命運。只是他們一直未能完全揮別耶穌會的（Jesuitical）一詞的「狡猾、偽善」意涵，這個意涵也在一版又一版的字典上不斷出現著。

就這樣他們成立了一個事業體。但他們認為他們成立的是哪一種事業體？他們所謂的事業體究屬何意？今天，一談到事業體或公司，幾乎定然意指一種商務企業。但在十六世紀，所謂 compañía 的意義通常大不相同：如宗教組織、軍事團體、或只是一群友人罷了。今天在美國那些龐然巨物的公司中奮力掙扎的人，很難想像公司與夥伴這兩個詞有甚麼關連，但無論怎麼說，company 與 companion 兩字源出於同一字根。而耶穌會創始人對於他們的 compañía 的理解也正是如此：耶穌會開宗明義、也是最重要的定義，就是由精神意義上的「耶穌的夥伴（companions of Jesus）」組成的一個宗教組織。但同樣，創始會士們彼此也相互是夥伴與朋友，而且也決心讓這種精神注入他們的 compañía。前文曾述，他們創會的一項主要動機，是他們希望以一種團隊方式運作，在這種團隊中「我們之中派出去的人，仍為我們摯誠關懷，就像這些派出去的人也念著我們一樣」。

稱耶穌會為一種事業體，也凸顯他們的 compañía 與現代公司之間的類同之處。比較耐人尋味的問題，不是稱耶穌會為事業體是否恰當，而是事業體的意涵何以與它早期的意涵偏差得如此離譜。在豐沛的「友情伴侶」之流滋潤下，加以追求「英雄行徑不斷的人生與英雄氣質」的才賦之士爭相投效，耶穌會事業體欣欣向榮。列名《財富》雜誌五百大排行的那些公司中，又有多少能抱持類似的創始宗旨？加入現代公司的人，有多少為的是以行動強化他們的英雄氣質？為什麼現代公司如此徹底地不能成其為「友人群體」，如此再也尋不回同志之愛？

以下幾章將詳述耶穌會士如何營造這樣一個事業體，他們的四大支柱做法，又如何直到今天仍能在各行各業塑造擁有英雄氣質的領導人。但在這篇耶穌會領導故事的一開始，時間背景首先要跳到創會七十年以後，談談一位在遙遠的中國一角、孤獨以終的耶穌會士。

---

❶密特朗（François Mitterrand）：法國政治家，生於一九一六年，逝於一九九六年。一九八一年任總統，係法國共和政體以來第一位社會黨籍人士出任該職，一九八八年連任成功，擔任法國總統長達十四年。他最為人稱道的成就包括任內簽署廢除死刑，以及推動歐盟締造。

❷安東尼恩．史加利（Antonin Scalia）：一九三六年生，一九八六年由雷根總統提名擔任美國聯邦法院大法官，曾就讀喬治城大學。

❸費戴爾．卡斯楚（Fidel Castro）生於一九二六年，一路就讀耶穌會辦的學校，在古巴首府哈瓦那取得法學博士。一九五九年取得古巴政權。

❹公撒格大學（Gonzaga University）：為紀念耶穌會士磊思．公撒格創辦的大學。磊思因照顧瘟疫病人，一五九一年病逝，得年二十三。

❺尚．鮑郎高（Juan Polanco）：一五四一年加入耶穌會。總會長依納爵的秘書，協助依納爵編訂《會憲》，耶穌會士。

❻Pamplona

❼提亞提那修會（Theatines）：成立於一五二四年的義大利。

❽聖方濟（St. Francis of Assisi）：生於一一八二年，逝於一二二六年，義大利亞西西富商之子。方濟熱愛自然，將一切造物之美，歸榮耀於天主。他創作許多歌詠自然與上主的歌詞，例如〈太陽兄、

月亮妹〉與〈和平禱詞〉受到後世的熱愛。

❾聖殿武士團（Knights Templar）：在第一次十字軍東征之後創設的軍事修會之一，但在十四世紀前葉遭到強制解散。

❿Scalabrinians

⓫Eudists

⓬Somascans

⓭Rogationists

⓮Rosminians

⓯Premonstratensians

⓰the Order of St. Paul the First Hermit

⓱the Stigmatine Priests and Brothers

⓲the Lebanese Maronite Order

⓳the Camaldolese Order of Monte Corona

⓴the Hospitaller Brothers of St. John of God

㉑伏爾泰（Voltaire）：本名François -Marie Arouet，生於一六九四年，逝於一七七八年，法國哲學家、劇作家、歷史家。

㉒盧梭（Jean Jacques Rousseau）：生於一七一二年，逝於一七七八年，法國哲學家、作家。

第四章
三個非典型的領導者

依據任何傳統標準而言，鄂本篤[1]、利瑪竇[2]與克里斯多佛．克拉維斯[3]，是三個十分非典型的領導樣本。

他們三人，沒有一人曾領導過為數眾多的部屬；沒有一人在耶穌會組織層級中攀得高位。在歷史上，他們既不是最聖潔、最突出、也不是最具影響力的耶穌會士。不過他們都是領導人。而且也正因為與我們傳統的領導模式格格不入，他們一生的際遇才引起一些領導為何的重要問題，無論就一位十七世紀耶穌會士的領導，或就今天各行各業人士的領導而言都可適用。

探險家

鄂本篤的一生以失敗收場。或者應該說，看起來如此：他身無分文，多少算得上孤苦無依，而他夙夜匪懈、努力了近五年的一個目標，當他呼出最後一口氣，距完成也還遙遙無期。沒有人知道他葬在哪裡，或甚至他究竟有沒有下葬。沒有人將他的死訊通知他的家屬，因為沒有人知道他究竟有無親人。他的死因仍是一個謎。他很可能只是因為三千哩跋涉於亞洲最險惡的天險、體力耗盡而終告死亡。不過有關他死於非命的傳言也甚囂塵上，有人疑心他遭到竊賊或宗教狂熱份子的毒害。

他在一六〇七年去世時，並非全然孤單。地方上定有不少好奇的百姓曾前往探視，看這位在肅州足足住了年餘的陌生人最後一眼。鄂本篤所以令當地人好奇，不只因為他是外國人而已；肅州的中國人見過不少外國人。

塵土飛揚的肅州位於今天甘肅省省界附近，距北京有千哩之遙；對於住在東部沿海省份的中國人而言，肅州或許只是一處不名的荒野所在。但對於從內陸逆向迤邐前來的商隊而言，肅州標示著通過戈壁荒漠的艱險旅途已經告終，終於又重返文明。許多貿易商將財物裝在車上，結隊沿絲路一路由印度或中東僕僕於風塵，歷經數年而終於抵達肅州。他們沿途買賣，有人在旅經綠洲時定居下來，有人半途而返，還有人客死旅途之中。那些終於抵達肅州的人，部份定居下來，成立屬於他們自己的穆斯林商販小小社區。

但即使在見慣外國面孔的肅州人眼中，鄂本篤也頗為陌生、奇特：他是當地人記憶所及（或許還是有史以來）第一位進入肅州的歐洲人。

這不是鄂本篤在異域意外現身的頭一遭。他出生於葡萄牙領地亞速爾群島（Azores Islands，位於歐洲與北美洲之間的大西洋），二十歲那年，身為軍人的他在與亞速爾遠隔重洋的印度臥亞現身，要求加入耶穌會。或許他一直以來追求的，就是拋棄過去，在一處新大陸上重拓新生，或許，他是一位精神生活上的外籍兵團戰士。

果真如此，終身守貧、守貞與服從的戒律，對他而言或許要求過多、也太快了。在受耶穌會養成訓練兩年之後，鄂本篤退出這個修會，但四年後，卻再次現身，要求耶穌會重新接納他。

回頭浪子

這一次，鄂本篤留了下來，而且表現優異。他顯然極有語言天賦，於是當耶穌會派遣一支三人使節團前往阿格拉（即泰姬陵所在地），出使蒙兀兒王朝帝王阿克巴（Akbar）的宮廷時，鄂本篤成為其中一員。這些操波斯語的蒙兀兒王朝是北印度征服者，當時控制的帝國幅員遍及今天的北印度、巴基斯坦、阿富汗與孟加拉。阿克巴的孫兒設計構思了一座建築史上的鉅作，即泰姬陵；而阿克巴本人的雄心也不小：他有意整頓世上各式各樣的宗教，將它們融為一種盡善盡美、包羅萬有的信仰。他曾在宮廷召見耶穌會士，協助他推動這項偉業，並在伊斯蘭教教長與印度教學者陪侍下，傾聽會士們說明基督信仰。與他那些飽學的耶穌會夥伴相形之下，軍人出身的鄂本篤並不擅長神學辯論。但他精通波斯文，這使他得以接近阿克巴，最後並獲得這位皇帝的信任。當阿克巴決定與葡萄牙駐印度總督締結一項和約時，鄂本篤成為他的締約談判代表。

耶穌會士獲許定居中國皇都北京，消息傳來之後沒多久，鄂本篤展開這次為他的人生劃上句點的任務。百餘年來，中國一直不許耶穌會士進駐北京，事實上歐洲人根本不准踏入北京城。現在，一組耶穌會士不僅住在當地，還顯然建立了與皇帝的密切關係。在印度與中國取得的重大進展，無疑使耶穌會士們振奮不已，他們開始寄望以這兩個偉大的國度為發起中心，建立在亞洲的耶穌會精神帝國。基於這項展望，他們決定開闢一條印度與中國之間的陸路聯繫。鄂本篤既是卓越的語言專家，又出身軍旅、性格強韌，於是成為這次任務的當然人選。

當時，無論耶穌會士或任何其他歐洲人士，對於中、印兩國之間的情況都一無所知。無論中國或印度，也都提不出任何有關亞洲廣大內陸的可靠的地圖。雖然由海道而來的歐洲探險家，正在緩緩勘察亞洲的海岸，廣袤的亞洲內陸大體上仍是一團謎。

找出路

所以要在這一片蠻荒之間開闢一條內陸通道，鄂本篤與他的耶穌會夥伴有兩個重大理由。第一個理由是不折不扣、性命攸關的大事。耶穌會在亞洲雖取得進展，但付出的代價也不小。當年由葡萄牙通往亞洲的海上行程凶險無比。耶穌會士乘坐出發的小木船，僅比現代地下鐵的車廂略長，防水性能卻遠為不及。星象領航技術雖使領航員可以較精準地算出緯度，但關於經度的估計卻全憑臆測，而且直到一個世紀以後才有改善。簡言之，當年漂洋過海的探險家、貿易商與耶穌會士，很少知道他們的船已經到了哪裡，或他們距目的地究竟還

十七世紀風格的泛宗教會談

這是一六〇五年的一幅蒙兀兒王朝時代的小畫，畫中兩位耶穌會士坐在蒙兀兒皇帝宮廷中，正與印度教與伊斯蘭教學者為各自的信仰辯論。

有多遠。

這類海上旅途造成慘重損失自然不足為奇。有幾年，乘船前往東方的耶穌會士，竟有三分之一死於海難，或病死旅途之中。即使成功抵達東方，海路行程也往往費時經年。船隻在非洲外海因碰上可怕的無風帶而動彈不得。遭風暴損壞的海船，蹣跚駛進莫三鼻克或其他中際港，耗時數月進行必要的修繕。從臥亞出發的船舶必須等待季風來臨，才能啟程。

那些歷劫無數、在耗擲數年光陰之後而終於抵達的人士，也因旅途勞頓、加以身處異域而營養不良、孱弱不堪。但原始的運輸網路為倖存者帶來的苦難還不僅如此而已。他們只能透過郵件與駐在亞洲他處或與歐洲本國境內的同事聯繫，但這些郵件也全靠同樣寥寥數艘往返於貿易水道的船隻運送。一位置身馬來西亞的耶穌會士，提醒他在羅馬的幾位焦躁的上司「在下令時要考慮到至少要隔三年九個月之後，你們才可能接到我們對這個命令的答覆」。另一位中國境內的耶穌會士，則為一種更加切膚之痛而感傷不已：「我寫了這許多介紹本地風情的長信，但多少收信人卻早在信未寄到以前已經去世，每念及此，我失去再提筆的力氣與精神。」

一定有比海路更好的途徑，鄂本篤的任務就是找出這條途徑，通行亞洲境內的一條較好、較安全、較快的陸路旅行與通訊途徑。一旦有了這條路，不但能使喪生大海的夥伴人數減少，也能節省許多年浪擲於旅途的光陰。此外，如果亞洲境內確能找出一條陸路，或許也能闢出一條從亞洲直通歐洲之路。

耶穌會有理由相信這條路可能已經存在。抵達阿克巴宮廷的商旅，描述他們如何沿一條「絲路」前往中國。幾世紀以來，有關中國的一些報導一直令歐洲探險家們嚮往不已。商旅們的故事印證了這些報導，也使鄂本篤有了進行這項任務的第二個理由：尋找古老傳說中那個偉大的東方古國契丹（Cathay）。

探尋一個虛無飄渺的國度

義大利人馬可孛羅自稱，曾於一二〇〇年代造訪東方一個強盛、富裕、高度文明的國家。當哥倫布於一四九二年在加勒比海下錨時，他深信，只需再航行幾天就能抵達這個偉大的國度。哥倫布沒能如願以償，那些繼他之後展開發現之旅的歐洲人也都徒勞無功。事實上，隨著探險家一片片組合著世界拼圖，一個惱人的問題出現了：世界地圖上未經填補的空間越來越小，但傳說中的東方古國契丹仍然無影無蹤。製作地圖的人於是樂得因陋就簡。敢於走出沿海貿易據點、深入內地一探究竟的歐洲探險家少之又少，因此亞洲內陸大體上仍是一團謎。舉例說，沒有人知道中國的版圖究竟終於何處，沒有人知道長城的另一邊，如果有，又有些甚麼國家。歐洲的地圖製作人於是利用這個關於亞洲內陸的大問號，乾脆將這個東方古國置於印度以北與中國西北那一片未經測繪、未經探勘的亞洲內陸。

耶穌會所以渴盼解決東方古國之謎，還有本身的理由。馬可孛羅在遊記中曾談到中國境內基督徒團體的情景，現在駐印度的耶穌會士，又從絲路歸來的商旅口中聽到似乎是基督教儀式的描述。如果亞洲境內某處果真有久已失聯的基督徒團體，耶穌會要找到它們。鄂本篤於是有了第二個任務目標：如果偉大的東方古國果真存在，找到它；如果東方古國傳說中失聯的基督教部族果真存在，找到它們。

一六〇二年秋，鄂本篤從阿格拉出發。他的護照是阿克巴具名的一紙安全通行文件，只是鄂本篤還沒有來到蒙兀兒帝國邊陲，已經碰上自有獨立主見的部族。在這些部族人士的心目中，阿克巴「不過是個名字，不具備甚麼實際意義」。在僅僅一名嚮導的陪同下，鄂本篤加入一支由五百人組成的商隊。商隊夾雜著駱駝、馬匹、商人與傭兵，背負著商品、食物、以及多夜露宿所需的睡具，以一字長蛇的陣式，沿著狹窄的山徑與峽谷蜿蜒而行。

使命必達

為融入其他旅者，鄂本篤也打扮成商旅模樣，但當然，他的假扮騙不了甚麼人。在商隊緩步穿行其間的那些偏遠山區，身為歐洲基督徒的鄂本篤，經常成為當地人士為滿足好奇心而邀約的座上客，或成為他們眼中一個不敬神的陌生人。喀什噶爾王設宴招待鄂本篤，並以有關基督教與伊斯蘭教的辯論自娛。再往前行，年僅十二歲的阿克蘇王對於宗教辯論這類崇高的議題不感興趣，他要求鄂本篤以本國風格起舞。鄂本篤照做了。誰又能拒絕一位國王？

這次旅程想必驚喜處讓人興奮無比，恐怖處令人魂飛魄散，美麗處又使人嘆為觀止。鄂本篤即使不是旅經這條路線的第一位歐洲人，也幾乎可以確定是數百年來的第一人，而且在他之後兩百年間，也再無其他歐洲人走過這條路。

這支商隊行經的地區，包括今天的印度、巴基斯坦、阿富汗、俄羅斯與蒙古。在長途跋涉兩年後，商隊穿越所謂世界屋脊，喀喇崑崙山脈、喜馬拉雅山脈與興都庫什山脈在這裡相互睥睨，形成世界最高的高原。鄂本篤從來沒有機會面對這樣一座海拔兩萬三千呎、白雪皚皚的山峰安然默想天主造物之美。只是他無暇觀光攬勝；事實上，要想在這條高度時而達到一萬八千呎、積雪不化的山道上前進，僅是求生存已是一場艱苦奮戰。他在文件中寫道，商隊至少有五匹馱馬「因酷寒、燃料全無、以及令牠們幾乎無法呼吸的可怖氣候狀態而死亡」。酷寒、沒有燃料、以及使馬匹呼吸困難的稀薄空氣，那些旅「人」又如何生存？儘管擁有罐裝氧氣、太空時代衣著、高蛋白凍乾食品等等高科技現代登山裝備，後世探險隊在攀登亞洲那些大山時，仍然必須在險象環生之中奮勇求活。但鄂本篤與他的同伴卻只能依賴一些絕對低科技、流傳數世紀的辦法，對付低溫與高海拔狀況：他們吃乾蘋果與乾洋蔥，在馬的齒齦塗抹大蒜。

終於攀上這些大山的旅人，隨即必須沿坡而下，進入另一面的塔里木盆地。甚至直到幾個世紀後，中國政府仍視塔里木盆地為進行核子試驗的理想地點，當年它渺無人煙、荒蕪不毛的悽涼景況可想而知。絲路自此從海平面以上三哩的高處，陡然降至海平面以下數百呎。商隊掙脫了山區酷寒，迎來的卻是同樣令人難以承受的沙漠暑熱；暴風雪為沙塵暴取代，冰與雪的景觀幻化為無水的沙漠。只有最大膽的人才敢結成大隊人馬在沙漠旅行，而且也只敢在夜間趕路。韃靼人的突擊隊伍在沙漠中橫行無忌，肆意掠奪過往商隊。鄂本篤據實報導了這些攻擊常見的下場：「我們經常在途中見到想孤身通過大漠的回民屍骨。」

就像翻越大山與三千哩長途跋涉的嚴苛考驗沒能難倒他一樣，鄂本篤也歷經沙漠之旅而存活。原本預期六個月的行程，結果輾轉耗時幾近四年。在這次行程展開之後沒多久，鄂本篤已經很清楚這條內陸通道較之海路甚至更加凶險。他為他的耶穌會上司們寫下這句絕不誇張、實事求是的評估：「這個旅途極其漫長，充滿艱難與凶險。（耶穌）會裡的人不應再圖嘗試。」

鄂本篤熬過最艱險的一段旅途，卻在距北京僅千哩之遙的旅次中去世。他沒有找到傳說中的東方古國，也沒有發現從印度到中國的捷徑。

事情的表面往往是騙人的。鄂本篤在去世時雖然可能一文不名，而且孤苦無依，但他並沒有失敗。儘管在他以後，東方古國的浪漫流傳仍令一些固執的探險家尋覓不已，鄂本篤已經證明若干耶穌會士的猜測無誤（中國就是傳說中所謂東方古國），從而基本上解決了東方古國何在的惱人歷史問題。東方再沒有其他大國；所謂失聯的基督教團體事實上也並不存在。如果馬可孛羅果真如他所說到了東方（近年來有些學者質疑馬可孛羅的這項說法），則他所說的偉大帝國「契丹國」，就是十六世紀歐洲人所說的中國。鄂本篤的夥伴們從此不必再為神話中的帝國浪擲精力，可以集中全力，經營兩個確實存在的帝國：印度與中國。

鄂本篤也破解了兩國之間有捷徑的猜測。這條捷徑並不存在，直到幾世紀之後，拜科技進步之賜，中、印之間才有了一條較便捷、較安全的陸路通道。

無名英雄

鄂本篤的故事流傳不廣，甚至許多耶穌會士也未曾聽說。所以如此，至少有一個明顯的理由：他留下的歷史紀錄無多，而留下來的少數有關他一生的所謂史實也時而相互衝突。不過這其間還有另一理由。歷史傾向於只為那些實際將地方搬上地圖的人歌功頌德，如哥倫布、哈德森❹，甚至鄂本篤的耶穌會弟兄賈奎斯．馬奎特❺因航行於上密士西比河而青史留名。至於那些空手而回、或像鄂本篤這樣將契丹這類地方從地圖上清除的探險家，卻只能在史上晃眼而逝。

這其間的差異就某方面而言完全可以理解，就另一方面言之則令人好奇。哥倫布有所發現，沒錯，但他發現的不是他要發現的。而且這些早期探險家的發現，或他們的未能發現，經常只是出於巧合與運氣。他們有多麼偉大的衡量標準，主要不是他們在旅途盡頭發現了甚麼，而是撐持著他們完成旅途的人性潛能：他們的想像力、意志、毅力、勇氣、機智與承擔失敗風險的意願。

那些發現「有些甚麼」的探險家，經常具備這些特質。但較默默無聞、如鄂本篤這類發現「沒有甚麼」的探險家，也同樣具備這些特質，就像一些名不見經傳、透過本身的失敗，而指出一條醫藥解決途徑的醫學研究人員，以及無數其他在本身領域做出同樣貢獻的科學家、發明家、哲人、與數學家一樣，也具備這樣的特質。鄂本篤的故事重新詮釋了領導成功的定義，因為它說明一個人不必取得盛大、明顯、自我擴充的「勝利」也能成功。有時，若能貢獻一己之力而協助團隊取勝，一個人同樣是成功的。以鄂本篤的案例而言，他探勘一條死路而讓夥伴們不必重蹈他的覆轍，此舉儘管看似不足道，卻是他歷經千辛萬苦的成果，從而證明他的領導能力。

鄂本篤孤身一人死在中國一處偏遠的邊陲。他沒有與耶穌會夥伴結伴同行，死時也沒有人在一旁照料。既如此，他這次歷史性旅途的一些細節又如何為世人所知？

每隔一陣子，郵遞服務就能帶來一些驚喜。而鄂本篤適巧趕上了。在他隨商隊終於抵達肅州以後，他請託前往北京的商人帶信給馬提歐．里西。這封信件交到里西手中的機率很小：鄂本篤沒有里西的地址，他不會中文，無法在信封上寫中國字；他當時距北京還有千餘哩之遙；而且他的信差是個商販，而商販到北京以後能因買賣而致富，但是替鄂本篤尋找里西卻撈不到半點好處。

但信件帶到的機率甚至還要更小。嚴格說來，當時北京城根本沒有人叫做馬提歐．里西。這位鄂本篤帶信對象是名義大利籍耶穌會士，在中國另有一名，叫利瑪竇。

雖然可能性微乎其微，這封信還是交到了利瑪竇手中。或許這其實也不全然出人意外。北京的居民自然看不懂信封上的羅馬字母，但這些字母也指出收信人不是中國人。而當時合法居留北京的，只有一位西方人士與他的幾位夥伴。因此這封信或許不費周折地轉入利瑪竇手中，而他立即派出一位入會學習的中國青年鍾鳴仁❻前往肅州，接應鄂本篤。這位青年趕到肅州時，鄂本篤剛去世未久。他取回鄂本篤的一些日記手札，帶著一路陪同鄂本篤行來的那位隨從回到北京。

語言家，地圖製作人，哲人，兼多元文化主義者

利瑪竇也有他自己一段東行之旅。雖然就體力折磨程度而言，他的旅程不似鄂本篤穿越三哩高高原那般艱險萬狀，但行期比鄂本篤的還長了許多年。就一種雖或無形、但非常真實的意義而言，利瑪竇的北京之旅早在他出生於義大利的一五五二年已經展開。同一年，耶穌會進入中國的第一次嘗試，在距離今天香港約三十哩、偏遠的小島上川島上以失敗收場。之後許多年，耶穌會前仆後繼一再嘗試，只是每次都遭到徹底失敗。

早期嘗試進入中國的耶穌會士，一直以葡萄牙設在澳門的貿易站為入口門戶。極少數幾位會士雖能闖入恐外情緒極高的中國大陸，但都迅速遭到驅逐，而且經常被關在籠內、在武裝警衛押解下驅逐出境。

利瑪竇使耶穌會進入中國的做法煥然一新，不僅使局面完全改觀，同時也協助塑造了耶穌會之後許多年在亞洲各地的策略。利瑪竇一家人住在義大利中部山城馬才拉塔。幼年時代，利瑪竇已經展現極強的自主意識。他的家人與有榮焉地將他送到羅馬攻讀法學位，隔不多久卻發現他決定加入耶穌會，他們即使未因此大失所望，想必也困惑不已。這一年利瑪竇

十八歲。

十年以後，他在澳門潛心研習中文。在那個貝立茲[7]語言學習法還沒有誕生的時代，他的語文教材是幾張手稿，與夥伴們拼湊而成的字彙表。當時的他不可能想到自己將在中國住一輩子，不可能為此預作準備。而且，又有誰能協助他準備？在那個年代，即使是最博學的歐洲人也從未見過亞洲人，從未聽過亞洲語言，從未見過中文字。利瑪竇在致夥伴的信中，頗為傳神地描繪了當年歐洲人聞所未聞的一些新奇事物：

我正在苦學中文，而且可以向閣下保證它與希臘文或德文大不相同。中文的讀音有太多曖昧不清之處，許多音意指千餘種事物，有時一個音與另一音之間唯一的不同，只在於發音時採用的，是或高或低、四種聲調中的哪一種而已。至於字母，若非像我這樣親眼所見、並且親身嘗試，保證沒有人會相信他們寫字的方式更像畫畫，他們像我們的畫家作畫一樣用毛筆寫字，原因也在於此。

利瑪竇成為史料所載第一位精通中文的西方人。在踏上澳門後不到數年，他用中文撰寫、發表《交友論》（*On Friendship*），並藉此取得超越前輩先賢四十年來取得的進展。「這篇著作確立了我們作為才德兼備學者的信譽；它為人愛讀，也極受好評，現已在兩個地方發行。」

耶穌會士的才智：
語文家、地圖製作人與教士

這是利瑪竇的中國籍夥伴游文輝（聖名厄瑪努爾），在利瑪竇死後不久替他畫的像。皈依基督的游文輝後來加入耶穌會。耶穌會士金尼閣（Nicolas Trigault）歷經艱苦，終於將這幅畫像帶回羅馬，現存於耶穌會總會院。在同樣艱苦的來時路上，金尼閣曾召得一批耶穌會士前往中國工作，只是這批人泰半在前赴亞洲、無限凶險的海上旅途中喪生。

激進的策略

《交友論》單就文字層面毫無疑問是篇上乘之作，但就它代表的策略大轉變而言，它的意義更加重大。畢竟，在過去，歐洲傳教士很少有人嘗試完全通曉當地的語言。他們有時也會稍事涉獵一些當地語言，但目的一般只為直譯基督徒祈禱文或教義問答。這種對語言的態度，昭然若揭地顯示他們的一種心態，即他們認為需要作改變的是當地人，而不是歐洲傳教士與殖民者。

皈依基督的人應該自我歐化，或者以大多數歐洲人的看法而言，應該自我文明化。歐式笨重的靴子與繁重的葡萄牙式服裝對基督徒生活方式的影響，或許令印度次大陸那些皈依基督的人大惑不解，至於何以有人樂意在亞熱帶氣候中如此穿著，就更令他們不可思議了。但對於在亞洲的歐洲人而言，這些都是沒有商量餘地的事。文明人的穿著就應該像歐洲人一樣，至少大多數歐洲人的看法如此。

但利瑪竇不一樣。《交友論》恰到好處地切入中國文化；它不像歐式大靴子惱人。因為利瑪竇不僅精通中文，還練就一種令讀者不感陌生的文字風格。他在書中使用的，不是在羅馬學得的那套乾澀而學術意味濃厚的做法，而是儒家學者可能使用的行文形式。他以猶太教、基督宗教價值觀為根本的理念，自然令讀者們耳目一新。但他的議題對中國知識份子而言並不陌生；他刻意不翻譯歐洲文學作品，而以儒家學術中討論的人倫關係為討論主軸。

利瑪竇使情勢整個改觀。非但沒有迫使可能皈依基督宗教的中國人接受陌生的歐洲文化，他更首創一種「文化趨同❽」的激進策略。所謂文化趨同是後來的耶穌會士造出的名詞，意在描述他們自我同化於地主國文化的策略。他本身做改變，自我調適於中國主人的文化、價值與風俗習慣。這一次，被迫穿上不熟悉的服飾的，不是皈依基督教的非歐洲人士，而是換上新袍的利瑪竇與他的夥伴們：「我們開始留鬍鬚，並且讓頭髮垂到耳下；同時我們也穿上讀書人穿著的特有服飾，是一種紫色絲袍，袍服下擺、領口、與邊緣綴有一條寬度略窄於手掌的藍色絲邊。」義大利馬才拉塔老家的人，若見到利瑪竇如此穿著打扮，不知做何感想？

利用敞開的門

不消說，儘管穿上新袍，沒有人會誤以為利瑪竇是孔門學者。但他這番姿態代表的象徵意義卻立即顯現。神職人員穿著的黑袍，在羅馬街頭或許是人們一眼可辨的象徵，但黑袍在中國全無意義，而且只能使這些來自西方的陌生訪客與當地人之間更加疏離。另一方面，利瑪竇的新袍打扮在中國表達的訊息，就像他的黑色法袍在羅馬表達的一樣：他是一位學者，擁有值得尊重與注意的理念。

利瑪竇很快找到辦法，佐證他確實如他所說、是一位擁有獨特智慧、願意與人共享的人。在明朝末期數十年間，中國越來越走向鎖國之路。一度遠較歐洲科技優越的中國應用科學，早已沒落。中國的這種不幸成為利瑪竇的大好良機。由於不了解中國人究竟對西方科技與文化的甚麼東西感到興趣，他不辭千辛萬苦、從歐洲帶來一大袋絕不尋常的各式玩藝。他的住處很快成為既似新奇商品店，又像博物館、大學與學術辯論沙龍的地方。數學家在這裡討論著利瑪竇（與徐光啟）譯成中文的歐幾里得《幾何原本》教材。許多飽學之士拜訪利瑪竇，看他帶來的書、稜鏡、鐘錶與六分儀座。天文學者學習如何用星盤推算行星與星體的移動。一張世界地圖尤其引起訪客們的好奇，因為與外國人完全沒有商務往來的中國人，對這個世界的其他部份完全不予理會。中國人有自己的世界圖，圖中將世界範圍縮小為本國的十五個行省；環繞本國四周為海域，他們在海上畫幾個小島，加上他們聽說的幾個王國國名，而所有這些外國加起來，面積仍遠不及中華帝國最小的行省。

利瑪竇到中國為的不是製作地圖，但為了提升他自己與西方的形象，他把握另一個機會。無論怎麼說，中國的世界地圖不僅反映中國人對世界地理缺乏認識，也暴露出他們那種中土以外地區皆不值得注意的偏見。利瑪竇畫了一張新世界地圖，用中文註明各國國名。他畫的第一張世界地圖並不成功，擺脫歐洲人自負心態、以及文化的成功融和之難，在圖中顯露無遺。他以歐洲人的想像方式畫出這張世界地圖：歐洲神氣活現地昂然居中；亞洲在地圖東部，中國則被推到地圖邊緣。這是一種冒犯。他的中國朋友雖然也承認對世界地理缺乏認識，但他們知道，所謂「中心之國」的中國位於世界中心。利瑪竇的地圖畫錯了。

一開始就訂定崇高的目標

這位機靈的義大利人很快找到最簡單的解決辦法，捲土重來。就像轉動地球儀重新定位一樣，利瑪竇很快調整角度，畫出一張新圖。中國在這張新地圖中穩穩居中，正是他的中國友人認定的中國應有的位置。

利瑪竇並且採取更進一步的行動，在圖上註明一些解釋性附註——不過這些附註，不是我們在地圖上慣見的那種資訊說明。例如，他對天主教位於羅馬的教廷有以下註解：「聖父（指教宗）為獨身，唯天主教徒為他的臣民，他住在羅馬。羅馬帝國境內所有歐洲人都尊崇他。」所有歐洲人都尊崇他？是嗎？路德派與加爾文教派的新教徒，對此或有異議，但利瑪竇此舉情有可原，因為他認為據實以告的時機不宜，若將當時正在歐洲上演的宗教改革亂局原原本本說清楚，將徒然為他的地圖教化工作帶來困擾。

利瑪竇身兼地圖製作人、天文學家與作家，行事有自己的工作進程。他的做法儘管富有機會主義色彩，但並非泛泛、沒有特定目標的行動。他有一項最重要的目標，就是晉見中國皇帝。他一定懷有一項雄圖，希望能說服皇帝皈依基督信仰，從而運用統治者的影響力，使數以百萬計的中國臣民納入基督教化。

這項構想在今天看來或者荒誕不稽，但當時在利瑪竇心目中卻是絕對合乎邏輯。畢竟，在他故鄉所在的歐洲出現的，正是這種由上而下的轉型。原本篤信天主教的英格蘭，只因亨利八世決定改奉新教，而在一夕之間成為新教的英格蘭。同樣的模式也在歐陸各地反覆重演。在利瑪竇看來，由上而下的策略在亞洲也能有同樣成果。

低調耕耘

即使不能使皇帝皈依天主，利瑪竇也希望至少能贏得中國當局的正式批准或默許，讓耶穌會在中國進行傳福音的工作。儘管利瑪竇在中國高官中名聲漸增，耶穌會的地位卻始終混沌不明。仇外的地方大吏或官僚可以在任何時間驅逐歐洲人出境。利瑪竇指示他的夥伴們，要他們保持低姿態。他不准他的同伴在市集鳴鐘，吸引民眾參加強調地獄之苦的宣教，也不准建立宏偉、誇耀的教堂。利瑪竇與跟隨他的一小群耶穌會士，就在他們私宅的院落上建立樸實的小教堂。

在抵達澳門後二十年，利瑪竇終於得以進入北京皇城。他一直為達成這個目標努力不懈，耐心耕耘著一個中國高官的網路，隨時隨地爭取權貴的支持，以助他晉見皇帝。

宮廷官員終於同意代利瑪竇將他的禮物呈獻給皇帝：禮物包括聖母與基督塑像，兩個自鳴鐘，一張世界地圖，一具小鋼琴（一種類似大鍵琴的樂器），與兩個稜鏡。利瑪竇還隨著這些禮物附上一封自我介紹的書信，自稱是「一位無妻無兒的教士，因此無意於賞賜；曾經研究天文、地理、微積分與數學，樂於為皇帝效力。」

這些禮物都經過利瑪竇精心挑選。皇帝對於其中一個會報時的鐘特別感興趣。當鐘機件出問題時，利瑪竇應召入宮教授皇帝的宦官如何修理。這是利瑪竇在力謀晉見的過程中所能達到的極限。不過，能夠來到北京這項事實的本身，已是一項了不起的成就。利瑪竇抵達北京以前近一百年前，一位葡萄牙大使已經到過北京；這位大使立刻被關在籠子裡押回香港，並驅逐出境。根據史料，此後沒有西方人士來過北京，直到利瑪竇為止。據說，利瑪竇在臨終時告訴夥伴，他們「正站在一扇敞開的門前」。

在鄂本篤於肅州去世之後三年，利瑪竇也去世了。沒有人知道鄂本篤究竟葬在何處。時至今日，訪問北京的人仍能找到利瑪竇的墳冢；他是獲准在皇都安葬的第一位西方人士。利瑪竇的友人大京兆尹王應麟為他的墓碑題字，並命工匠將利瑪竇在中國結識的權貴名單刻在碑上，包括禮部與戶部尚書、以及其他各部會首長與官僚。他在北京建立、養成的兩千人基督徒會眾，出席了他的葬禮。如果說鄂本篤之死也曾引來甚麼悼念之眾，那些人不過是打劫他寥寥幾件財物的匪徒罷了。

利瑪竇傳奇的一生與成就引來若干疑問。他怎能做到從教授天文學到翻譯幾何學、再到使中國人皈依基督宗教等等，如此富有想像力、又如此離奇的策略性跳躍？他基於甚麼靈感而下定決心，並透過如此具有彈性與自信的作為，拋棄教士與歐式習慣而採納中國生活方式？這些問題與其他類似問題，引領我們深入探討耶穌會的領導精髓，同時也形成以下幾章的核心議題。

數學家與天文學家

克里斯多佛．克拉維斯，就像單獨的大姆指一般，與鄂本篤以及利瑪竇比肩而立。在他們那個時代，曾經跨出歐陸的歐洲人少之又少。鄂本篤與利瑪竇較之這一小群冒險犯難的歐洲人甚至更勝一籌。在耗時數年的海上旅程終於結束，滿懷感恩與畏懼的旅者終於來到殖民終站之際，大多數人樂得就此罷休，鄂本篤與利瑪竇這樣的人則是例外。他們繼續前行，探討歐洲人從未嘗試過的路線。甚至在抵達亞洲以後，他們還不辭艱苦地千哩跋涉，過著鮮少在一地停留超過一、兩年的行旅生活。

德國人克拉維斯的故事截然不同。他在大學教授這同一職位上工作了四十八年，而且其中四十六年都在耶穌會辦的羅馬學院⓫度過。十六世紀的歐洲人大多數活不到四十八歲，能工作這麼久的人就更少了。在任何一個工作崗位上能做這麼久的人，自然予人某種味同嚼蠟的聯想，人們很難將他們與鄂本篤與利瑪竇這樣的人聯想在一起。

拘謹、保守的老教授，拖著疲憊的腳步，年復一年反復使用那本早已泛黃的教材，如此形象，完全不能反映克拉維斯的情況。另一種截然不同的形象較能有效反映他的一生：他是一個面對日蝕而感嘆不已的人。據說，克拉維斯在一五六〇年目睹一次日蝕，時年二十三歲，還是耶穌會讀書修士，就在那個下午決心投入他奉獻畢生心血的這個事業。他在有生之年一直無倦無悔、熱情探索著天文學，他的熱情感召了利瑪竇等人。繼承利瑪竇衣缽的一位

培養「卓越而頂尖之士」

圖中所示為耶穌會學者克里斯多佛．克拉維斯與所擁有最先進儀器。克里斯多佛．克拉維斯為文藝復興時代天文學家與數字家，與伽利略[9]交好，曾協助研發今天仍在全球各地使用的額我略曆[10]。

耶穌會士，由於在一六二九年一個下午精確預測到一次使北京天色黯然的日蝕，而使耶穌會士得以史無先例地進入中國皇家天文局（當時稱為欽天監）任職，而這一切歸根究底，都拜克拉維斯之賜。

為因應不斷變化的世界而訓練新人

克拉維斯不可能預知天文學有一天將成為耶穌會在中國成功之鑰。他在成立未久的耶穌會事業體展開教書生涯，當時這個事業體正蓬勃發展，但同時也在不斷調整它的做法與策略。耶穌會那時已在全球各地創辦約一百所大專院校，在構築全球最大私立學校系統的作業中已經斐然有成。在創會後四十年間，耶穌會事業體本身的規模，也已從開始的十人激增為五千人。

資深耶穌會士於是聚集羅馬，為他們迅速成長的事業體訂定一項策略指導原則。數學家克拉維斯在會中，就他們應該營造甚麼樣事業體的問題提出他的看法。他認為，耶穌會士不僅應該精通眾人都認為他們應該精通的神學與哲學，也應該成為語言學、數學與其他科學的專家。世界正在變化，為走在時代前端，即使面對這類次要、但萌芽中的學術領域，耶穌會士也有鑽研的必要。克拉維斯主張開辦碩士課程，使耶穌會會士走在歐洲學術領域的最先鋒。他指出，他與他的同事，有必要訓練後進，將他們塑造為：

卓越而最頂尖的人才。一旦他們散居不同的國家與王國，像閃閃發光的寶石一樣為（耶穌會）事業體倍增榮耀，才能匯為一股力量令所有敵人恐懼戒慎，才能成為一種強大的激誘因，使年輕人從世界各地向我們投奔而至。

雖然有的夥伴或許因他如此誇張的辭藻而訝然，或許因他身為教士卻如此不知謙虛而略有微言，但他們大多數還是同意他的看法。至於那些不同意的人，若想與克拉維斯重量級的智慧一別苗頭，可得三思了。

四十餘年間，克拉維斯一直在耶穌會的羅曼諾學院教學，他也將一腔熱情與遠見盡情投入於學員，要將他們塑造為「卓越而頂尖」的人才。號稱教師搖籃的羅曼諾學院，有許多來自歐洲各地、耶穌會前景最為看好的讀書修士；克拉維斯從中選出最優秀、最有智慧的修士接受數學與天文學碩士課程。利瑪竇很可能就是他的得意門生。當利瑪竇在克拉維斯門下研習天文學時，他完全不知道自己命定將在中國工作；而直到利瑪竇抵達中國以前，當時的歐洲人對於當時中國應用科學的悲慘狀態也一無所知。

利瑪竇並不是為了到中國宣教，而根據一項精心策劃的計劃研讀天文學，因為與教化一個亞洲帝國如此不切實際的計劃相較，克拉維斯的見解既較單純，同時又更加誇張得多。利瑪竇、克拉維斯與他們的耶穌會主管，並沒有停下腳步，擔心高等數學與天文學對未來的教士究有何用的問題。像所有的教師一樣，克拉維斯相信知識挑戰的本身，已經能使他門下那些才賦之士成為更有用的人。學習誠然重要，但學習過程中贏得的以下收獲同樣重要：面對挑戰性問題，不解決誓不甘休的紀律、奉獻精神與意志力；透過不同角度觀察世界，從而導致的驚訝感、好奇心與創造力；以及因解決一個原本看似解決不了的問題而產生的自信。像利瑪竇這樣有才賦、又受過良好訓練的學員，一旦塑造為「卓越而頂尖」之士，必能在世上闖出他們自己的一片天地。

擁抱新發現的真理

克拉維斯不僅塑造卓越而頂尖之士，他自己也是一位出類拔萃的人物。一位名叫伽利歐·伽利略的義大利青年科學家，在一五八七年首度訪問羅馬時求見當時已是歐洲著名數學家的克拉維斯。克拉維斯非常賞識這位青年，給了他每一位青年學者夢寐以求的推薦；有了這樣一位著名耶穌會士的美言，伽利略得到他的第一個教職。雖說與這位後進來自不同的世界，或更加精確地說，來自不同的宇宙，克拉維斯仍然支持伽利略。克拉維斯的天文學教材，很自然地為天主教會認可的天動說⑫辯護，根據天動說，上帝以地球為宇宙中心，太陽、月球、星辰與行星都繞行著地球。

但伽利略與這種克拉維斯與其他每一位忠實教士篤信不移的天文學說漸行漸遠。一六〇〇年代之初，伽利略研發成功歐洲第一具現代望遠鏡。儘管仍然粗糙，這具儀器已足以顯示金星也展現與月球頗相類似的盈虧現象。這是一次石破天驚的重大發現。它指出金星圍繞著太陽、而不是地球旋轉。因為若非如此，金星的盈虧現象將無從解釋，難道說，金星圍繞著太陽，而太陽與其他行星則繞著地球運行，太陽系竟複雜得如此令人不解？以地球為中心的天文學說自此以後越來越引人疑慮，似乎只有以更加崎嶇複雜的解釋說明行星運行的軌道，才能使天動說站得住腳。

伽利略雖然小心翼翼，但他已經踏入一處事實終於證明不可能穿越的雷區。教會官僚在以地球為中心的構想上投入太多，要從這種理論抽身已經不可能。無論伽利略從他的望遠鏡中看到甚麼，無論他看得多麼清楚，無論他的觀察如何自然而然地佐證了太陽中心的天體理論，固守成規的教會依舊死不認帳。當伽利略發表這些觀察所得，對地球中心的天文理論提出刻意迴避、但不容質疑的挑戰時，克里斯多佛·克拉維斯已經七十多歲。如果以此高齡而躊躇滿志，沒有人能責備他甚麼。伽利略的理論明擺著威脅到克拉維斯畢生的成就，身為後進的他，自然不能指望這項危險的革命性構想獲得甚麼支持。夙享盛譽的克拉維斯要拋開這位後生晚輩自是輕而易舉。

但這位老人的做法是，領著他最後一班耶穌會天文學碩士班學生來到羅曼諾學院的屋頂。耶穌會這時已經擁有自己的望遠鏡，它們比克拉維斯過去在天文學研究工作中使用的那些望遠鏡更新、也更精確。克拉維斯與他的學生嘗試重演伽利略的觀察，以省察他所謂的觀察所得是否屬實。事隔不久，克拉維斯發表他自撰天文學教材的最後版本。書中寫道，「本著作曾參考伽利歐·伽利略所著的那本可靠的小書，亦即於一六一〇年在威尼斯付印、取名

《星際信使》[13]的那本。」這段文字無疑使許多天文學家訝然，使許多教會官員憤怒。

克拉維斯支持伽利略一切的發現與估計。有了他這一句「可靠小書」的背書，批判伽利略的人暫時不敢輕舉妄動。但克拉維斯的作為不只如此而已，他盡其一切、做到他所能做到的極限。身為一位忠誠的教士，卻鼓吹哥白尼[14]的太陽中心說，簡直令人不可思議，事實上，他等於是在倡導異端邪說。不過克拉維斯很清楚，自己以畢生心血衛護的天動說已經註定為人遺棄的命運。他與伽利略使用的望遠鏡或許相當原始，但它們顯示的訊息已經足以粉碎作為經典的天動理論。不可思議的太陽中心論或許在理論方面仍有若干缺失，不能充分說明天體奧秘，但想當然耳的天動說不再值得加以衛護。克拉維斯以伽利略的觀察為證，在書中繼續寫道：「既然事情如此，天文學者應考慮天體日月星辰如何排列，以說明這些現象。」換言之，事情真相就是事實，科學家必須接受事實，並尋求一種令人信服的理論以解釋它們。

在發表這些聲明過後沒多久，克拉維斯與世長辭。伽利略繼續冒著危險倡導引起爭議的太陽中心說。二十多年後，他跪在梵蒂岡裁判官之前，鄭重放棄太陽中心論，並誓言地球不動，以免逐出教會、甚至早死（與橫死）的厄運。

如果克拉維斯多活個幾年，他在伽利略這場鬧劇中會扮演甚麼角色？身為當時公認首席天文學家兼教士的克拉維斯，自然無法置身於這場爭議之外。有鑒於教會頑強而咄咄逼人的立場，要說有一位教士敢於挺身而出、為伽利略辯護，實難以想像。但克拉維斯面對知識而絕對正直，在真理追求上絕對獻身，他自己的教材就是一種優雅、簡樸的證詞。他如果活著將如何解決這個兩難困境，仍是一個引人好奇、不過沒有答案的問題。

克拉維斯如何協助修訂我們的行事曆

雖然克拉維斯的天文觀甚至在他辭世以前已經黯然失色，他的另一項成就則歷經時代考驗而光芒依舊。事實上，聽過克拉維斯大名的人或許寥寥無幾，但曾經查過日曆，或翻閱過行事計劃曆的每一個人，都不自知地向他致敬。終克拉維斯一生，羅馬皇帝朱利安・凱撒[15]訂定的儒略曆[16]，就像千百年來一樣，一直支配著歐洲人生活作息。但儒略曆的弊病越來越嚴重。根據聖經記載，耶穌基督的受難與復活發生在猶太逾越節[17]，而這個節日訂在春季第一個月。天主教會也因此將復活節訂在春分之後第一個滿月過後的週日。但基於一些人們不很清楚的理由，隨著時間消逝，春分的日期不斷推遲，復活節的日期也隨著後延。到十六世紀，復活節和聖誕節的距離越來越近。

於是，教宗額我略十三世要克拉維斯主持一個委員會，調查這個越來越令人難堪的問題。曆法究竟出了甚麼毛病？人們發現，實際上的太陽年較儒略曆的太陽年要短——精確地說，短六百七十四秒。六百七十四秒？對一年而言，這算不得甚麼，但許多世紀不斷累積下來，問題就嚴重了。他們於是決定每隔四百年加上三天，只是復活節仍不留情面地逼向聖誕節。

克拉維斯主持的委員會，大體上採納義大利人艾洛修斯．李里尤斯[18]的分析做法，以及他簡單而不失優雅的解決之道。李里尤斯在委員會成立前不久辭世，他生前曾建議，逢百之年只有在能以四百整除時才是閏年。換言之，一九〇〇年不是閏年，但二〇〇〇年是閏年。這種微妙的閏年機制再校準一直延用至今，基督徒此後都在春天歡度復活節，慶喜之餘卻不知這一切全拜李里尤斯與克拉維斯之賜。在頒布後來為紀念教宗額我略十三世而命名為額我略曆時，克拉維斯的謙和與政治機智展露無遺。他在這件事上極可能也別無選擇。

並非每個人都立即支持這種新曆法。一五〇〇年代末葉，基督教會內部交相撻伐的情況較今天嚴重得太多。新教徒與天主教徒在整個篤信基督的歐洲各地，不斷進行著激烈、而且往往血腥的衝突。誰敢保證這個新曆法不是狡猾的耶穌會士或教宗的伎倆？即使這個新曆法確實更加精確，新教徒領導人也無意支持由羅馬教宗與一位耶穌會數學家修訂的新曆。篤信天主教的義大利立即採用這個新曆法；強硬派新教徒控制下的英國則否。德境諸邦的天主教地區採用新曆；境內與天主教地區相鄰的新教地區則否。德境一部份地區的日期與另一部份不同，這情況一直持續多年。

效忠教宗的天主教徒也未必滿意這種新曆法。為抵銷儒略曆行之千餘年來累積造成的創傷，克拉維斯主持的委員會說服教宗額我略十三世頒令，在一五八二年（所幸只有在這一年）十月四日過後的下一天是十月十五日。即使忠貞的天主教徒也因此對新曆感到不滿：他們的生命被縮短了幾近兩週。有鑒於新曆造成的混亂持續不退，克拉維斯為這項爭議作出理應使一切塵埃落定的最後定稿。在教宗額我略與委員會所有其他成員早已作古的情況下，老邁的克拉維斯發表計八百頁的數學分析定案報告，作為對新曆的佐證。

但頑癬難癒，舊偏見去之不易。幾乎事隔兩百年，英國才終於在一七五二年採用額我略曆。在出席一九〇八年奧運的俄羅斯運動員由於曆法上的混亂，晚了十二天才抵達奧運會場十年之後，俄羅斯也於一九一八年採用此一曆法。會議計劃人與日曆製作商，終於從相互衝突的曆法造成的夢魘中解脫，只是苦了那些愛找樂子的死硬派，原本可以兩度歡慶兩千年的大好機會就此泡湯。

舊偏見確實去之不易。直到一八二二年，天主教會才正式允許天主教諸國在境內教授太陽中心之說。直到一九九二年，教宗若望保祿二世才終於向伽利略追致天主教會的歉意，為這一段拖延數世紀的歷史公案劃上最後句點。

思考領導的不同方式

鄂本篤、利瑪竇與克拉維斯：三個看來不真實的領導角色典範。再怎麼說，總是要領導其他人，才算得上領導人吧？最偉大的領導人不都領導著許多人嗎？但以上三人沒有一位曾經領導許多人；在他們各自工作生涯的大多數時間，他們領導的只是自己而已。

而這正是要點所在：他們領導他們自己。他們不逃避這項任務，這是每一位領導人必須面對的第一項、也是最重要的一項領導挑戰。

來自非典型領導人的領導教訓

領導人做些甚麼？對鄂本篤、利瑪竇與克拉維斯三人稍加研究，就能發現，這三人都具備領導品質。身為領導人，必須：

——不斷教著、不斷學著：利瑪竇學得流利的中文，汲取儒學中四書的智慧，並將四書譯成義大利文，將儒家思想引進歐洲。另一方面，他也將歐幾里得幾何學、天文學、以至於基督教教義傳授他的中文教師。

——塑造「卓越而頂尖」的男女：克里斯多佛·克拉維斯，在羅曼諾學院碩士班挑戰他的學生，年復一年地持續四十餘年。

——堅忍：鄂本篤無畏於酷寒以及找不到神秘的契丹古國的恐懼，不屈不撓，終於越過三哩高的山嶺。

——以遠大恢宏的雄圖自我鼓舞：鄂本篤在亞洲偏遠不毛、未經探勘的內陸跋涉數千哩，追尋前往中國之路；利瑪竇力圖覲見三百年來歐洲人一直見不到的中國皇帝；克拉維斯則立志為世人栽培一批無與倫比的俊傑之士。

——用先人從未設想過的創新做法因應挑戰：為使中國人注意他要傳布的基督信仰，利瑪竇擬定一種出人意表的策略：他將幾何學譯成中文，並重繪世界地圖。

——為追求完美而獻身：克拉維斯不辭勞苦，為他的曆法改革完成八百頁的數學證據。

——即使年邁，仍能敞開胸懷、接受新構想：克拉維斯以七十三高齡，仍小心謹慎地重複了伽利略的觀察。

——尊重真理，甚於自我考量：儘管投入如此心血，鄂本篤坦承未能找到一條通往中國的捷徑；克拉維斯雖然很明白伽利略的觀察所得，對他窮畢生之力以捍衛的理論構成威脅，但仍然支持伽利略。

——以身教、理念、與教誨影響他人：克拉維斯鼓舞了利瑪竇與中國的後繼天文學者，而克拉維斯、鄂本篤與利瑪竇三人，直到今天仍繼續影響著耶穌會。

領導的要旨不只是完成任務而已；任務如何完成也很重要。對所有領導人而言，包括鄂本篤、利瑪竇、與克拉維斯，這意味著影響力、遠見、堅忍不拔、鼓舞、創新與教育。

隨著時間逝去，某些假設已經主控了我們有關領導人與領導的文化原型：

——所謂領導人就是「主導」事物的人：經營一家公司、領導一個政府、教練一個團隊、或率領一支軍隊的人。

——領導造成直接結果，最有效的領導行為造成立即的結果。

——領導講究的是「關鍵時刻」，如決定性的戰役、冠軍賽、與新商務策略。

對於領導人是甚麼人，以及怎麼才算是領導的問題，鄂本篤、利瑪竇與克拉維斯三人有極不相同的聲明。儘管面對種種光怪陸離的挑戰，他們代表的仍然是切合我們大多數人生活的一種領導模式：

——大多數人從未面對如何鼓舞大批部屬的挑戰；我們面對的，是鄂本篤面對的那種比較平淡無奇、日復一日的挑戰：如何在漫長、而且前景往往黯淡的旅程中自我激勵。

——人生旅途的開展，很少能像精心製做的策略計劃那樣具有可測性；絕大多數的領導是即席發揮的。就像利瑪竇在他鄉異域的中國遭遇的一樣，大多數人生挑戰總是以始料未及的方式突如其來。這類環境不可能根據領導手冊量身訂做，也不會切合周詳策劃的人生策略；事實上，我們依靠的是我們的機智以及累積的智慧。

——與走向戰場的將領或面對搶七決勝賽局的教練不同的是，我們之中經驗戲劇性關鍵時刻的人可說少之又少。事實上，我們的關鍵性「時刻」以一種緩步而前的型態呈現，它在我們充滿平凡機會的人生旅程中，不斷刻劃下精微的差異：克拉維斯在四十八年教授生涯中，誨人不倦地將成百、成百的耶穌會新秀教育成材。

——如同鄂本篤、利瑪竇與克拉維斯，我們極少能像一顆撞球衝擊另一顆一樣，一目了然我們的領導在世上造成的衝擊。我們大多數人不能指望明確的成果，只能憑一己信念，認為自己的行動、決定、與選擇有其價值而得到滿足。

典型的公司仰仗的領導人相對較少，每一位領導人都據有極具權威或影響力的職位。但在耶穌會營造的事業體中，每一位員工都是領導人。在典型公司供職的人，一旦關鍵時刻出現，總是四顧尋找他們寥寥可數的領導人；但在耶穌會事業體的會士們只會求諸於己。更有甚者，他們了解每一刻（不只是關鍵時刻）都是作成衝擊、營建一種畢生領導的機會。

每一位成員都在領導，而且都能終其一生不斷領導。只有在極罕見的情況下，這些領導時刻能造成戲劇性、顯而易見的結果；一般而言，它們都只是一些精微而容易為人忽略的機會，但這些機會加在一起，卻形成一種行之畢生、正面領導的影響力。而且，如果每一位都能終其一生不斷領導，最具感召力與鼓舞作用的領導表現，必然是自發、而且自我領導的。以下幾章將探討耶穌會與眾不同的領導遠見，以及幾近五百年來，這種遠見如何協助會士們保持耶穌會威名於不墜。

---

❶鄂本篤（Benedetto de Goes）：生於一五六二年，逝於一六〇七年，葡萄牙人，耶穌會士。

❷利瑪竇（Matteo Ricci）：生於一五五二年，逝於一六〇二年。義大利人，耶穌會士。

❸克里斯多佛・克拉維斯（Christopher Clavius）

❹亨利・哈德森（Henry Hudson）：生於一五七六年，逝於一六一一年。英國航海家，發現北美洲的哈德森河與哈德森灣。

❺賈奎斯・馬奎特（Jacques Marquette）：生於一六三七年，逝於一六七五年。法國人，耶穌會士。

❻鍾鳴仁，廣東新會人，生於嘉靖四十一年（一五六二年）：曾和父親及弟弟幫助澳門耶穌會士工作多年，萬曆十九年在韶州由利瑪竇接受入耶穌會，是在中國第一批中國耶穌會士。

❼貝立茲（Maximilion Berlitz）：一八七八年創立貝立茲教學法，讓人以學習母語般的對話方式，學習另一種語言。

❽文化趨同（inculturation）

❾伽利略（Galileo Galilei）：生於一五六四年，逝於一六四二年，義大利物理與天文學家。

❿額我略曆（Gregorian calendar）：即今天各國通行的西洋曆法，由教宗額我略十三世於一五八二年修訂而成。

⓫羅馬學院（Collegio Romano）

⓬天動說，或為托勒密體系（Ptolemaic system）

⓭《星際信使》（*Sidereus Nuncius*）：伽利略以天文望遠鏡觀測天象後，發表的著作。本書為科學史上重要的宣告，宣告宇宙的內涵與研究方式從此不同，天文學的新時代於焉降臨。

⓮哥白尼（Copernicus）：生於一四七三年，逝於一五四三年。波蘭天文學家，現代天文學創始人。

⓯凱撒（Julia Caesar）

⓰儒略曆（Julian calender）：為凱撒大帝於西元前四十六年所創，以三百六十五日為一年，每四年一閏，閏年為三百六十六日。

⓱逾越節（Jewish Passover）：猶太人一年中第一個重要的節日，紀念上主救他們出埃及前吩咐他們所做的事。

⓲艾諾修斯・李里尤斯（Aloysius Lilius）：義大利人。

第五章
以自覺為領導基礎

只有知道自己要的是甚麼的人，才能積極追求這項必欲達成的目標。沒有人能在偶然之間成為一位偉大的教師、父母、小提琴家、或一位公司主管。

只有知道自己弱點的人可以應付這些弱點，甚或進而克服它們。職業生涯因缺乏自信而停滯不前的主管，只有找出他們的弱點並設法匡正，才有再創高峰的企機。

一旦明瞭驅使自己全心投入的動機何在，人們通常能毫無困難地全力以赴。

以上這些說法不過是老生常談。但儘管這些話說得再透徹不過，能夠在它們上面下功夫從而獲利的人，卻是少之又少。

許多人投入驚人時間與金錢，以取得成功所需的專業資格與技巧。領導人在他們的人際關係技巧、在他們的領導能力上，也要付出同樣巨大的投資。他們必須歷經一段自省的心路歷程（無論一次全部完成，或經過一段長時間而逐步完成）為成功奠基。這項歷程包括：

——以人才自我期許。

——找出使自己逸出正軌、以致無法充分發揮全部潛力的個人包袱，特別是那些以習性形式自我呈現的弱點。

——明白指出自我激勵的目標與抱負：不以隨波逐流為已足，而以個人操控意識作為人生行事的準繩。

——針對所有以上項目，養成不斷自我提升，尤其是一種每天下功夫的習慣。

能取得這種個人技巧組合的人，熱情奉獻的能力自然遠勝於其他人。設想一個擁有數以千計成員的團隊，如果每一位成員都能具備這些個人技巧，這個團隊的統合之力將如何驚人。既非耶穌會之友、對任何宗教信徒亦不友善的列寧❶，就極為羨慕羅耀拉的團隊。據說，他曾經感嘆地說，只要能有一打與耶穌會士同樣有才賦、同樣肯奉獻的幹部，他領導的共產黨運動可以席捲整個世界。列寧有此感嘆自不足為奇。

好消息是，只要肯投入這種培養技巧的自省功夫，每個人都有能力營造這些領導技巧。缺乏必要技術技巧的人，不會無知到自以為只要進入一家公司就能成功：誰會認為一個從未學過會計的人會成為成功的會計師？或一個從未學過法律的人會成為成功的律師？但我們仍然無知地認為，那些沒有自知之明的人（那些不知道自己的長處、弱點、價值與世界觀的人）能有長遠的成就。在較之羅耀拉當年那個十六世紀混沌亂局更加複雜、變化更加迅速的今日世界，情況益發明顯：只有具備深度不斷學習與自省能力的人，才可能歷經改變的浪潮衝擊而成功。哈佛商學院教授喬瑟夫·巴達拉寇❷，對這種自省習慣的極度重要性，有一段動人的文字陳述。在與公司領導人進行訪談，以了解他們如何領導各自公司成功度過危機、或決策之後，巴達拉寇作成以下結論：

無止境的管理重任雖然幾乎耗盡他們的時間，他們仍能抽空進行一項反躬自省的程序。這項程序通常不能在沒有外在喧嘩干擾下的寧靜中進行，而只能在百忙之中偷閒為之。他們能夠深入日常生活的忙碌表象、向下發掘，重置焦點於他們的核心價值與原則。這些價值與原則一經發掘以後，不僅能重新振作他們在工作上的宗旨感，還能作為精明、實際、具有政治智慧的行動的跳板。由於能在整個工作生涯中一再重複這項程序，這些主管能夠基於他們自己、而不是他人對是非曲直的了解，營建一種真實而強有力的認同。正是經由這種方式，他們開始從管理人轉型為領導人。

如果誠如羅耀拉、彼得．杜拉克、丹尼爾．高曼[3]與巴達拉寇等人所說，自覺對領導的成功竟如此重要，則我們有關領導、以及如何培養領導人的觀念必須有所修正了。首先，沒有人能使另一人自覺，所以領導人大體上必須自我塑造。只有我能鼓足意願、勇氣與誠意來搜尋我自己。如教練、管理人、友人、父母親與師長們等其他人，當然會施以援手，但基本上，他們扮演的只是一種類似神操中「導師[4]」的角色。在羅耀拉研創的這種關鍵性自覺工具中，指導員的任務就在於「像用手指一樣，指出礦山的礦脈，讓每個人自行發掘」。

領導人要為其他人（如他們的子女、員工、同事、與友人）「指明礦脈」。但他們首先必須作成本身追求自覺的終生承諾。一切領導均以自我領導為開端，而自我領導又以自覺為開端。首先必須奠定基礎：包括目標與價值、對個人實力與缺失的了解、以及對世界的展望等。其次是在面對一個持續變化世界的同時，養成每天不斷學習、深刻自省、令人振作的習慣。

沒有業務計劃的十人事業體

耶穌會事業體的成功彷彿脫韁之馬，會士們也為跟上腳步而卯足全力。一五四〇年創立的這個「沒有計劃的十人組」，在十五年間成長了一百倍。羅耀拉在不知不覺之間，已經經營著一個成員千人、在四大洲擁有好幾十個據點的事業體。

富於企業眼光的耶穌會士，在許多鮮少歐洲人知道、更別說去過的地方，嗅出了機會，這些地方包括今天的日本、巴西、衣索匹亞、馬達加斯加、斯里蘭卡與馬來西亞等地。葡萄牙國王若望三世在蒐集有關他殖民帝國的資訊時，海外耶穌會士往往比他派出的朝臣、探險家或外交人員更為得力。當他派出的使臣在相對安全的沿海貿易口岸安下身來之際，耶穌會士卻鑽入當地社群、派出駐皇室宮廷的代表。

在歐洲本土，耶穌會的積極進取不輸海外，就成績而言甚至猶有過之。在羅耀拉去世那年，耶穌會創辦、經營的學院已經超過三十所；對一個僅僅十二年以前，還沒有開創、經營過學院的事業體而言，這個成績算得不錯。耶穌會在歐洲的事業不僅限於建立高等教育院校而已。教會官僚開始召募受過良好訓練、足智多謀的耶穌會士，展開反制宗教改革的行動，一方面穩住信心動搖的天主教眾，一方面也設法在中歐與北歐各地奪回淪入新教控制的社區。

隨著耶穌會捷報頻傳，新客戶以及對他們服務的新需求也與日俱增，他們有限的資源很快已經不足以應付紛至沓來的機會。一位為人提供顧問建議的耶穌會士，對他沉重的負擔有以下一段記述：「目前，我每天必須忙到午夜才能抽身。有幾個早晨，我發現他們已經翻牆而入，就在我的屋裡等著。」聲名大譟與始料未及的成功，無疑使共同創辦人欣喜不已。但隨成功而至的，是一種揮之不去、長期人手短缺的苦惱。一波波離鄉背井、在世界各地建立灘頭據點的耶穌會士，自然仰仗總部提供增援。而在羅馬，面對根本解決不了的人手問題，羅耀拉束手無策。

會士們開始有了火氣。傑洛米．多梅內克[5]在致函羅耀拉、表示對人手短缺問題的不滿時，或許指望能獲得迅速而正面的回應。畢竟，他在西西里經營的，是耶穌會一個作為展示的事業，是耶穌會第一所主要為一般學生創辦的學校。羅馬確實立即傳來回音，但多梅內克由這封由羅耀拉秘書執筆的信中獲悉，不但增援一事沒有著落，他的不滿還險些讓他丟了這份差事。信中寫道，「事實上，如果我們的總會長（即羅耀拉）不因某些考慮而手下留情，他會以更加有效得多的方式，顯示他對閣下抱怨之詞的不悅，這些抱怨反映你對他的不信任，因為你同時也當眾譴責了（他任事）無當。」雖然多梅內克沒有要求，羅耀拉這位秘書繼續在信中一一列舉，詳述羅耀拉單在義大利一地面對的各種惱人的資源問題：

你未能看清（這使人頗感意外）我們的總會長必須顧及全面整體之利。因此，除了提供你足夠人力以進行你的工作以外，鑒於天主藉由耶穌會及其成員以成事的心願，他必須將其他許多人的事也牢記在心。在威尼斯的學院只有一位神父，而且這位神父對哲學或神學還一無所知；在帕杜亞的學院只有兩位文學造詣不佳的神父；在麥地那的兩位神父的拉丁文只是一般，而且過於年輕。

多梅內克不是苦於人手不足的唯一耶穌會士，也不是因為要求援助而探手入了馬蜂窩、被叮得滿頭包的唯一一人。荷蘭人伯鐸・嘉尼修❻負責北歐反宗教改革前線地區的作業，這項任務無論對梵蒂岡或對耶穌會而言，都是極端重要的優先要務。但即使是嘉尼修，也不得不請求增援。而且就像在西西里的多梅內克一樣，他的請求換來的只是一頓斥責：「你不應該每天無時不刻地向我們要人。我們缺乏有經驗的師資。」

下一個社會的困局：人才短缺

耶穌會的處境，今人當不陌生。極其成功、迅速成長的公司難免面對惱人的人手短缺問題。工作機會多於才賦之士，一直是一九九〇年代末期經濟景觀的特色。迅速成長（回想起來，雖或非福）的「新經濟」網際網路新興業者，不僅相互競爭、也與「舊經濟」各家企業競相網羅幹練之才。商業新聞媒體還為這場挖角危機造了一個新名詞：「人才爭奪戰❼」。

時至今天，一度耀武揚威的「達康」（dot-com），雖然早已在經濟景觀上化為數不清的堆堆白骨，但它們的式微沒有為所謂人才之戰帶來停火。

因為求才若渴的，不再僅僅是早期耶穌會或達康等迅速成長的新興業者而已。近年來的經濟不調，或許使「人才戰」一詞看來有些不合時宜的古怪，因為今天的業者似乎能在濟濟人才中恣意挑選。但以美國而論，出生率的減緩預示長程性人才短缺為期不遠，這種現象將對各行各業造成損傷。舉例言之，拜戰後嬰兒潮之賜，美國勞動人口從一九七五至一九九〇年以每年二．三％的幅度增長；從一九九〇至二〇〇五年，勞動人口年增長率將只得一．二％，寫下一九三〇年代以來新低。從二〇〇〇至二〇一五年，處於生產力高峰的人口，即年在三十五至四十四歲之間的勞動人口，實際上還會銳減約一五％。美國經濟的這些統計數字固然令人憂心，其他地方的類似數字更讓人看了提心吊膽。在二十一世紀頭二十年，全球十大經濟體中，日、德、英、法四大經濟體的整體勞動力將縮減。

雇主們縱然想加強這個方程式的供應面，也只能徒嘆負負、無能為力：因為到二〇一五年將屆三十五至四十四歲年齡層的人已經出生。要想多造些人為時已晚。即使採取更自由化的移民政策，也只能在這個不斷擴大的差距中解決小部份問題。

管理顧問早已習慣為迅速擴展的新興企業提供意見，協助它們解決人手不足的問題。如果能回到當年，他們會為羅耀拉與其疲於奔命的夥伴提供現成意見：撒下更大的網，以盡可能積極的手段召募新人，並且儘快對新人施以職前訓練，將他們送進現場、實際操作。管理顧問會對耶穌會士再三保證，人手短缺其實是個好兆頭，因為這種現象是商務衝力自然衍生的副產品，而這種衝力又是先發所享優勢形成的。耶穌會支配了新興教育市場，因為競爭對手還沒有自我組織妥當，無力把握這個機會。最重要的當務之急是，耶穌會必須保護、擴展他們業已主控的市場佔有率，以防堵可能的對手。

個人品質的重要性

如果耶穌會的處境在公司史上並非絕無僅有，他們的因應之道或許堪稱獨特。羅耀拉的幾位副手展現的才華，若是換在幾個世紀後的今天，想必能為他們謀得收入頗豐的顧問工作。他們在苦心研究人手短缺的問題後，透過腦力激盪擬訂十八條明確的用人辦法，將之納入耶穌會會憲草案供羅耀拉批示。這項草案很快遭到駁回，羅耀拉還在用人建議旁飛筆草書了一行字：「把它們全刪了，或許，只留下一兩條也可以，不過還是要（使加入耶穌會）非常困難才行。」

或許這一切只因為總會長當時心情不好？情況自非如此。他所以斷然拒絕這項召募新人提案，絕非出於一時恍惚。由於他主持下的耶穌會成長速度實在太快，成員已無力應付越來越多遠景可期的機會，但儘管如此，羅耀拉最關心的卻是耶穌會入會的把關不夠嚴謹。他對如何加速新人吸納的問題絲毫不以為意。一位夥伴記得，羅耀拉曾經坦承「如果他還有甚麼未了的心願，就是他應該在入會把關的問題上更為嚴厲」。

於是篩選程序變得更加嚴格。無論如何，為使新人迅速結訓、投入全球各地人力資源貧乏的作業現場，耶穌會入會訓練一定縮短了吧？根本沒這回事。耶穌會新人接受的入會訓練，比任何其他修會或商業企業都要長得太多、也嚴厲得太多。十六世紀其他修會的新人，一般都要接受一年密集的初學訓練；在這一年期間，新人在有經驗的前輩領導下學習該修會的規則、做法與生活方式，之後就能成為正式成員。但耶穌會新人必須通過兩年的精神基本訓練。而且耶穌會士在派往各地服務多年之後，還要調回總部接受又一年專業發展與生涯省思訓練。耶穌會為這項訓練正式定名為「第三試煉」，不過早期耶穌會士發明了一個稱呼，叫「心靈學校❽」。

誠如任何一位顧問都會提出的警告，耶穌會這種謹慎篩選新人而且持久訓練的做法，難免為作業支援造成瓶頸，也為此付出了代價。在羅耀拉去世十餘年後，耶穌會第三位總會長方濟．博日亞（Francis Borgia）由於擔心人力資源過於緊繃，開始選擇性地關閉學校。而第五位總會長艾卡維華曾拒絕一百五十多個開辦新學校的請求。我們不知道這幾位耶穌會領導者可能從十七世紀的管理顧問處得到甚麼建議。換在今天，顧問會向他們提出警告，說他們此舉將使他們喪失「先占優勢」。但耶穌會領導層似乎不以為意。雖然眼見機會錯失，他們非但不驚不懼，反而更進一步強調對個人發展的承諾：地方耶穌會管理人獲得訓令，在任何情況下，都不得為了忙著將新人派上用場而犧牲神操。

乍看之下，他們的做法似乎是反直覺的。他們已經缺乏人手。羅耀拉與他的後繼人等自應集中力量以爭取更多新人，而不是使入會要求變本加厲。羅耀拉後任總會長們拒絕新機會、延長新人訓練之舉，徒然損害到事業體的衝勁。

但他們為耶穌會帶來的，卻絕對不是衝勁淪喪。耶穌會成員從一五四〇年的十人，膨脹至一五五六年羅耀拉去世時的約一千人，到一五八〇年更激增至五千餘人。耶穌會第一所學院於一五四八年開辦；到羅耀拉去世時，它經營的學院已達三十餘所，在十六世紀結束時，耶穌會辦學超過兩百所。

事實上，耶穌會的策略直覺絕非反直覺。先發的優勢，固然在今天管理顧問的專用辭彙極具份量，但永續發展也同樣重要。一個組織只有在資金、人才與監督成長的管理能力同步增長的情況下，才能不斷發展。許多企業因難以持續的發展而泡沫化。只要利用滑鼠就能完成假日購物的美景，使二十一世紀線上顧客們欣喜不已，但所謂「電子零售商」遲遲未能解決如何在聖誕節早晨送貨到府的小小細節，顧客們的熱情也隨而冷卻。大多數這類雄心過大的線上公司沒能撐到第二年聖誕節。

耶穌會領導人認為，他們的事業體所以能夠名聲大譟，是獨特、高品質服務的直接成果。歐洲各地城市要他們辦學的請求如雪片飛至，只要耶穌會令名不墜，這股請求的浪潮看來不會消退。耶穌會在召募新人方面的成功也同理可證：他們嚴格篩選、高水準與卓然有成的信譽，正是最有才幹之士趨之若鶩的原因。只需降低標準，耶穌會當然能夠在短期間找到更多的人加盟。但這麼做將重創他們吸收真正人才的能力，而耶穌會真正需要的人才是拉丁文中所謂 aptissimi，即歐洲與其他地區的「最頂尖」人才。正因為能夠抑制過度迅速的成長，並且拒絕「一網打盡」式的用人策略，他們不但保住信譽，也使節節升高的成長持續不墜。或許，似非而是的是，耶穌會採用抑制成長、使成長不致過速的手段，達成迅速成長的目標！

無數迅速成長的新興企業，正因為成長過於躁進，終於像隕石般爆出壯觀的火燄、劃過長空墜落地面。對這類企業而言，現已接近五百年的耶穌會個案研究，應該具有相當啟示作用。但與耶穌會四大領導原則之首、以及作為本章主題的自覺，這一切又有甚麼關係？

這其間關係太大了。

自我認知與成功間的關係

無論羅耀拉或他的繼任人等，都從未開會討論過甚麼先發優勢或永續成長。他們自然為如何確保事業體前途、如何把握身周許多緊迫機運的問題費神。但一切跡象顯示，他們最關心的不是恢宏壯觀的全面性策略，而是單純得多、如何一一造就高品質耶穌會士的策略，或者換成我們今天的說法，就是塑造領導人。

羅耀拉的最後任務，就是將耶穌會的遠見化為一套夠強、足以管治這個萌芽中事業體的規則與程序。這項最後任務的成果就是兩百五十頁的耶穌會會憲。會憲中以整整三分之二的篇幅記述篩選與訓練新人的指導原則；其餘八十頁密密麻麻，談的盡是耶穌會士生活各個層面：工作規則、管治方法、選用管理人的標準、進軍新事業的指導原則、等等。假設羅耀拉在完成章程中有關新人的部份以後仍然行有餘力，則這份偏重新人培訓的會憲透著一個明顯的訊息：持續的成功，取決於能否將新人教化為領導人。能解決這個問題，你塑造的領導人能解決一切其他問題。

耶穌會式的領導養成過程，與技術技巧或職業訓練全然無關。耶穌會篤信在職訓練，以新手擔綱、挑起重任是他們慣用的做法。耶穌會管理者常將新手送上船、展開前往亞洲的漫漫兩年之旅，而且深信每一位新人將因此學得必要工作技巧：如精通語言、融入異國文化，如有必要，甚至還包括操作星盤、測繪地圖、或造大砲。這些被送上船的新人，隨身並不帶著足以應付一切可能狀況的技術手冊，但置身充滿挑戰的他鄉異域，他們有一項成長茁壯的最重要的技巧：自覺。

事隔四百多年，耶穌會對自覺的極度強調終於獲得許多迴響。當然，在今天的公司年度報告中，能夠像介紹公司本益比一樣、以同樣篇幅歌頌員工自覺的公司仍極為罕見。但學術界已經開始強調成熟的自我認知與成功間的強大關聯。

彼得．杜拉克三十餘年來一直是管理與領導研究方面的先驅。他曾撰文提出令人信服的論點，說明我們不斷變化中經濟的分枝狀況，特別是科技驅動、邁向「知識經濟」的變化。沒有許多年以前，對大多數人而言，工作只是遵令行事、只是完成指定的任務罷了。老闆們分配工作任務，這些任務與一種有秩序、相當可測的公司規律相切合。今天的情況不然。工作角色大體上已經成為自我管理，而整個經濟景觀也離可測很遠。下達指令的主管比過去少得多。為追求效率，公司不斷、時而不留情面地去除中間管理層，進行「層面精簡」。倖存的中層管理人負責的控制面較過去更加寬廣：他們的力量因此伸展得過於單薄，已無力一一照顧部屬。大多上班族在大多數工作時間只能依靠自己，必須自行決定工作優先順序、必須面對各項決策責任。此外，在競爭更加激烈、變化更加迅速的市場中，公司必須以更快的速度、更加緊迫的方式作出反應；這使決策過程更趨分化。在目前的商務環境中，「猶豫不決的人就輸了」。在過去，員工可能因為未與經理商量、逕自決定而遭斥責，但在今天，他們更可能因為不能展現足夠的主動精神而遭處罰。

彼得．杜拉克致力研究這種變化趨勢對人的衝擊。在這樣一種環境中工作的人如何成功？曾經只對最高層主管極端重要的技巧，現在已經成為每一位員工必備的要件。只靠遵令行事再也無望成功──甚至想藉以生存也愈發困難。每一位員工越來越像一位自我管理的經理，必須獨立作成決定。更何況，隨著變化腳步不斷加速，角色與任務也持續演變，而這一切都需要不斷作成判斷、需要具備邊做邊學的能力。

甚麼人能在這樣的環境中茁壯成長？只有能夠學習、創新、做出正確判斷、為本身行動負責、並且甘冒風險的人才能。這類特質不同於優秀律師、會計師、或推銷員必須具備的技術性技巧。它們來自自我了解，而不是職業訓練。誠如杜拉克在《哈佛商業評論》中所說，在這種新環境中，「成功的生涯並非出於規劃。只有在人們了解他們的實力、工作方法、與價值的情況下迎接機會，才可能出現成功」。當然，無論從事哪一行，若不具備必要技術或職業技巧，要想成功都是不可能的。但在過去，全憑那些技巧或許也能走出一條成功之道，今天的員工卻必須兼具能力，除評估自己的長處、弱點以外，還要了解自己的工作風格能否適應迅速而不斷變化的工作環境。換言之，他們需要自覺。杜拉克舉出兩個自覺典範為例，加上他本人或許稍嫌誇大的評估，說明兩人的自覺如何立下大功、使兩人各別建立的事業體飛黃騰達：

> 約翰．加爾文與依納爵．羅耀拉將持續自我評估的功夫注入他們的信徒的作為中。事實上，這種習慣養成的對表現績效堅定不移的關注，正說明了兩人所建的組織（即加爾文教派與耶穌會），何以能在不出三十年之間支配歐洲。

杜拉克有關耶穌會與加爾文教派在三十年內控制歐洲之說，或許有不少歷史學者不能苟同，但他的核心論點不會有多少人質疑。社會與公司組織變遷的腳步正不斷加速，人們無論在個人或職業生活上，都必須更快速地作成更多的決定——而且所獲指示比過去更少、資訊更加不全、可供參照的先例也更少。如何在這種一變、再變、而且繼續在變的景觀中建功立業，考驗著一個人的自信、判斷力、以及學習與勇於作決定的能力。

丹尼爾．高曼在徹底研究管理自覺這個廣大的領域之後，寫成兩本暢銷書，分別是《E

Q》與《工作EQ》。大體而言，高曼的研究焦點為何以一些高級主管能夠成功，而其他則以失敗收場，為什麼。

我們知道我們對這些領導人的期望是甚麼：建立方向指標與提供遠見、鼓舞團隊邁向目標、衝破障礙、使事情朝好的方向轉變。大多數公司有一套程序，以找出聰明、有才幹、有抱負、具備擔任領導人潛力的員工。不過這類篩選程序的功效往往並不很好。許多新秀還沒能發揮早期潛能卻已經自毀前程。沒有人真正了解何以有些才賦之士能夠成為成功的領導人，而其他人則如隕石般墜毀，何以在班上第一名的學生卻往往未能得意於人生旅途，或何以最熱門的資淺主管，最終能夠登上執行長寶座的少之又少。高曼以這些謎團為研究焦點，而他的見解不僅止於對高階主管的世界帶來衝擊而已。一位主管在組織內權勢越高，才智與技術性技巧相對於高曼稱為情緒智能的一套技巧而言，對這位主管成功與否的重要性越低。「在將資深領導層的明星主管與一般主管進行比較時，我發現他們的成就差距，幾近九〇％來自情緒智能的因素，而不是認知能力。」「情緒智能」究竟是甚麼？以高曼的說法，它由五種核心能力組成：

- 自覺：覺察與了解你的心情、情緒、與動機的能力。
- 自律：控制或再引導破壞性衝動與心情的能力；不驟下判斷的習性，能三思而後行。
- 動機：基於超越金錢或地位的理由而工作的一種熱情。

・同理心：了解其他人情緒成份的能力。

・社交技巧：管理關係與營建網路的本領；一種尋找共同立場、並營造親善關係的能力。

再檢視一下這張能力清單。有多少公司在進行新人錄用的面試時，考慮到以上標準？有多少公司曾設法培養員工的這些特質？在物色「未來領導人」時，又有多少公司以這類人性技巧為基礎，進行物色工作？

至少直到晚近為止，對這幾個問題的答覆，幾乎就是清一色的沒有、沒有、還是沒有。根據高曼的研究，我們可以得出一個明顯的結論：大多數公司在選擇與培養領導人時都找錯了技巧，難怪它們總是遭到起伏難測的後果。公司的新起之秀通常以敏銳的才智脫穎而出，但使他們成為成功領導人的，主要不是敏銳的才智。在尋找領導人的同時，卻把注意力放在錯誤的技巧上，是一種純粹碰運氣的做法——就好像在挑選未來的歌劇明星時，卻測驗候選人的高爾夫揮桿技巧一樣。

至少有一個事業體，確實在徵選新人時考慮到情緒智能，而且更重要的是，它還訂定方案培養新人的情緒智能。事實上，這個事業體早在四百五十多年以前已經這麼做。耶穌會關於自覺的原則，與高曼有關情緒智商的觀念極相類似。這不足為奇。因為耶穌會與高曼都立意找出成功領導所必備的個人特質。

高曼提出的五點摘要，大體上描述的是「甚麼」，即擁有情緒智能的人有些甚麼核心行為與個人特質。耶穌會的做法則更進一步，不僅說明「甚麼」，也解釋了「如何」，它訂有一項傳授這種技巧的方案。而神操就是這項方案無可取代的中心要旨。每一位耶穌會新人，在接受這項方案為期三十天的陶成之後，都能憑添無價的個人優勢，它們包括：

- 有內省能力，能夠有系統地內省個人弱點，特別是以習性面貌而呈現的弱點
- 一種整合的世界觀，一種遠見，與一種價值系統
- 對他人與對一切造物的深度尊重
- 珍惜自我，相信自己為人所愛，相信自己的重要性
- 有能力摒除日常生活種種分神的事物，以進行自省，並養成每天自省的習慣
- 衡量選擇與作成決策的方法

能夠明確證明擁有這六種優勢的候選人，無疑將蒙大多數管理人青睞。問題是，它們在履歷表上看不出來，我們不知道如何透過面試以發掘它們。一般的看法也不認為諄諄教誨、培養員工這些長處是公司份內的事。在年終考績上，指一位行事莽撞的經理因缺乏自知之明而損及他或她的事業前景，是理所當然、毫不為過的事。但向同一位經理指一條提升自覺之道？那是自助團體的事，與公司無關！

這種對自覺漫不經心、袖手旁觀、毫無助益的做法，結果很明顯。一旦涉及尋找未來領導人的問題，大多數大型公司的成績都差得驚人。新起之秀在成為領導人之後，他們的職場生涯不是離經叛道就是停滯不前，而造成這類現象的原因，一般不是他們不夠機伶或技術專長不足，因為他們在一開始之所以能成為新秀，正因為擁有這類優勢。事實上，他們在成為領導人之後之所以偏離正軌，正因為他們一直就不了解自己的弱點，當然也永遠不可能真正針對它們有所匡正。這些弱點通常關係到風險承擔、管理、與他人的互動、以及判斷的作成；換言之，它們關係到隨成熟的自覺應運而生的能力與管理勇氣。這些新秀終於無法成功的另一原因，是因為他們一直沒能獲得邊做邊學的技巧，不知道如何不斷處理新資訊、並調整行事路線。

羅耀拉不能接受這樣浪費人才。「最頂尖」的人才得之不易。他不能一廂情願地、只是希望這些有才幹的新秀也能擁有長程成功必備的人性技巧，他對人性有足夠信心，相信這些技巧可以學得。而且他還有一套革命性的程序促成這種學習。

❶列寧（Vladimir Lenin）：生於一八七〇年，逝於一九八四年，俄國共產黨領袖，蘇維埃政府創始人。
❷喬瑟夫・巴達拉寇（Joseph Badaracco）
❸丹尼爾・高曼（Daniel Goleman）
❹指導員（director）

❺傑洛米・多梅內克（Jerome Domenech）：耶穌會士。

❻伯鐸・嘉尼修（Peter Canisius）：生於一五二一年，逝於一五九七年。荷蘭人，一五四三年加入耶穌會，著作《要理》尤為著名，在一五〇年中再版四百次。

❼人才爭奪戰（war for talent）：麥肯錫公司於一九九七年發表《人才爭奪戰》報告，斷言未來二十年企業最重要的資源便是人才，全球性戰爭的輸家恐將全盤皆輸。

❽心靈學校：即 escuela del afecto，英文譯為 school of the heart。

第六章
神操：畢生受用的發展工具

古希臘哲人蘇格拉底對自我認知的價值有最為極端的主張：「不經省察的人生不值得活下去。」儘管今天的思想家極少有人願意附和此說、如此全盤否定不自省的人生態度，但自我認知的價值獲得今人前所未有的大舉肯定，則是不爭之實。一直為哲學家、詩人、心理學家、作家、與其他「省思型人士」珍視的自覺，在越來越多人士的推崇下，正逐漸成為一種不可或缺的成功工具，甚至在公司董事會這類冷漠、現實的地域也不例外。為求進一步了解他們的長處、短處、價值、與個人特質，主管們運用各式工具，從主管講習會、與得自部屬人等的三百六十度回饋，到梅耶斯／布利格斯類型指標❶與安尼格蘭人格類型測試❷等等，都在其列。甚至占星術與講授個人成長密術的大師，也成為求自覺若渴的主管們爭相追逐的對象。

沒有一個企業組織能像耶穌會這樣重視自覺。自覺是耶穌會領導模式的基礎。耶穌會沒有在各式自覺的做法中漫無目標的亂撞，它擬定一項工具供所有耶穌會士一體遵行：神操。這項修練為依納爵．羅耀拉，根據他本身邁向個人與精神覺悟的歷程研擬而成。他不僅記錄他學得了甚麼，還寫下導致他獲得這些見解的省思做法。他將其中最有效的做法，精煉為一種或可稱之為自覺「手冊」的書。

那不是一本用來閱讀的書；要做到自覺，靠著書本了解其他人如何做到是行不通的，一個人唯有透過對本身經驗的專注內省才能做到自覺。神操在耶穌會文化中享有至高無上的重要性。它們包藏著耶穌會的遠見，是每一位耶穌會士卓而不群的個人發展經驗之本。神操是耶穌會上下一體特有的生活經驗，從羅馬直到印度，從創會那一代最早期會士直到今年入會的新人，無不從事這種神操。耶穌會士有時自稱為「作神操的人」，這固然意在彰顯他們因接受同樣精神基本訓練而養成的同志情感，但更重要的是，它代表他們對共同遠見與價值觀的忠誠。神操的設計目的，在於協助個人選擇或確認一種人生方向。但它們經證明也是一種同樣有力的組織工具：耶穌會管理人只需稍加運用，就能經由神操取用一個充滿活力與善意的泉源，還能提醒新進人員時刻不忘他們共同的價值系統。

羅耀拉稱它們為神操是有道理的，因為它們是有待操作的行動，而不是有待研讀的規則：「就像散步、徒步旅行、與跑步是體操一樣，任何有助於我們靈魂的提升與純正、使其免於一切不當動念的手段，都可以稱為神操。」進行神操的人稱為「la persona que se ejercita」，即「自我操練的人」，他不是被動地閱讀羅耀拉的經驗與見解的人，而是為營造本身內在能力而操練的精神操練者。

一位有經驗、態度不偏不倚的「導師」負責引導每一位參與操練的人；導師並不教導新人該怎麼做，只是協助每一位新人詮釋新人本身的經驗。導師並不投入本身的意見，他只是一片響板，「不應偏向任何一個方向，只能像天秤上的指針一樣、站在一旁。」何以採取袖手旁觀的做法？早期耶穌會的一本導師手冊指出，「這是一種經驗教訓，只有由他們自行發現，才能令他們更加欣喜、更加為其所動。因此，只需指出方向已足，像用手指一樣，指出礦山的礦脈，讓每個人自行發掘。」每一位幹練的治療專家、每一位高明的管理人，都知道自我發現與進取動機的要旨何在，而羅耀拉本能地掌握到這項要旨：關鍵在於內心。

神操要求操練人必須進行全面知識、情緒與精神投入。根據這項要求，操練人必須在三十天期間全神貫注，不能稍有分心。這意味不得與家人、友人或同事接觸；不得參與工作；不得閱讀除精神教材以外的書籍；不得隨意交談（甚至進餐時也應保持沉默）。

為什麼要剝奪參與人這許多日常生活慣常的活動？只因為日常習慣與活動很容易成為一種先入為主的偏見，成為一種令人分神的思考、憂慮、影像、與構思，從而阻礙了真正的省思。在電話、行動電話、電子郵件、收音機、電視、雜誌、報紙、傳真機、告示牌、手錶、汽車、火車、飛機與公共汽車等等都還沒有問世的十六世紀，羅耀拉已經有此信念。日常生活永無止境的塵俗雜事，太容易使人流於膚淺、使人無法專注。羅耀拉去除學員的雜念，正為了替他們爭取時間與心靈空間。

就這樣，每一位參與者都只能孤身面對這項操練。在整整一個月間，每天都有四或五次每次一小時的默想。每天其餘時間，都用於對可能早已遺忘、對從未浮上心頭、對未經充分反芻、或對遭日常瑣事埋葬的種種感想、記憶、思考、衝動與信念進行內在過濾。

雖說神操的日常旋律為不拘形式的省思留下充分空間，但操練進程卻絕非漫無章法。事實上，有關聖經故事或假想情節的沉思，都不遺餘力地將參與者推向一個目標：使他們許下高品質、全方位的個人承諾。當然，羅耀拉的個人承諾是對基督的服務，而神操的推力與主題事務也不脫基督宗教教義。但它們所以成為一種領導工具，不因為它們以一種宗教性世界觀為基礎，而因為它們能營造必要個人資源，使參與者無論面對任何抉擇，都能作出強有力而成功的個人承諾——對宗教目標固然如此，但在工作、人生抱負與人際關係上亦若是。經過一個月的洗禮，學員們盡洗一切故我，為自覺、才智、愛心、豪氣奠定堅實的個人基礎。

戰勝自我

神操使學員一頭栽進極坦誠的自我評估的冰水浴中，「我可覺察到我的行動中的這項失誤以匡正我自己，使我走在正軌上」。學員繫緊了安全帶，在地獄專有的聲、光與氣息之間，經歷一次烈火濃煙的煉獄之旅：「以想像之眼看清那熊熊烈火，也可以說，看清那充滿火燄的軀殼內的靈魂。在我的想像中，我彷彿聽到哀泣、尖聲嘶喊、叫喚與怒罵之聲透過味覺，我覺察到硝煙、硫磺、穢物與腐爛的事物。」

沉思的訓練項目大約在第二天展開；相信悔不當初、不該參加為期三十天訓練的學員人數定不在少。另值得注意的是，羅耀拉這項設計，反映的是一個極端不同年代的宗教心態。

雖然在二十世紀末期，撒旦在大多數人心目中不過是一種隱喻，但對十六世紀歐洲人而言，卻是真實而可怕的敵人。羅耀拉的神操就在這種時空背景下描繪出一個世界，提醒會士們不知警覺、懶散、或不事省思的人，將如何落入撒旦狡猾的陷阱中沉淪、受苦。

如果說神操有甚麼令人稱奇之處，那就是羅耀拉強調的不是地獄猙獰景象，而是他令人振奮的一項訊息：耶穌會不會坐視學員面對撒旦如此大舉撻伐而畏縮、受苦與無助。這項訊息告誡學員，要他們拾起棍棒、向羅耀拉所謂「我們人性之敵」展開個人之戰。任何經自我「整頓」的人都能戰勝敵人。但一個人如何自我整頓？首先必須蒐集自己的弱點（「混亂無章的情感」）。單是這項自我發現的行動，已足以嚇跑這個狡詐但懦弱的人性之敵，因為這敵人就像「一個虛情假意的情人」，最怕的就是他的惡行攤在陽光下。

老於世故的現代人，很可能將所有這一切視為浪漫而迷信的時代的陳年遺跡，而將之棄若蔽屣。但羅耀拉的這項設計實有豐富的意涵。大體而言，現代文化以個人的、心理的、社會性的惡魔取代「撒旦」，作為造成我們失足的根源。這些惡魔包括癖好、軟弱、媒體、沒有愛的童年環境、霉運、同儕壓力、貪婪、對成功的恐懼、自我崇拜、社會傳統的式微、蠢老闆等等等等。但無論以個人化（如撒旦）、心理化或以其他方式解釋，「我們人性之敵」確實存在。人類世界最可悲的現實是每個人都不能充分發揮潛能，而且一般都基於明顯可見的理由。誠如羅耀拉所說，人性之敵懼怕發現。當弱點未被發現或隱於暗處之際，我們對它們一籌莫展。了解我們的弱點，將它們完全發掘、盡情攤在陽光下的過程縱或痛苦，但確實是邁向征服弱點的第一大步。對羅耀拉所謂「混亂無章的情感」進行的這種自我搜尋式的評估，也就是對佛洛伊德[3]學派所稱、「礙及有效自我功能作用的情感」的評估。無名戒酒會[4]的座上常客，或許稱這種評估程序為一份「無懼的道德資產清單[5]」，其他人則不會那麼咬文嚼字，只會視它為一種說明「我是誰，我要去哪裡，阻礙我的是甚麼」的過程。

持平之心

一位夥伴曾經問羅耀拉，如果教宗解散耶穌會，他需要多少時間才能重振旗鼓。羅耀拉的答覆無疑令這位夥伴震撼不已，而這件事也很快在耶穌會傳為美談。羅耀拉當時答道：「只要能在祈禱中沉思一刻鐘，我已經喜不自勝，甚至較過去更加喜悅。」

羅耀拉的這項答覆乍聽似乎矯情。他已經建立正迅速成為全世界最具影響力、最成功的宗教組織。他能預見它的解體，然後在僅僅一刻鐘的祈禱過後毫無牽掛地離去？

但無論是否矯情，羅耀拉的這番話，發出一個極其明確、以神操的教訓為準的訊息。耶穌會士只有在耕耘出他所謂「持平之心[6]」的態度以後，才能達到我們今天所謂的才智，即一種包括調適能力、膽識、速度與良好判斷的混合體。

為培養持平之心的態度，學員首先假想有三個人，他們各自合法取得一萬杜卡[7]的鉅額財富，然後考慮這三人對於這筆新財富的不同反應。這三個人都因為對這筆財富越來越牽腸掛肚而頗覺心煩意亂。人生不只金錢而已，但有錢的感覺真好。突然間，這筆錢似乎成為他們生活難以割捨的一部份。前兩人對於這筆令他們神魂顛倒的財富沒有採取任何行動。但第三人如何處置這一萬杜卡？這是此一沉思項目的要點所在，這第三人也是學員要效法的榜樣。答案似乎呼之欲出：他將錢慷慨全捐出，濟助窮人，內心也因而無比喜悅。是這樣吧？

錯了。這位身為耶穌會持平之心角色典範的第三人，自我切斷對這筆錢的牽掛，「但切斷的方式是使他既無意保有這筆錢，也無意處分它」。換言之，問題不在於這筆錢。問題在於因難以割捨而成為金錢、或任何其他事物之奴。漫無節制的牽掛容易模糊一個人的見解。我或許在一開始，為養家而做一份薪酬優渥的工作，但在不知不覺之間，賺錢本身成為我的首要目標，家人反而遭我忽視。**目標於是與手段混淆**。唯其能夠持平之心，也就是去除偏見與牽掛，因此能自由選擇任何行動路線，學員才能擁有策略上的彈性。持平之心的耶穌會士，能夠在僅僅一項動機驅策下，海闊天空地選擇策略，這項動機就是協助世人、達到為上帝服務的長期目標。

這項沉思的要點不在於這筆錢；而在於牽掛。而了解個人的牽掛意味將個人的大石搬開，檢視從石下爬出些甚麼。人們對金錢之所以難割難捨，往往只為安撫其他一些耗人心神的自我苦惱：我害怕失敗；我需要覺得重要、需要成為眾人矚目的焦點；我對我真正的才賦與價值不具信心。

能控制決策與行動的內在恐懼、動機與牽掛，才是羅耀拉真正的著眼所在。試想一位公司執行長，只因自我意識隨著公司營收而膨脹，於是在未經周詳考慮之下冒然採取合併行動，或者是一位執行長，只因他與他的對手自我意識過強，不能從新交易中為自己取得令自己滿意的角色，於是放棄原本無懈可擊的一項合併案。試想，十六世紀的一位耶穌會士，可能為貪圖在本國與友人一起工作的安全而不願前往中國；或一位二十一世紀的專業人士，因同樣理由而放棄一次絕佳的工作機會。試想一位性好控制、大小事務一把抓的管理者，不肯授權部屬行事；或者一個人只因害怕孤獨，而陷身於一種毀滅性關係中、無法自拔。他們都因牽掛而身不由己，就像上癮的人受制於酒精、性或毒品一樣。

這些人沒能做到持平之心。他們不能自由地作成選擇；他們受制於漫無節制的牽掛。其結果是，他們終於不能做出對他們本身、他們的公司、他們的同事或他們的家人最有利的抉擇。

持平之心是才智之本。一旦早期耶穌會士做到這一點，羅耀拉一般都放手讓他們自行領導：「大體而言，我很注重徹底的持平之心；之後，子民們（即個別的耶穌會士）一旦擁有理應具備的服從與克己意識，我極為樂意追隨他們的意向。」

「更」

羅耀拉形容持平之心的耶穌會士「平穩時就像天秤一樣寧靜」，以考慮所有各種策略選擇。

他們無需保持這種寧靜過久。

在另一沉思項目中，學員想像一位準備上戰場的國王。他的抱負不小：「我要征服所有異教徒的土地。」他向隨從部屬發出一道諭令：「每個希望隨我出征的人，都必須以享用我享用的食物為已足；每個人也必須像我一樣，在白天辛勤工作，在夜晚仍需提高警覺之後，每個人才能與我一同分得一份勝利成果，就像每個人都盡了一份心力一樣。」

沉思情節繼續發展，「永恆之王耶穌基督」取代了這位世上的王，發動同樣雄心勃勃的一場戰鬥。由於基督之道如此值得投入，如此振奮、鼓舞人心，「所有能判斷、有理性的人都全心全意自我投入這場戰鬥」。事實上，他們要做的，還不只是全心全意自我投入而已。沉思情節還有下文：「那些希望在全面服務中脫穎而出的人，還要有更進一步的行動。」

比全心全意投入還要更進一步？那怎麼可能？

嚴格說起來，這當然是不可能的。沒有人能在已經全心全意投入以後，還能有更多奉獻。但就像偉大的運動員知道如何在尖峰狀態下演出「自我超越」的佳績一樣，耶穌會士透過這兩位王的沉思與其他一些類似神操項目，學得進一步奉獻有其可能。一位具備英雄豪氣的耶穌會士，不僅能像天秤一樣「寧靜」，也能動如「雷霆萬鈞」。只有豪情萬丈的雄心大志才能激發他鼓勁而前。欲取得全面勝利，僅憑全面承諾尚嫌不足：它需要較全心全意服務做更進一步的奉獻。

早期耶穌會士從神操其他部份取來一個拉丁文單字格言，以表達這種積極進取的衝勁，這種奮不顧身的活力，這格言就是「magis」，即「更」之意。耶穌會士獲得告誡，要永遠

「選擇與愛用」更能引導他們達成目標的策略方案。不過這個簡單的格言還代表一種更寬廣的精神，一種無休無止的衝勁，以探討是否已經再也沒有更偉大的計劃有待完成，或是否還有解決目前問題的更佳之道。

動機是個人的。沉思訓練使耶穌會事業體目標轉化為個人的目標。上述有關兩位王的沉思項目，代表的是邀約而不是命令。接受這項邀約是個人的決定。此外，這項沉思訓練並無特定輪廓。它沒有解釋一個人該怎麼做才能達到如此豪情萬丈的目標。每位學員不僅在神操期間，而且在整個人生旅程中，都要在精神層面上視他的情況為任務與「更」塑造輪廓，也唯有在這一刻，這項沉思的細節才會呈現。

甚麼才能使你願意比全心服務更進一步奉獻，以達到目標？極少人能回答這個問題。大多數人根本從未自問過這個問題。但即使如此自問，並且得出一個答案，並不能保證有想像力、有進取心的奉獻。

以愛還愛

在完成神操以後，鬥志昂然的會士們重新踏入的，是甚麼樣的世界？根據前述神操的闡述，這世界是一處危機四伏的所在。學員已經一一發掘他們的弱點，以完成武裝、對抗「人性之敵」。他們奉召投入一場生死攸關的戰鬥，以贏得「異教徒的全地」。

他們必須接受最後一項集大成的沉思，即「成就愛心的默想」，以重新踏入世界。曾有一位評論家稱這項最後沉思為「神操的傑作」。早期各項沉思使每一位學員內省。但這項集大成的精神訓練則使學員將目光朝外、默想他將展示身手的世界：

> 首先，愛應該主要以實際作為、而不是以言詞自我顯現。
>
> 其次，愛存在於兩人之間的相互溝通。也就是說，愛人的人將他或她有的，給予被愛的人。
>
> 我要考慮天主如何念念不忘於世間萬物；祂關懷大自然諸要素，賜予它們存在；關懷植物，賜予它們生命；關懷動物，賜予牠們感覺；關懷人類，賜予他們智慧；最後，我要考慮祂如何以這種方式也關懷著我本人，賜予我存在、生命、感覺、與智慧。
>
> 我要考慮上帝如何為我不辭辛勞地創造地表一切萬物；也就是說，祂如何像勞工一樣操作著。舉例言之，祂如何為天國、自然界諸要素、植物、蔬果、牛羊、與其他等等作著工，賜予他們存在、養育他們、為他們安排和諧的生息與感覺活動等等。然後我省視著我自己。

學員於是彈回一個充滿愛心的世界。這種愛心能驅策行動：「愛應該主要以實際作為、而不是以言詞自我顯現。」「為天國、自然界諸要素、植物、蔬果、牛羊、與其他等等作著工」的這種活力，同樣流經每一位學員，「賜予他存在、生命、感覺與智慧」。

這項沉思以一種神愛廣被世人的神學觀為基礎。但它絲毫不帶神學理論的枯燥意味。能將「愛」這種抽象的觀念，濃縮為更具體的日常實際形象的，實不多見，能如此闡述神愛的例子更是少見。而羅耀拉要為學員帶來一種具體的、日常的衝擊：就像周遭所有的人與物一樣，他們也由同樣事物構成；他們全部平等，都具有同樣價值，都灌注了同樣的活力與潛能。學員的同生共榮意識，不限於家人與友人，也同樣及於所有與他們共事、替他們、在他們身旁工作的其他人，甚至是那些不常洗澡的懶人、蠢人、以及與他們競爭的人。它是一種世界觀，一種意在為學員思維與每一項行動著色的透鏡。

被愛催迫

「愛應該主要以實際作為、而不是以言詞自我顯現。」對於能汲取「成就愛心的默想」真諦的學員而言，這雖是一句簡單的原則，但重要性無與倫比。這項沉思的要點，不只是要學員了解自己與世上所有造物都是神愛傾注的成果、因而怡然自得而已（儘管這種令人振奮的感覺並沒有錯）。事實上，這項沉思主要側重的是，因認清神的愛而做出的行動。一旦知道自己被愛，是擁有獨特的尊嚴與潛能的人，學員的生活方式定必受到影響，一種善用天賦的欲望油然而生，為免浪擲這些天賦，他此後不會懶惰、自我糟蹋、缺乏自信或漫無目標地生活。

這項原則同樣也影響到他與其他人的關係：沉思使他深信，他們與他一樣，也具有尊嚴與潛能。身為個人的他們值得他寄予崇高敬意，因為同屬人類自有其不凡的深意。對教師、父母、管理人、教練、師長與友人而言，以實際作為而不以言詞表現愛心，意味協助他人發揮他們的潛力。

三省吾身

一旦成功汲取神操的教訓，學員以自覺、有才智、有愛心、有大志的領導人面貌重返現實世界。但無論安排得多麼密集或精緻，短短一個月的省思之旅，不可能使一個人強得足以畢生信守初衷、始終如一。一旦涉身滾滾紅塵、翻騰於茫茫濁世之間，耶穌會士就像其他人一樣，也可能因為面對日常生活各式壓力、分神事物、與交相排擠的需求，而有偏離目標與價值觀之險。

有鑒於此，羅耀拉務使神操也能作為一種日常後續工具，使會士們保持對新獲價值觀的專注。神操專門為生活在不斷變化的世界中、不停忙碌的人們而設計。每天「起身」時，耶穌會士要自我提醒個人的一些重要目標。他們每天兩次摒除雜念，進行簡短的所謂「examen」，即「省察」。每次省察一開始，首先要回想集神操之大成、積極而愛的世界觀：「第一要點是感謝天主給我的恩賜」之後，省察者要就這一天直到目前為止發生的種種事故，在心中進行重演，「針對某項決定加以匡正與改善的特定事務，嚴格自我要求。他應該以一小時接著一小時，或以一個時段接著一個時段的方式，從起身那一刻起直到省察當時，逐一進行全程省察」。

換言之，學員要在心中回想一天中所有大小事件，包括呈現的機會與挑戰，以及他對它們的反應——他的因應態度與選擇，是使他邁向他的長程目標，還是使他愈行愈遠。

這項自我省思的習慣簡單而有力。遠大的雄圖一旦分割為許多較小的目標，進行管理乃成為有其可能。終生不再抽菸是項艱鉅的挑戰，但在之後幾個小時不抽菸就不那麼難以辦到。希望自己更加果決，以求職場晉升，是個千頭萬緒、難以著手的遠大抱負，但評估自己在一個小時以前結束的會議中表現得是否果決，則是以雷射般精準邁向這個遠大目標之道。

更有甚者，省察還能創造一種持續不斷的回饋作用。相關切題的新資訊能及時納入、並加以評估；我每天早晨都會提醒自己注意關鍵性目標，而不是每半年才這麼作一次，我每天兩次從成功與失敗中汲取教訓，而不是每年這麼作一次。最後也最重要的是，省察對忙碌的人有效。願意每年甚至只撥出一天時間進行自省的人極少，但每個人都可以每天抽三次空、每次花五分鐘進行自省。

耶穌會四大領導支柱之首的自覺，是其他三項支柱的基礎。才智（自信、樂觀的革新）取決於能否持平之心，而持平之心正所以使會士對不斷變化的世界進行判讀與反應。會士透過成就愛心的默想建立世界觀，從而產生以積極而支持的方式與他人交往的愛心。英雄豪氣則由求其「更」的精神應運而生，這精神是一種反射性反應，它透過恢宏的個人目標使人保持進取。

在神操過程中達到的自覺，是一種行動的先聲。在與現實世界切斷、接受一場隱喻性的沙漠體驗之後，每一位學員都能以更奉獻、更無畏的精神重新投入這個世界。也因此，我們的焦點現在從強調自省的神操，轉移到這些操練使早期耶穌會士得以達到的成就，以及它們為今天的我們帶來甚麼有關領導的教訓。

❶ Myers/Briggs
❷ Enneagram personality type test
❸ 佛洛伊德（Freud）：生於一八五六年，逝於一九三九年，奧地利心理分析學家與精神病學家。
❹ 無名戒酒會（Alcoholics Anonymous）：協助酗酒者戒酒的一個民間組織。
❺ fearless moral inventory
❻ 持平之心（indifference）
❼ 杜卡（ducat）：古歐洲使用的金幣或銀幣。

第七章 全球化、多角化、本土化：十六世紀版本

如果聖方濟．沙勿略對於別人這項要求還說了其他一些甚麼，史上並無記載。唯一的記載只是「夠好了。我已準備就緒」（pues sus, heme aqui）而已。

當時方濟．沙勿略即將成為才智的化身。最可能的情況是，所謂「耶穌會士的才智」一詞，對方濟．沙勿略與他十六世紀的耶穌會夥伴而言並無意義。我們在耶穌會的規章或通訊文件中找不到「才智」的字樣。但每一位早期耶穌會士都能不假思索、立即認清標示著才智的態度與行為，作為他們行事之道的核心。所謂才智就是一經知會，能夠立即起身前往全球各地、全力遂行一項良機的敏捷性，這正是方濟．沙勿略當時的寫照。它是一種在沒有規則可尋的情況下工作、在面對其他人為之束手的難題時發揮想像力、創造新做法的意願，就像利瑪竇在中國的作為一樣。它也是擁抱新構想與異國文化的創意，本章下文將提到的羅伯特．戴諾比利[1]就是這種創意的範例。

使耶穌會的才智如此突顯的，倒不是它有甚麼與眾不同的行為特質。無論如何，前文已述的各項特質（想像力、調適力、創意、彈性、以及迅速反應的能力）早經領導學者們宣

揚。事實上，耶穌會才智最主要的標記，在於使這些行為有其可能的特質。羅耀拉不僅僅告誡學員、要他們有調適能力與創意而已；他還運用神操，確使他們採納使調適與創意有其可能的行為、態度與世界觀。

耶穌會的才智有兩個重要成份。持平之心使耶穌會士們超脫偏見、牽掛、恐懼與心地的褊狹，使他們可以盡情全力追尋新理念與機會。而做為神操最終沉思項目的「成就愛心的默想」，使會士們擁有一種神愛廣被全球的樂觀的世界觀。一旦會士們了無個人牽掛、能夠全力追尋機會，又能深具信心、充滿樂觀地認定世上機會無窮，才智隨而展現。想像力、創意、調適能力、與迅速反應，成為尋找、開啟這些機會之鑰。神操使方濟．沙勿略等早期耶穌會士擁有才智；羅耀拉於是讓他們踏入世界、放手領導。

大計劃、小事業體

耶穌會發展海外版圖的第一個大好良機，出現在一個能把握本身的難逢之機、掘起於世界舞台的國度，應是順理成章的發展。葡萄牙長久以來一直因地處歐洲本土與沿海地區的周邊而耗弱不振。不過，如果偏遠的位置使這個國度遭排擠於商務主流之外，就大西洋的越洋探險而言，它卻是一處理想的發起點。葡萄牙與西班牙的探險隊沒有浪費這個機會。葡萄牙探險家巴特洛姆．迪亞士❷在一四八八年抵達非洲南端；四年以後，哥倫布在美洲插上西班牙國旗。

隨著兩國在亞、美兩洲的征服行動積極開展，歐洲權力均勢也出現根本性的大轉變。小小的葡萄牙不再渺小。在難得呈現的理智狀況下（雖說它只是曇花一現）葡萄牙與西班牙作成決定，認為世界應該大得足夠兩國共享。兩國沒有一頭栽進可能造成毀滅性後果的對抗，它們訂定一項協議，這是個簡單得優雅、天真得可愛、卻又無比傲慢的一項協議。兩國大使同意以佛得角群島❸以西三百七十里格❹的一個點為界，瓜分全世界。附帶一提，對這個點究竟位於何處，兩國其實全無一絲概念。

葡萄牙與西班牙就根據這個全憑想像、模糊不清的發起點，劃出一條環繞全球、穿越南北兩極的線，將世界分為兩部，一半歸西班牙，另一半歸葡萄牙。還有甚麼能比這種做法更簡單？根據協議，分界線以東所有新發現或尚未發現的土地，只要不是已經為基督教諸王佔有的，葡萄牙都享有排他的殖民權。對一個土地面積僅得美國愛達荷州一半、當時人口與今天愛達荷州約略相等的國家而言，如此成果算不錯了。

「找我就找對人了！」

當然，所有這些所謂「未發現」的土地千年以來早已有主人了，只不過當葡、西兩國向談判各造發出邀請函時，治理這些土地的「非基督教諸王」卻不知怎麼遭到忽略罷了。遭到葡、西兩國漠視的不只是他們而已，其他歐洲國家也都未應邀與會。因此，除葡萄牙與西班牙以外，沒有其他任何國家承認這項條約的效力自然不足為奇。兩國沒有因此屈服，而與歐洲列強展開龐雜紊亂、曠日持久的多邊談判，它們促使一個更高的當局為這項安排背書。梵蒂岡於一四九四年批准了這項協議，條件是兩國保證在一切征服的土地宣揚基督信仰。

在條約批准近五十年後，葡萄牙國王若望三世從羅馬一位使臣處接獲報告，談到「某幾位足為世人表率的修道人」。這位使臣早在巴黎時代已經知道羅耀拉這夥人。若望三世當時正在為深入印度、追尋「香料與人靈❺」的探險計劃物色人選，而耶穌會士完全符合他的理想。若望三世於是要他派駐羅馬的代表聘請這些會士。他派出的大使要求羅耀拉提供六位會士。羅耀拉於是坦承耶穌會人手不足，並問道，「如果都派往印度，世上其他地方一旦需用人手，閣下計劃派誰前往？」

如果說葡萄牙是角逐世界霸權的一匹黑馬，則耶穌會事業體根本連參與角逐的資格都還談不上。事實上，當時耶穌會章程剛獲教宗批准未久，猶處草創階段的耶穌會甚至還算不上一個真正的「事業體」。羅耀拉這麼答覆這位葡萄牙大使並無敷衍搪塞之意。他領導的整個「事業體」，其實只有十位正式成員，而當時身在羅馬的只有其中六人。如果所有六人都前往印度，「世上其他地方」將真正無人可派。不過，這確實是任何一個有雄心、成長茁壯中的事業體不能錯失的良機。耶穌會二〇%的人手（兩位會士）於是奉派前往印度。在啟程前夕，其中一人臥病。在獲知需要由他出馬、取代那位病倒的夥伴以後，方濟．沙勿略立即答道：「沒問題，我已準備就緒。」後世耶穌會士在遇到類似狀況時，也經常效法他的答覆，說：「好得很，找我就找對人了。」

耶穌會第一位英雄

畫中的方濟・沙勿略，正給羅耀拉寫訣別信，寫信地點應該就是他長眠之所、中國的上川島。這幅畫根據耶穌會教育出身的巴洛克繪畫大師魯本斯的一幅素描而作。

四十八小時內，方濟．沙勿略補好一條換洗的長褲，晉見、拜別了教宗，稍事打點、束裝就道。

隨遇而安

方濟．沙勿略在啟程以前並未訂定任何策略，因為無論甚麼計劃一旦面臨現實考驗，很快就會荒腔走板得可笑。而他的耶穌會同行夥伴西馬奧．羅吉古斯，甚至還沒有走出里斯本驛站即已與他分手。後來，感慨言道，寧願犧牲帝國也要把耶穌會帶到葡萄牙的若望三世，當時卻是堅持羅吉古斯必須留在里斯本，不得隨行前往印度。方濟．沙勿略於是孤身一人展開印度之旅。

羅吉古斯就這樣沒能趕上這次十六世紀版本的郵輪旅行。原本預計需時六個月的行程結果耗時年餘。當船駛入幾內亞外海無風帶、動彈不得時，四百餘位乘客與船員就悶在不潔的條件下、備受煎熬。患上壞血症的乘客齒齦淌著血，撐著腫脹的雙腿蹣跚而行，祈求赤道炙人的暑熱能夠稍歇。當然，一旦大雨真的落下，他們就又立即改口了。為方濟．沙勿略作傳的人，整理方濟．沙勿略與他人的書信往還，有以下一段對當時情景的描述：

> 熱帶的大雨絕非快事。雨水微溫而且有毒。如果盛一杯雨水擺一個小時再取而飲用，杯子裡必然爬滿小虫；如果雨水落在晾曬的肉品上，肉品也會出現蠕動的小生物；如果落在衣

物上，除非立即用海水清洗，衣物也逐漸爬滿小虫、發出霉味，並且開始腐爛

食品也腐壞了。飲用水泛黃發臭。由於實在噁心，在喝它的時候必須捏緊鼻子、閉上眼睛，或在嘴前隔一層布，但可怕的渴字當頭，無一能夠倖免，大家也只得喝下這種水。

不過，至少方濟．沙勿略熬過來了。對於這趟旅程而言，能活著已經是僥天之大倖。當年從歐洲前往印度臥亞的船，能夠安全往返的只有半數而已，在這樣的年代，印度之旅可不是一件小事。

遠離家園當家常便飯

方濟．沙勿略由於旅途過久，錯失了成為第一位在歐洲大陸外工作的耶穌會士的機會。在他啟程很久以後，另兩位耶穌會士展開一項海外任務，當方濟．沙勿略的船距離印度仍有三個月行程之遙時，這兩位會士已經鎩羽而歸。當然，兩人的行程比較短：他們奉派前往愛爾蘭，糾合當地人民、起而反抗英王亨利八世強制頒行的新教。其中一位會士頗有先見之明地，在蘇格蘭買了一條當地男子穿的短裙，然後度過愛爾蘭海。顯然，只靠一條鄉土味十足的裙子，不能打動愛爾蘭部落酋長的心，而且事實也證明這種不很感佩的感覺是相互的：「我們確實面見了一些酋長，如麥奇蘭與奧卡漢等等。但擺在眼前的事實使我們訝然，由於比野獸還要惡劣、若非眼見令人難以置信的殘酷而野蠻的生活方式，這個國家內鬥之烈，已

經嚴重到無可救藥的地步。兩人無功而返。但僅憑能從無法無天的愛爾蘭全身而退這一點，已經足夠使冷漠的蘇格蘭人感嘆不已。兩位會士彷彿凱旋的英雄，獲得蘇格蘭人盛大歡迎，因為「他們不相信在世界末日到來以前還能再見到我們」。

無論方濟．沙勿略或任何其他歐洲人，沒有人知道一旦抵達臥亞究竟應該如何。在啟程以前，沒有人向他簡報亞洲狀況。又有誰能向他簡報甚麼？方濟．沙勿略自己寫的書信，是歐洲發表的首批來自遠東的通訊。亞洲的地圖還沒有定案，隨著探險家與貿易商的新發現而不斷改變著。方濟．沙勿略最後在日本付出他最主要的心力，而當他的船在葡萄牙啟碇的那一天，歐洲人還不知道世上有日本這樣一個國度。

方濟．沙勿略如果為求謹慎，應該就在臥亞（當時葡萄牙萌芽中的亞洲殖民帝國行政中心）安下身來。龐大的印度次大陸，應能為耶穌會的多國作業提供一個足夠宏偉的跳板。再怎麼說，當時整個耶穌會事業體的規模，仍然小得可以全員擠進一張大餐桌。但方濟．沙勿略自有一套更具雄心壯志的邏輯。他非但沒有在已經成為殖民重鎮的臥亞停留，還不停前進著。他不辭勞苦地往南，來到印度的漁人海岸，然後沿香料貿易路線東行，途經麻六甲、爪哇、安汶與摩鹿加群島的毛洛泰。

新世界的新事業

這些旅程不僅止於探勘之旅而已。在方濟．沙勿略完成旅途之際，小小的耶穌會事業體已經在今天的印度、馬來西亞、印尼、日本與波斯灣的港口荷穆茲有了自己的據點。他不只是到了這些地方而已；他還在這些地方做了事。當歐洲的耶穌會士還拿不定主意，是否應該進軍教育事業時，方濟．沙勿略寄來的一封信熱情洋溢地描述他辦的一所學校，這所學校不但招收當地孩子，也對葡萄牙殖民的子女們開放。這是全球第一所耶穌會經營的同類型學校，並且或許還是世上第一所同類型學校。方濟．沙勿略事先甚至沒有就辦學一事與羅馬耶穌會總部相商，他只是建議在歐洲的夥伴們或許可以試試教育這一行。

他在其他方向的作為也同樣積極。為充實作為招牌的羅馬學院，耶穌會買下它的第一家印刷廠，但此舉只不過較方濟．沙勿略稍快了一步而已。在同一年（一五五六年）年底，他在臥亞辦了一家耶穌會印刷廠，大幅領先在巴黎、威尼斯或其他更具大都會條件之處工作的耶穌會士。

憑藉他本身的想像力與活力，方濟．沙勿略使亞洲的經營（並延伸為所有海外活動）成為耶穌會事業體的優先要務。舉例說，試想一下，所有十位共同創辦人都在巴黎受高等教育，其中四人是法國人。但在方濟．沙勿略抵達臥亞之後不出數年，三十位耶穌會士（包括離鄉背井的歐洲人與印度當地人）已經在臥亞工作，留在熟悉的巴黎的卻只有十三人而已。有沒有任何一家現代的美國或歐洲多國公司，能有類似成就？在抵達臥亞時，方濟．沙勿略獨自撐起耶穌會在亞洲的一片天。他締造了一個成就非凡、「如果我建起來，他們就會來」的故事：在他去世時，工作於亞洲各地的歐洲與印度籍耶穌會士已經超過七十人，而且還有一長列志願之士等著加入他們的行列。

方濟．沙勿略四海為家、冒險犯難的生活方式，為後來鄂本篤、利瑪竇等人的海外任務帶來許多啟示。這些後世精英各自開拓了新途徑，但他們都同樣稟承了方濟．沙勿略的傳統。而且，方濟．沙勿略首開先河的這種開拓新途徑的耶穌會風格，遠較僅求上路、不問目標的做法更具想像力。早在利瑪竇以北京皇宮為著眼很久以前，方濟．沙勿略已經在作大事本能的驅策下，經過一個冬天的跋涉，從日本偏遠地區來到皇廷所在的京都。方濟．沙勿略的目的，不單是向日皇呈遞國書而已，他還要促成史上第一次東、西方學術交流：將來自巴黎大學與其他歐洲大學的教授帶進日本帝國大學，同時將日本的教授送往歐洲。在方濟．沙勿略以前，即使只是踏入京都的歐洲人都還沒有一個。方濟．沙勿略究竟憑著甚麼瘋勁或冒險癖好，亦或兩者兼而有之，而相信他能活著抵達京都？至於立志晉見日皇，與促成學術交流，就更加令人匪夷所思了。

方濟．沙勿略的京都之行無功而返。他提出的晉見日皇的要求遭到斷然拒絕。他並不氣餒。沒隔多久，他又回到京都，他無休無止的雷達這時捕捉到一個新機會：

截至目前為止，我見到的中國人都具有敏銳的智慧與崇高的理想，比日本人強得多，也比日本人更加好學得多。中國擁有各式各樣財富，人口眾多，大城遍地，精雕石工建構的房屋隨處可見。而且，也誠如眾人所說，它極富各種絲綢製品……

我想，在今年（一五五二年），我要啟程前往中國君主的駐地。

方濟．沙勿略把他的後援留在日本，以一座荒廢的佛寺做為活動據點。留在日本的這支團隊，很快覺察到方濟．沙勿略其實錯估了日皇與皇室的權力；真正的權力握於大將軍手中。在方濟．沙勿略之後又過了兩代人，一位名叫喬．羅吉古斯的葡萄牙耶穌會語言學家，找到一種吸引大將軍注意與興趣的好辦法。這種法子不像學術交流或天文學辯論這麼崇高。事實上，它只是羅吉古斯以商務聯絡官身份提供的服務：當葡萄牙船隻駛入長崎港、販賣來自中國的絲綢製品時，他們遇上一位精通歐洲談判手法、能為日本人爭取合理交易的中間人，即耶穌會士喬．羅吉古斯，他開始扮演日本大將軍德川家康的商務聯絡官。

方濟．沙勿略沒能抵達中國。他在距中國海岸約三十哩的上川島上去世。幾年以後，宣佈他死訊的信件，沿著以「沒問題，我已準備就緒」為開端的同樣那條迢迢萬哩之路，傳回羅馬耶穌會總部。在方濟．沙勿略去世後幾個月（他的死訊傳回羅馬前幾個月），羅耀拉寫了一封信給他這位友人、也是耶穌會共同創辦人，要他返回歐洲，為方濟．沙勿略的故事劃上極具反諷意味的句點。從羅耀拉的這封信中，我們可以清楚看出方濟．沙勿略不是當年唯一遠赴海外工作、有遠見的耶穌會士。成員只得十人的耶穌會事業體，在不到十年間已經將觸角伸入四大洲：

你也知道印度之利，主要取決於派赴當地的人選；你看得出哪些人適合，哪些人不適合，哪些人派往某處最宜，哪些人派往另一處最宜……

所有這些理由談的都是印度之利，但凌駕這一切之上、更重要的是，我認為你能引起葡萄牙國王對衣索匹亞的興趣。這許多年來，他一直就在計劃做些大事，但直到目前為止還沒有任何作為。從葡萄牙，你還能對我們在剛果與巴西的會務幫上大忙。

雖說似乎有些不切題，但方濟．沙勿略之死可謂死得其時、死得其所，因為它無疑為耶穌會帶來厚利。對繼起的世世代代耶穌會士而言，有關於他的神話，價值遠遠勝過如果不死他或許能在中國締造的成就。而他在眼見中國海岸之際卻壯志未酬，也為他「沒問題，我已準備就緒」的名句造就了絕佳的書夾。他的書信經複製，在耶穌會各單位間流傳，造成強烈震撼。駐在葡萄牙柯伊布拉的一位耶穌會領導者曾經提出報告說，在讀過這些書信後，他的團隊士氣空前振奮，他「如果想將整所學院搬往印度，一點困難也沒有」。

在方濟．沙勿略以前，耶穌會的遠見主要只是紙上談兵。現在耶穌會有了一位體現它的真正英雄。他雖然奉派前往印度，卻單槍匹馬、撐下整個亞洲一片天地，從而展現耶穌會管理人至重的神聖雄圖；他在受命後一天內動身前往亞洲，顯示耶穌會鼓勵會士們耕耘的持平之心；他基於自己的見解為耶穌會塑造最有利的方向，表露為耶穌會奉為圭臬的企業本能。

敏銳的方濟．沙勿略離開日本，前往中國追尋更有前途的機會，從而展現他的才智。幾世紀以後，製造商與金融業者又一次採取同樣策略轉進，在一九九〇年代初期從日本後泡沫經濟中脫身，全力把握在中國與新興東南亞諸國不斷呈現的商機。方濟．沙勿略面對始料未及的環境，能夠憑藉才智應變；3M公司造出一批黏性不夠持久劣質黏膠，公司一位研究人員同樣憑藉才智認為，它應該有些甚麼特殊用途，立貼於是問世。

偏離古典修會傳統

早期耶穌會士以事實為證，證明他們的模式管用。從沒有一個宗教性事業體嘗試過類似做法。耶穌會強調速度、機動、反應、與彈性的策略價值，與宗教性事業體一直以來的一切體現恰恰相反。為發揚這些耶穌會價值，羅耀拉拋棄一切對它們構成障礙的傳統修會做法，例如祈禱，或者更精確地說，修道院傳統式的祈禱。在修會典範引領下，耶穌會士大舉創新；欲了解他們成就的這些躍進，我們首先必須作一些歷史探討，以了解早期宗教組織的運作方式，以顯現耶穌會如何大幅背離了傳統。

擁抱世界，而不是從中抽身

十六世紀基督宗教主流修道生活的紀律不能符合耶穌會要旨，絲毫不足為奇。耶穌會擁抱這個世界，會士們自我融入於它的日常生活，住在它的城市與文化中心，他們四處旅行，並與它的人民一起工作。但在那個時代，修道生活的傳統卻植基於相反的動機。修道生活先驅之士的做法一般而言不是迎向世界，他們迅速奔向另一方。在三世紀，埃及的聖安東尼於二十歲那年從他的村中出走，他孤身漂泊進入沙漠，離群索居直到於一百零五歲去世為止。在世界各地基督徒起而效法他的人很多，其中有些人更將他們獨處之欲發揮到匪夷所思的極致。敘利亞僧侶席奧杜雷寫道，有一位隱士在兩根竿子間吊著一個離地懸空的盆子，並且在盆子裡生活了十年。他需用的食物用綁在繩子上的一個桶子吊上來；料想其他一些東西也以同樣方式吊下去（希望他用的是另一個桶子）。聖西門苦修僧為這個主題寫下另一版本。雖然他欲求隱居而結廬於荒野，但前往尋求精神建議的人不絕於途。西門在不勝其擾之餘，開始建立許多高柱，最後一根柱高達六十呎，他就住在柱上，盼能夠獨自一人過完在世最後三十五年。可想而知，這策略帶來反效果。聖西門與同樣有感而發的「苦修派」，成為精神觀光客的景點，甚至拜占庭皇帝也曾經忍不住好奇，來到荒野一窺究竟。

這些隱士的故事或許多彩多姿，早期教士們一般而言過著遠為平淡的公社式生活。在第五世紀，數以百計的修道院遍植從歐洲直到北非與埃及各地。每一所修道院的修士都有志一同，他們放棄塵世一切名利追逐，致力於修道研究、祈禱與體力勞動。但除地心引力以外，許多修道院團體賴以結合的，只不過是它們本身的地方傳統，與一位明智（希望是如此！）住持的指導而已。

第六世紀義大利人本篤，原先完全過著這類傳統修道院式的生活，直到開創一種新做法為止。由於受不了家鄉羅馬社會風俗的每下愈況，本篤孤身隱居。像西門苦修僧一樣，他的名聲也引來許多尋求智慧的人。但不同於西門苦修僧的是，他終於同意出山，進行對一所修道院的改革。這所修道院因連續幾位住持無德，而淪於清規散漫。但他的領導過於嚴厲，修道院僧侶們終於在忍無可忍的情況下，幹出任何不甘就範、心懷不滿、而又剛愎自用的僧侶會幹的事：在他的食物中下毒。

邊做事邊祈禱

硬朗的本篤活了下來，他對修道院改革的胃口也於是真正大開。他集結一些比較有決心的僧侶，在義大利的卡辛諾山建立一所新修道院。他在這裡訂定的一本五十頁的「會規」，最後成為支配西方世界修道院生活的指導範例。本篤會的會士每天在七個定時集合，進行集體祈禱。他們每天的祈禱，以淩晨兩點的晨禱揭開序幕，每隔定時進行一次，直到晚間七時的晚禱為止。這些時刻安排，只有在季節轉變的情況下，為調適日光時間而做調整。夏日之陽升得早，早課時間也隨而提前，緊接著淩晨二時晨禱之後展開，「中間間隔時間非常短，修士們可以利用它出外方便」。我們不得不對本篤肅然起敬：他定的規章不過五十頁，卻連生活中每天必行的事都管到了。

幾個僧侶如何組織他們的日常生活，這又有甚麼好講的？或許這在今天確實是無足輕重的瑣事，但對於正淪入「黑暗時代」最黯淡一刻的歐洲而言，這些事極端重要。在野蠻遊牧部族大舉蹂躪下，腐敗的羅馬帝國的城市逐一破敗。公共教育、圖書館、甚至讀寫能力的本身，逐漸成為有關一個較文明時代的遙遠記憶。學習之光愈益黯淡，而修道院的學者與抄寫人遂成為極少數持有火炬的人，唯能靠著他們，世界才不至陷於一片漆黑。正因為修道生活的做法如此重要，在本篤之後兩個世紀，神聖羅馬帝國皇帝路易斯一世（即虔信者路易斯或有禮者路易斯）認為應該召集教會權貴辯論僧侶生活的紀律。辯論結束後，他下令帝國境內所有修道院必須遵照本篤定的規章。

這項命令的施行是否貫徹不得而知。在第九世紀，消息傳播的速度很慢。一些偏遠的修道院無疑對虔信者路易斯或聖本篤未曾聽聞，更不知道前者是他們的皇帝、後者則是現在具有約束力的清規作者。但無論是否獲得普遍遵行，幾個世紀以來，本篤對修會生活的見解一直根本性地影響著修道戒律，直到羅耀拉的時代。

本篤個人逃避羅馬（其實是逃避世界）的欲望，深深左右著他的宗教生活見解。本篤的修道院是一個個自力更生、與世隔絕的島。他們生產自己所需的食物、衣服、與其他必須用品。他們選舉自己的領導人，每一個修道院都獨立運作。無論在任何一個國家，都沒有一個上級機構對國境內所有本篤會修道院負責，當然更不存在所謂統轄全世界所有本篤會修道院的總部組織。本篤訂定的規章，也不帶任何擴張主義者或傳教士色彩，並不主張建立新的分支機構。事實上正好相反。歐洲的「遊方僧侶」令本篤憤慨不已，那些剛愎自用的僧侶「從一省漂泊到另一省，以過客身份投宿於不同的修道院中；他們隨自己的意願而行，貪圖著口腹之慾」。為思有以匡正，每一位服膺本篤會規的僧侶必須宣誓「安定」，要在他加入的修道院中度完餘生。這種強調安定的教義，顯然與每天定時進行集體祈禱的做法相輔相成。許多世紀以後，羅耀拉與耶穌會士們發現安定或定時集體祈禱並無價值可言。事實上，耶穌會的祈禱是個別、邊行事邊進行、而且是自我規範的，省察就是例證。

但本篤模式在以農耕為主的黑暗時代問世，而且它非常切合那個時代。無論如何，當年僧侶們不可能從附近大城市購得雜貨，他們所以投身修道院也不是為了逃避都市的塵囂繁雜。因為在那個時代，貿易系統已經崩潰，城市也難得一見。

新時代

不過，歐洲城市終於又一次復甦了。歐洲新經濟的成長當然絕對沒有近年來達康狂潮（願它們得以安息）的盛況。但部份由於第十二與十三世紀的布商及他們雇用的織工、木匠、建築商、銀行家、貨運商、食品商、以及為滿足世俗需求而經營其他營生的業者，城市緩緩恢復了生氣。這些重現生機的都市社區也有宗教、社會與精神方面的需求。而奉行本篤會規的僧侶一般隱於鄉野，通常遠離新興城市中心，當然無力因應這些城市人口的需求。新時代需要新模式。兩位偉大的修道院改革家於是問世，提供這些需求。當歐洲邁入第十三世紀之際，聖方濟與聖道明在修道院的牆上打了一個小洞，實驗修道生活新做法。

聖方濟主張放棄實質的家族財富，以做到瑪竇（馬太）福音的訓示：「腰袋裡不要帶金銀銅錢，行路不要帶口袋，不要帶兩件外衣，也不要帶鞋和枴杖；因為工人得飲食是應當的。」（瑪竇福音，第十章九－十節）聖方濟完全按照福音的訓示行事。他最早期的信徒就像浪跡漂泊的傳道人依靠施捨過活一樣，過著有一餐沒一餐、更別提隔宿之糧的日子。他們不能未雨綢繆而預先存錢：因為根據教規，他們連錢幣也不能碰。儘管聖方濟從無建立龐大修會的雄心大志，但他極富魅力的訴求引來數以千計追隨者，他們甘於貧窮、簡單的生活方式，而在一切自然事物中尋求天主的影跡。

為全球性成長而奮鬥

聖方濟所以留名青史，最重要的事跡或許是他的虔敬恭儉，以及他絕對的安貧樂道，但他對一位幹練的首席業務長盼望之殷，或許也是使他留名的一項重要因素。聖方濟希望建立一個組織鬆散、小規模的修道團體，於是根據這種理念建立他的事業體。每一位方濟會成員都有權接納新成員。至於入會標準等細節問題，似乎沒有人非常擔心。一旦新人入會，方濟會也沒有為訓練他們而定的有組織的見習修行系統。當方濟會的規模與一家街角小店相當時，這種做法沒有問題，但一但它的規模與麥當勞不相上下，同樣這種各自當家的管理風格就問題嚴重了。

早期方濟會的正式會員每年舉行一次「全體會議」，解決策略性問題。當成員人數還少的時候，這種做法效果很好。但到一二二一年，方濟會會士人數已達五千人，這樣的全體會議不再像策略會議，倒憑添幾分馬戲團的色彩。會士們從全歐洲各地趕來開會，有些人長途旅行數月而來，但除了每一位會士聽命於方濟的終極領導以外，整個修會並無明確的指揮系統。而且每一位會士也只受過引他入會者的非正式訓練，全體會議之不具生產性可見一般。

方濟與有志一同的道明修會創辦人（聖道明）最重要的貢獻，在於將修道生活的重心重新調整。這兩位修會創辦人最核心的見解，都在於解決有燃眉之急的基督教世界都市化問題。教士們每天要外出傳教或教學。但他們都只能在修道院附近活動，因為他們必須奉行本篤會規所定、排得很緊的定時集體祈禱。一種積極入世的衝動使他們渴望共同有所作為，但每個修會卻又極力將這種衝動塞入出世的傳統修道模式。這一切極不自然。

不同於全然自主的本篤式修道做法的是，兩位改革家並且摸索著「全球化管理」。道明修會選舉一位世界性的會長，不過總會長的權威受限於一個制衡系統，這個系統之精，令美國憲法的訂定人也要嘆為觀止。每一個道明會會院推舉它本身的領導人，每一個地區大體上各管各的事。其結果是，總會長並不能像現代公司執行長一樣大權在握。相形之下，方濟會的總會長則享有較大實權，只是缺乏組織性基礎設施以有效行使這些權力罷了。

廣為分散的權力以及領導人的民主選舉，使道明會的潛能無法全面發揮，而嚴重的「管理不彰」則削弱了方濟會的實力。兩個修會都沒能像後來的羅耀拉一樣，特別打造一種能與積極、機動的現代大公司相比美的領導或管理模式，它們甚至沒有嘗試這麼做。理所當然，兩個修會也都無意營建一個大規模的現代化事業體。道明、方濟與他們的追隨者無疑對他們的成就已經相當滿意：他們建立一種平衡的人生，既能積極服務，還能保有沉思的祈禱。道明樸質得優雅的座右銘，一語道盡這種生活、工作、與祈禱做法的本質：「沉思，並將沉思的果實獻給他人。」

但依納爵．羅耀拉確實有意建立一個積極、機動、而且大規模的現代化事業體，只不過他或許沒有用這類詞藻表達他的意圖而已。此外，道明與方濟拉長了傳統修道生活的衣袍，以掩飾他們較具入世色彩的雄心，而羅耀拉則決定有必要完全換一件新袍。在本篤千年之後，在方濟與道明三百年後，羅耀拉開始起草耶穌會會憲。他擬妥的定稿納入所有以上三種修道傳統，但作為會憲基礎的模式卻大異於這些傳統，令人有耳目一新之感。

首先必須去除的，是修道生活的基本組織原則：每天定時的集體祈禱。耶穌會強調全面介入實地工作，這與每天必須定時趕回修道院進行集體祈禱、使教士們束手束腳、無從施展的規約不能相容。修院團體每天多次進行定時的集體祈禱；羅耀拉的耶穌會士則乘工作餘暇，各自進行祈禱。這種做法與過去一直以來的行事方式大不相同，它是一種飛躍，它創造的空間使耶穌會士得以把握突如其來、始料未及的機會，以「協助人靈」。

任務視機會而定，而不以嚴格的定義為基礎

在耶穌會以前，修會通常將任務限定於特定服務領域或工作類型。如聖道明即明定修會中心任務為「傳教與教學」，但羅耀拉不願束縛耶穌會士。機會因時而異，即使在一五四〇年，改奉基督新教的德國的需求，也與非基督教的日本的需求全然不同。羅耀拉於是為任務做了海闊天空的註解：「本會的目標是，奉（教宗）命或本會上司之命，透過在世界各地的

旅行，進行傳教，聽人告解，並運用一切其他可行手段協助人靈」但「協助人靈」究竟包括些甚麼工作？顯然，只要是一位自覺的耶穌會士與他的長官認為可行的，從探險旅行到地圖製做、到天文學研究，都在其列。羅耀拉沒有限定他的耶穌會士必須從事甚麼特定工作，他只是告誡他們避開那些可能拖累他們、或使他們的策略彈性受限的工作：「同樣，由於本修會的成員應該隨時準備就緒，動身前往世上某地或其他地點，他們不應帶領修女或負責與這種自由自在不能相容的類似負擔，這種自由自在是我們行事風格必不可缺者。」而在十六世紀並不是一個標榜政治改革的時代。

耶穌會共同創辦人為確使迅速反應，誓言做到應教宗之命，立即動員，「不得有任何藉口，只要（教宗）認為派遣他們有利，無論前往任何地方、無論是信徒或異教徒居住之地」。耶穌會以明文規定教士必須獻身供教宗驅使，從而斷絕回頭之路、迫使會士保持彈性。不管喜不喜歡，只要教宗有所差遣，他們就必須去做。

當然，僅僅靠著在公司手冊中反覆宣揚這些目標，並不能使公司變得具有策略彈性、變得隨時可以接受改變。如果事情這麼簡單，美國將充滿敏捷、機智的領導。擁抱改變說來簡單；要身體力行、在未經測試的戰術上賭上一個人的事業、為任務而捨下親友遠赴異域，就難得太多了。憑藉神操練就的持平之心的沉思功夫，早期耶穌會士得以超越可能對他們形成障礙的種種牽掛，起而因應這些與其他挑戰。耶穌會不僅討論應變的敏捷性，也培養新人具備這種敏捷性。

為防有學員不能完全了解這項訊息，每一位學員必須通過一項單獨面對的考驗。每一位學員都要奉派進行為期一個月的「基督信徒對抗自然要素」的長途旅行。他們空手出發，沿途乞食、餐風露宿而行。這項挑戰的意義再明確不過：唯機智、機動、有創意、不受牽掛、能夠獨立運作的人，才能成為耶穌會士。也難怪有這麼多耶穌會士養成冒險犯難的習性。賈奎斯・馬奎特在隨路易斯・喬利葉❻探勘上密西西比河時，早已是老資格的探險家。他在初學修行時，已曾長途跋涉兩百哩、往還南西與迪黑爾之間。當然，相對於乘獨木舟穿行於成群結隊的美洲野牛之間、趕赴與伊里尼部落酋長之約，在法國東北的荒野之旅只能算是小巫見大巫。但相對於鼓勵彈性與機智應變的公司手冊而言，神操的兩段式打擊，以及為期一個月的旅程，對學員的衝擊要深遠得多。

在俗世、而不是在修道院牆內尋找天主

羅耀拉徹底改造了修會生活的結構。在奉行本篤會規的修道人誓守安定、終生不離修道院之際，耶穌會士卻投身於機動運作。羅耀拉的副手傑洛尼莫・納達爾❼在歐洲各地巡迴旅行，闡述耶穌會這種與眾不同的思維與生活方式：「（耶穌會士）了解他們無法建造或購置足夠的會院，使他們可以就近奔向戰鬥。既然情況如此，他們認為，唯有在不斷行動時、在世界各地旅行時、在沒有一個專屬自己的地方時，他們才能置身於最平和、最喜樂的住所。」理想的耶穌會士，不僅不會視改變為畏途，不會逃避世界，還要擁抱不斷行動的人生，視之

為「最平和、最喜樂的住所」。納達爾在對另一群會士發表談話時，也曾這麼說：「必須注意的是，我們的組織有不同類型的房屋或會院。它們是：修練場所、學院、特殊會院、以及旅行，而透過這最後一個會所，整個世界成為我們的家。」速度、機動性、想像力與彈性是目標。所有障礙物都必須清除，包括修士生活慣常的一些做法。納達爾說，羅耀拉有一次嚴厲斥責他：「第二天，（羅耀拉）當眾厲聲斥責我；此後，他不再倚重我。」納達爾究竟犯下甚麼大錯、惹得羅耀拉發這麼大的脾氣？原來納達爾在西班牙耶穌會士請求之下，同意他們每天祈禱一個半小時，而他這位神聖的、神話般的耶穌會老闆，之所以這麼憤怒，只因他聽說納達爾居然讓西班牙會士花這麼多時間祈禱！羅耀拉堅持，「真正克己之士，只需透過一刻鐘的祈禱就能與天主結合。」

羅耀拉的重點何在？他並不反對虔誠，但他認為耶穌會士行動使命的成功與否，取決於能否找出在無損於行動的情況下，仍能保有虔誠省思之道。或者，如納達爾在主張以羅耀拉為行為典範時所說，耶穌會士應該「行動中不忘默觀」。他的另一位夥伴有更率直的解說：「在日理萬機之間，我們的會父（即羅耀拉）猶能如此泰然自省，實令人難以置信。」

羅耀拉能夠如此動靜自如，究竟關鍵何在？就像其他許多技巧一樣，這項行動中自省的能力也回溯於神操。羅耀拉放棄定時集體祈禱，並以繁忙中保持專注與寧靜的策略取而代之。這些心理上的日常省察的小站，使他得以在行動過程中，不斷保持專注。

但若是沒有焦點，即使不斷努力專注也屬枉然。耶穌會為使每一位新人了解他的弱點、建立他的世界觀、耕耘他的持平之心而進行的先期投資，也同樣重要。唯能如此，會士在停下來進行專注努力時，才能憑本能而察覺應該注意些甚麼。他要比對關鍵性目標，評估自己幾個小時以來的表現，評估使自己習慣性犯錯的弱點，以及損及自己持平之心的種種牽掛。在經過這種精神與心理上的微調之後，他又重返競賽。

此外，成就愛心的默想能使學員與廣被身周的神愛調和，也與繁忙之中進行沉思同樣重要。耶穌會認為，會士們不必每隔幾小時聚集在教堂，以自我提醒他們置身工作的是甚麼樣的世界。事實上，他們經由神操而衍生的世界觀（他們觀察世界的透鏡、他們對其他人的看法），使他們可以在日常行動中，不忘「在一切萬物中尋找上主」。這句話是甚麼意思？它的意思正是在一切萬物中尋找天主。羅耀拉告訴耶穌會士，要他們「在一切萬物中，例如，在與他人的對話中，在行走、眼觀、口嚐、耳聽、心想、以及一切所做所為中」，尋找上主。

前文描述的是十個世紀以來，修道生活慢動作的演變歷程，從奉行本篤會規的僧侶到方濟的修道士、再到依納爵．羅耀拉胸懷世界的耶穌會士。如果修道生活的演變緩慢，它所反映的中世紀世界亦然：羅耀拉的耶穌會士如若置身於本篤那種封建的農業時代，或換成方濟的十三世紀，一定無法立足。

今天的世事變化快得更加驚人；現代管理人不僅以能夠跟上變化腳步自豪，還標榜能夠推動改變、以便在持續變化的市場中掌握競爭優勢。但是在變化管理方面，我們或許不如我們期望的那樣擅長。湯瑪斯．彼得斯[8]與羅伯．華特曼[9]，在一九八二年發表《追求卓越：美國傑出企業成功的祕訣[10]》一書；這本具有里程碑意義的重要作品，曾穩坐暢銷書排行榜三年有餘。兩位作者在書中為企業追求至佳之道開出處方，直到二十年後的今天，這些處方仍然出奇管用。不幸的是，當年經他們譽為「美國傑出企業」，有許多早已今非昔比。彼得斯與華特曼在前後二十年的研究過程中，以嚴厲手段進行篩選，並且推選出三十六家通過「所有最佳表現考驗」的公司。這三十六家公司中，有些公司迄仍綻放光芒。有些已經在為企業生存而苦苦掙扎，它們不再是卓越的典範，而成為好公司何以變壞的個案分析研究教材（如伊斯特曼．柯達，與Kmart超市）。更有一些公司已經淪為企業接管行動下的犧牲品，成為人們淡忘的歷史陳蹟（如阿姆達[11]，齊斯伯洛．龐茲[12]，與雷齊姆[13]）。

彼得斯與華特曼的篩選過程不能說不謹慎。他們選出的，是在一九八二年表現得最好的公司。但就像創造至佳表現的領導一樣，卓越也不是一種一旦攀上、長保無虞的高原。數以千計的員工，因這些原為角色典範的公司的沒落而失業，對他們而言，現代世界的瞬息萬變與波濤洶湧自是再清析不過；要想在如此世上出人頭地，個人必須營造能夠在近乎恆變的環境中不斷茁壯的技巧。而且在變化中茁壯，不僅是一種職場生涯的顧慮而已；震撼著職場的社會、科技、與文化改變，同樣也為人生每一層面帶來無盡的威脅與機會。調適、創造、與迅速反應的能力，是二十一世紀的核心個人領導技巧。

羅耀拉與他的夥伴早在十六世紀已經了解，他們必須立即塑造一支能適應改變、富有創意的耶穌會團隊；在動盪不安的二十一世紀，這些技巧的重要性尤勝於當年。但在一九八二年「尋求卓越」的考驗中脫穎而出的那許多明星企業，不出二十年而沒落的事實，說明許多今人在彈性上，遠遠不及十六世紀深入亞洲探險的方濟．沙勿略。為什麼？或許我們未能像羅耀拉的耶穌會那樣，專心致力於集結內在的、個人的建材，以建構才智。

在方濟．沙勿略離開印度約六十年以後，另一位耶穌會士羅伯特．戴諾比利來到當地。戴諾比利把耶穌會的才智發揮到極限，終於引來教宗的猜忌不安。這在耶穌會史上，既非第一次也不會是最後一次。

穿紅袍的耶穌會士

羅耀拉對於創造力與彈性的熱衷，可謂鉅細靡遺——甚至連衣著也不忽略。其他修會以別出心裁的袍服自豪，視它們為修會的標誌。羅耀拉則強調穿著簡單的修道者服裝，以「融入居住地區的習俗」。他指的是歐洲各地天主教會在習慣與服裝上的細微落差。依照羅耀拉之見，耶穌會士應以融入當地文化、而不是自別於當地文化之外為要務，而服裝穿著不過是一種點綴罷了。但當富有冒險精神的耶穌會士來到非基督教世界，與當地甚麼都穿、就是不穿黑色僧袍的僧侶們一起工作時，他們對所謂「融入居住地區的習俗」的大膽詮釋，或許連羅耀拉也稱奇不已。

有鑒於在他們的腦海中不斷迴響著的那些理念，抵達亞洲的耶穌會士一心想的，可能就是文化實驗。事業體賦予他們的任務是運用一切手段協助人靈。每一位學員都曾就一萬杜卡的那個主題進行沉思，以自我摒棄各種讓人牽腸掛肚的事，以耕耘持平之心。納達爾等管理者也反複重申隨時應變的訊息，讓他們知道只有在不斷移動時，他們才能置身於最平和、最喜悅的住所。無怪乎許多耶穌會士，為融入居住地區的習俗，能很快掙脫十六世紀歐洲的文化束縛。時年二十八歲、原為義大利貴族的耶穌會士羅伯特·戴諾比利，於一六〇六年來到印度南部城市馬杜萊，他探討文化疆域之徹底，或許稱得上前無古人。

由於耶穌會內出身歐洲權貴者實在多不勝數，若論家世，羅伯特·戴諾比利幾乎在任何其他地方都足稱顯赫，只除了耶穌會之外。他是一位教宗的姪孫，是一位教宗禁衛軍總司令的兒子，但為了當耶穌會士，他寧可放棄自己席維提拉伯爵的頭銜。為了加入耶穌會，他割捨了多少榮華富貴不得而知；他原來可以擁有一大筆家產自不待言；或許還有戴諾比利家族在托斯卡尼的一座府邸；如果走上傳統神職生涯，他可能還能成為一位樞機主教。

他沒有穿著樞機主教袍服、安坐在托斯卡尼的府邸。一六一〇年，戴諾比利坐在位於赤道以北幾度的一間茅屋。他穿著一件染成紅色的僧袍，除一小撮頭髮以外，一頭剃得精光，前額還用檀香木膏畫上一道符。戴諾比利每天只進一餐用草藥調味的米飯，別提沒有來自戴諾比利家族蒙提普西安諾葡萄園特釀的葡萄酒佐餐。由於在家鄉義大利出身貴族世家，戴諾比利在來到印度之初，曾根據印度的做法，自稱是統治者階級一員。這是一種經過精心籌劃的策略，目的在免遭當地人貼上「賤民」標籤。原來戴諾比利的傳教士夥伴在來到印度後，都遭當地人無分青紅皂白地視為賤民，他們的傳教工作也因此永難推展。但隨著對地主國文化了解愈深，戴諾比利也逐漸調整他的策略。他開始將三縷顯目的白色棉紗掛在肩上，使之垂在腰際，以顯示自己是婆羅門（僧侶）階級一員。此外，他並且採用托缽僧（「放棄一切的」的僧侶）嚴格的飲食與養生紀律。

托缽僧戴諾比利，說服婆羅門學者席法達瑪⑭教他印度教基本經典吠陀經⑮，而成為雙料第一。戴諾比利不僅成為第一位真正稱得上徹底參悟吠陀經的歐洲人，也成為第一位精通梵文的歐洲人，而梵文是印度教印度的經典語文，也是吠陀經使用的文字。事實上，他是三料第一；戴諾比利不僅在印度學習，同時也積極參與宣道工作。因此在領悟梵文吠陀經以後，這位托缽僧轉而鑽研坦米爾語，並且用坦米爾語寫成論文《永恆生命的對話》，這幾乎可以確定是歐洲人以印度文字寫下的第一本神學論文。在這本論文中，戴諾比利以本身的見解詮釋如何獲取吠陀真知之道，提供印度教民參考。

當消息傳來，說這位原來的席維提拉伯爵竟然成為印度教徒、並膜拜偶像時，警鐘在羅馬響起。在一個詭譎而陌生的世界，究竟應該如何詮釋「運用一切手段」，本是一個見仁見智的問題，無論在羅馬，甚至在馬杜萊，並非每一位耶穌會士對這個問題都有一致看法。當時在羅馬的一些耶穌會士，正為一些遠為凡俗的事爭執不休。在有關戴諾比利所作所為的消息傳到羅馬過後不久，耶穌會的官僚，正為未經任命聖職的會士能否戴已經成為耶穌會士標準服飾的黑軟帽，而爭得面紅耳赤。他們在聽到戴諾比利剃光了頭、還穿上紅色僧袍時，不知作何感想？

這些傳回羅馬的初步報告，對戴諾比利的行為既無正面評價，也無表示同情之意。撰寫這些報告的，不是戴諾比利本人，而是他的夥伴岡沙洛．佛南迪斯。在戴諾比利抵達以前，佛南迪斯獨自一人在馬杜萊住了十一年，但在吸收基督徒的工作上繳了白卷，連一個人也沒有吸收到。在一無教友的情況下，他當然有充分時間寫信給羅馬、指控戴諾比利搞邪教崇拜。這些印度傳來的報告讓羅馬那些官僚訝然，特別是在獲知不滿戴諾比利的不僅佛南迪斯一人而已時，他們更是憤慨異常。印度戴諾比利所屬主教區的主教，也對這位不顧章法、一意孤行的耶穌會士表示不滿。

地方智慧

大多數大規模的跨國公司，經常必須面對類似狀況：派在相對而言不重要的偏遠市場的員工，往往逾越權限而走上絕路，造成威脅到公司信譽的危機。而且，為應付這種情勢，大多數大型跨國公司都有一套精心策劃、敏感度極高的政策：去除這位跨越權限的員工，並且動作要快。當戴諾比利半裸著身軀，坐在半個地球以外的印度時，這位新起之秀又能在羅馬獲得甚麼奧援？他的運氣不錯，時任耶穌會總會長的克勞蒂奧．艾卡維華，不但沒有動刀將他去除，反而就傳教方法與印度文化等問題向他徵詢意見。

像戴諾比利一樣，艾卡維華也出身義大利貴冑之家，他父親是阿特利公爵。三十歲的戴諾比利，不惜激怒他在印度的夥伴，在傳道做法上向這位比他年長、比他有經驗的夥伴提出挑戰；無獨有偶，艾卡維華本身也非泛泛之輩。艾卡維華在從梵蒂岡層層階級中迅速掘起之後加入耶穌會，並在三十七歲那年當選成為耶穌會有史以來最年輕的總會長。當耶穌會代表向教宗額我略十三世報告他們的選擇時，時年七十九歲的教宗很是驚訝，竟沒有立即表示衷心的祝福：「老天。你們居然選了一個不滿四十歲的年輕人做你們的首領！」

但除了與戴諾比利同屬貴族出身的這種表面上的背景因素以外，艾卡維華在這場印度的爭議上，或許還有更尖銳、更具切身意義的利害關係。當艾卡維華剛成為耶穌會士時，族閥主義盛行的教會圈一般認為，他的姪兒羅道佛將替補艾卡維華在梵蒂岡官僚體系中留下的空缺。但羅道佛另有主見。他不顧家人反對，宣佈他本身也要加入耶穌會。他無意在權高勢大的叔叔庇蔭之下找一份肥差；羅道佛立意前往印度傳道，而印度之旅不僅必須歷經為期一年、苦不堪言的海上行程，一旦來到印度，艾卡維華家族之名也將不再管用。

如果羅道佛希望拋開貴族的種種浮誇排場、過一種較為謙卑的人生，他會發現命運的播弄充滿反諷。當克勞蒂奧在義大利的耶穌會會眾間聲譽愈隆之際，消息傳來，說羅道佛獲邀在蒙兀兒王朝帝王阿克巴的朝廷中生活與工作。羅道佛在印度停留了將近四年，建立了耶穌會使館，事隔約二十年，這座使館成為鄂本篤的任所。

在克勞蒂奧成為耶穌會總會長之後不久，艾卡維華家族又歷經一場命運播弄，這一次頗為痛苦。由於身為耶穌會總會長，克勞蒂奧有責任寫正式的哀悼信給他哥哥：報告羅道佛·艾卡維華與三位耶穌會士一起在印度遭人殺害。幾經拖延，才傳回來的一些殘缺不全的

開創新紀元的多元文化運動倡導人

這幅素描中的人物，就是義大利貴族出身、後來成為印度托缽僧的羅伯特．戴諾比利，素描作者為戴諾比利的耶穌會夥伴巴沙薩．達柯斯塔。雖然遠遠比不上魯本斯以及康特 這類大師級人物的肖像畫作，達柯斯塔的這幅素描，仍能充分顯示戴諾比利為適應地主國文化而竭盡心力的情形。

報告顯示，由於在葡萄牙人聚居的臥亞，原本隨處可見的印度教寺廟不分青紅皂白、全遭夷平，兇手因此銜恨已久，終於採取報復。羅道佛與他的同伴沒有甚麼錯；他們只是人生一種更廣義的悲苦象徵罷了。

或許姪兒之死使這位耶穌會總會長對印度的事有一種切身感，他於是不惜費時費力，設法了解戴諾比利的做法，而沒有直截了當予以譴責了事。或許值此之際，戴諾比利應該為前途之計而低聲下氣委屈求全，只是沒有人這麼告誡他。他或許幾年來一直潛心攻讀梵文，以坦米爾文書寫論文，但戴諾比利仍然記得如何用教會所用的拉丁文提出雄辯。戴諾比利提出一百七十五頁的《印度國某些風土人情的報告》，令艾卡維華與他的神學顧問們盡皆嘆為觀止。事實上，在整個歐洲，也沒有其他人見過如此報告。他在報告中旁引博證，舉凡羅馬神學、到耶穌基督、到聖奧斯定與聖多瑪斯．阿奎納、到印度教的俗世法則，都在他引經據典之列，讓人不禁懷疑他是不是溜進羅馬學院圖書館，而寫成這份報告。戴諾比利引用的一些出處不很明顯的論證，也很可能讓許多著名神學家看得頭暈眼花，忙著找筆記核對：「以巴比倫人巴迪瑟斯的證言為例，這位巴迪瑟斯是尤西布斯在福音第六書中高度讚譽的一位作者。」

戴諾比利的引證或許時有不清，但他的中心論點十分明確。與許多惡言中傷他的人不同的是，戴諾比利不僅不惜工本地鑽研印度文化，並且不避艱辛，設法掌握宗教信仰與文化習俗之間的差異。他有系統地分析並採納婆羅門的文化習俗：例如庫士密悅（只留一束頭髮，其餘剃成光頭）、提拉卡悇（檀香木膏）等等。他遍覽印度教經典，並就教於婆羅門專家，探討這些習俗的根源、了解它們的真諦。許多歐洲人由於無知，而將他們不熟悉的習俗視為迷信，說它們是偶像崇拜，但戴諾比利提出反證，指許多這類習俗不過是表明社會地位、或自我裝飾的傳統做法而已，並無宗教意義。戴諾比利辯稱，他已經指示皈依天主的信徒完全拋棄迷信、傳統的印度教習俗，但他本人接納印度當地純身份性、不帶宗教意涵的文化習俗，並且也准許那些皈依基督的婆羅門這麼作。

他隨即對那些中傷他的人全力猛轟，指責他們有系統地迫使可能皈依的人改用歐洲姓氏、改穿歐洲服飾，迫使這些人在印度社會中放棄所有地位象徵。戴諾比利指控中傷他的人殘酷無情，說他們沒有必要地迫使皈依天主的信徒放棄原來在社會中享有的尊敬。非基督教的印度人視皈依者「為墮落的人，因為他們實質上已經與他們原先的社會等級切斷關係，而且被剝除一切社會優勢……（非基督教的印度人）無法了解，何以我們要為遵從基督法則訂定嚴格限制，迫使信徒必須降低社會地位，必須放棄一切人性尊嚴與每一項作為人的利益」。

戴諾比利最後還指出，「至於化妝與薰香的使用（如高階印度人專用的檀香木膏標記）身為傳道宗師的基督本人，也用過這類東西」。在這份令人側目的報告的結尾，戴諾比利引用「一百零八位分別在幾種學術領域擁有博士頭銜的婆羅門」的證言，證明自己確實不容許皈依者繼續在作為上，保有任何純宗教性的象徵。他指出，這些博士「既非基督徒，也不是基督宗教教義的初學者；他們沒有一個人接受過任何金錢或任何其他贈禮」。戴諾比利並且向他的耶穌會長上們提出保證，說他已經蒐集妥當每一位博士的簽名，「它們都簽在印度棕櫚葉上」，以備必要時查辨證詞真偽之用。

不滿戴諾比利的人，即使是最博學之士也提不出差堪比擬的反證。他對西方神學知識涉獵之廣、鑽研之深，固然令人稱奇，他引為佐證的那一百零八位婆羅門，更像另外一百零八個專家人士，讓那些批判他的人無從應對。他們沒有一個通曉梵文；他引用的印度教經典對他們而言，無異於天書。

但是使戴諾比利陷於苦辯的這些爭議，無論在過去或在今天，都是極度複雜的難題。文化習俗與宗教表達，不能像戴諾比利設法證明的那樣，分割成兩股截然不同的線索。而且他的傳教做法還有其他一些引起爭議的策略考量。舉例說，他指出，在印度的那些傳教先輩們由於吃牛肉、穿皮衣、在儀式上不潔淨（以印度的標準而言），而自我淪為高階印度人眼中的「賤民」。戴諾比利所以以婆羅門自居，並且採納婆羅門複雜的文化體制，其實是一種經過精心策劃、由上而下的策略，目的在以高階印度人為首要訴求，期待較低階印度人將起而效尤。只是這項策略迫使戴諾比利不得不採行一些他不情願採行的做法：例如，他甚至必須阻止低階印度人碰觸他的身體，或為他準備食物。最後，無論戴諾比利在當年那種十七世紀環境中的文化敏感度究竟多強，他的工作仍然引發一項即使是二十一世紀傳教專家也為之煩惱不已的爭議：一個人究竟應該在何處劃下界限，以區隔多重信仰之間的對話與激進的信仰改變行為？

為耶穌穿鞋

我們幾乎可以肯定地說，在十七世紀批判戴諾比利的那些人，念念於心中的並不是這類複雜的議題。事實上，今天回想起來，他們當年用來抨擊戴諾比利與亞洲各地其他耶穌會士的論點，徒然證實了耶穌會士確有超人一等的敏銳意識。舉例說，在中國境內傳教的另外一個修會團體，向羅馬發回一份詆毀耶穌會的報告，原來在耶穌會授權繪製的最後晚餐聖像中，耶穌居然穿了鞋子。由於這項指控引起有關當局高度重視，耶穌會不得不浪費時間加以因應。他們的辯詞很簡單。中國人認為赤腳走路不衛生。如果讓中國人認為這位所謂上帝之子缺乏基本禮貌，又怎能指望他們皈依天主？

中國境內其他傳教士指責耶穌會沒有遵行教會正統洗禮儀式：「神父們（指耶穌會會士）在為婦女進行洗禮時，沒有用唾液沾上她們的耳朵，沒有放鹽在她們嘴中，沒有用油塗抹她們的胸與頭部。」所控屬實。駐在中國的耶穌會領導人，對此有如下解釋：「在中國人心目中，暴露婦女的胸部、碰觸她的手與她的嘴，是極不合常規、極不道德的行為。如果說每一處地方的神父在為婦女進行洗禮時，都必須謹慎小心，那麼在中國他們尤其必須格外小心在意。」為順應他們認為在中國傳教必須遵從的重要文化禮俗，耶穌會士寧可偏離他們心目中無關宏旨的歐式洗禮傳統儀式。

在戴諾比利傳教方式引起的爭議解決前幾年，艾卡維華去世。儘管這位總會長暫時裁定、支持戴諾比利的基本做法，但他迫於情勢，無法放手給予戴諾比利全面支持。因為戴諾比利在赤道附近一間茅屋中的所作所為，終於引起比耶穌會總會長更高的權威當局側目。梵蒂岡本身已經插手，並且成立一個神學專家委員會，對此案進行徹底調查。得知他在中國的夥伴們也因推動一些不合歐洲文化風範的策略而受辱，自然不會令戴諾比利稍感慰藉。對這位義大利托缽僧而言，最難以忍受的，是在調查行動以等因奉此的官樣文章緩緩而行之際，他卻奉命不得接受皈依天主的印度人。這項調查無疑令戴諾比利十分懊惱，不過如果不是它，戴諾比利可能遭逢更嚴重的惡果。當時葡萄牙駐臥亞大主教、身兼整個東印度地區總主教的德．沙．依．里斯包，對這位專門惹是生非的義大利籍耶穌會士恨之入骨，他於是促請葡萄牙大裁判長下令逮捕戴諾比利。但葡萄牙宗教裁判當局判決，由於本案正在梵蒂岡積極調查中，他們無權干預。戴諾比利運氣不錯。

不過他也並非全然走運。調查戴諾比利案的三人專家委員會，以七十歲的大主教隆巴德為首。這位愛爾蘭籍大主教曾參與教廷對另一位義籍爭議人物的調查，結果讓那位接受調查的人物、即伽利略吃盡苦頭。但至少當時調查當局還給了伽利略機會，讓他參與對自己的調查。而身在異域他鄉的戴諾比利，既未接受過委員會的訪談以陳述己見，也沒有與聞調查報告的製作。

他沒能一睹這份調查報告，實在可惜之至。如果有幸一觀，他一定喜出望外。原來，隆巴德大主教在報告中，引用聖奧斯定在《天主之城》的一段話：「在天主之城，只要一個人能遵行上帝聖誡而生活，這個人在接納正道、投身上帝的懷抱時，究竟穿的是哪一種服飾、過著甚麼樣的生活方式，其實無關緊要。」雖然調查委員會的報告屬於機密，教宗額我略十五世在一六二三年羅馬教宗詔書中，將他的判決公諸於世。雖然詔書經過漫漫海運，好不容易才從里斯本送到臥亞，但消息畢竟傳到了印度：「我們奉羅馬教宗聖諭，謹此准許已經與有意皈依大信的婆羅門與其他異教徒，同意他們可以戴上棉紗、可以留庫士密，以突顯他們的社會地位、貴族與其他身份。」

獲得平反的戴諾比利重返工作崗位。許多年以後，高齡六十八、近乎失明的戴諾比利，很可以功成身退。對大多數人而言確是如此。但對戴諾比利，這是他展開另一生涯的時機。他乘船穿越印度與錫蘭間保克海峽，來到錫蘭（今天稱為斯里蘭卡）的查夫納半島。他曾以坦米爾經文讓印度婆羅門目瞪口呆，曾以拉丁文論據讓教宗身邊那些神學家甘拜下風，現在，戴諾比利要將他的文學才賦用於洞察力不輸那些學者專家、而且反應更加敏捷的讀者群：他開始寫兒童故事。

這位原席維提拉伯爵於七十九歲那年，在印度城市馬德拉斯去世，時在他抵達印度五十周年之後不久。

服從的優勢

戴諾比利等人表現的創意與進取，說明耶穌會士勇於以突破性新做法把握機會。但這種創新與大膽躁進的做法也有不利的一面。耶穌會士宣誓服從天主，而天主的代言人則是他們的上司與教宗。根據耶穌會《會憲》，理想的、服從天主的耶穌會士，應該「彷彿他是一個沒有生命的物體，可以讓人隨心所欲帶往任何地方，用任何方式加以對待，或者彷彿像是一根老人的枴杖，隨使用者的意願，以任何方式、用於任何地方」。

「沒有生命的物體」與「老人的枴杖」？如此形象可真令人鼓舞！只是似乎它與才智以及創意扯不上邊。甚至只是將服從的理念與才智以及創意相調和，也著實不易。無論如何，一個「沒有生命的物體」或一根「老人的枴杖」，就策略性或實質性而言，都不是很有彈性。無論談到服從會令人聯想到甚麼特性，才智一項定然瞠乎其後無疑。

但依羅耀拉之見，服從與才智卻是完全並行不悖的事。本文迄已談過的大多數富有創意的人物，如鄂本篤、利瑪竇、克拉維斯、方濟．沙勿略、與戴諾比利等人，都是在奉命行事的情況下，換言之，都是在老人枴杖那拄地的一端，表現出極富創意的英雄行徑。

嚴格的服從與才智：兩者或許相互對立，但對於接受過耶穌會「行事之道」訓練的那些人而言，則未必如此。方濟．沙勿略在奉命之後，簡單拋下一句「夠好了。我已準備就緒」，立刻束裝就道、前往亞洲，卒成為「老人的枴杖」與耶穌會士服從的典範。但一旦抵達亞洲，他成為一位「獨立作業的企業家」，在未獲總部訓令的情況下，憑藉無窮機智與十足信心，為一個新大陸的經營訂定策略：噢，我有沒有告訴你，我已經代我們許下承諾，開發一個我發現的、叫做日本的新國度？我有沒有告訴你，我已經代我們許下承諾，開發一系列新業務，像是經營學校？

回顧前文所述那有關三個人與一萬杜卡的沉思：理想的答覆不是捨棄這筆錢，而是去除自我的牽掛，「使他既無意保有這筆錢，也無意處分它」。換言之，要能無拘無束，因應情勢需求採取行動，以善於開創新局的耶穌會士的案例而言，就是保有足夠彈性，能夠下令、能夠受命、也能籌劃自己的路線。持平之心的精神，為服從帶來一種嶄新的意涵。服從的真諦不在於誰應該下令、誰必須受命；透過一種或另一種方式，大多數早期耶穌會士以及大多數每一個人通常既需下令也需受命，甚至在一天內也會有這兩種行為。服從的重點，其實在於耕耘那種無所牽掛的胸懷（持平之心）好能下令或受命，而且無論是下令或受命都能做得很好，從而締造佳績。

耶穌會士並不設法自我戒除於一切人性情欲之外；能夠像下令一樣、讓人陶醉其中的事物不多，而且一旦有必要，樂於下令的耶穌會士不乏其人。但他們都會極力設法，避免那種使事務無法推動、本位主義掛帥的權力鬥爭，以便集中全力、邁向共同目標：作成好的決策並實施之，以「協助人靈」。

服從為耶穌會帶來速度，使耶穌會管理人得以積極發掘、並把握機會。羅耀拉在草擬《會憲》中以下這段文字時，顯然很是在意迅速反應：服從的耶穌會士「應該隨時準備丟下任何寫到一半的信，或放下其他任何一件我們作到一半的事，全心全力投入上級交付的任務」。為免有人誤解他這話的意思，他並沒有指示耶穌會士在寫給母親的三頁家信中，寫到一半就丟下筆；他只是勸誡他們在奉命出差時，應將未完成的家信寄回給家中母親。當然，無論薪酬與待遇多麼優厚，沒有一家現代公司能夠要員工作這樣的服從宣誓。但一旦置身於今天迅速變遷、競爭激烈的商務環境，任何人都能立即認清服從的力量——如果擁有能夠受命、能夠下令、能夠籌劃本身路線並能迅速完成這一切行動的團隊，企業必將無往而不利。

積極授權的勇氣

這種持平之心的運用權威之道，由最高層伊始。在羅耀拉之先成立修會的人，為他留下集權化與分權化的業務模式。本篤的會規規定，「一旦出現任何必須完成的要務」，修道院院長應該「召集全員」集思廣益。道明會與方濟會則召集代表到羅馬，舉行每三年一次的全球領導大會。所有這三個修會：本篤、道明與方濟，都著重草根式民主，授權地方會院選舉本身的領導人。

但羅耀拉在時間上，沒有採行其中任何一種做法的餘裕：是真正的沒有絲毫時間這麼作。在十六世紀，從馬德里到羅馬必須費時一個月，一趟來回就得耗去兩個月寶貴的時間，至於因為決策延誤以及工作停頓而遭致的損失，就更不必提了。推選羅耀拉為總會長的那次重要集會，是耶穌會日後行事方式的極佳指標：在十位共同創辦人中，能趕來集會的只有六人，其他幾人都在遠方進行更重要的任務。道明會與方濟會的代表每三年舉行一次大會，而耶穌會在成立之初的一百年，只開過八次這樣的大會。

羅耀拉也不能容許地方自推領導人。耶穌會總會長指派所有高級管理人。僅僅這一項慣例，對整個事業體的思維已經產生深刻影響。耶穌會不是組織鬆散、強調區域要務的「耶穌會聯邦共和國」，它絕對是一個全球性組織，由一個強大的核心向四面八方幅射權威。耶穌會總會長在考慮團隊領導人人選時，國籍鮮少是最主要的考量：派在一個西班牙會院擔任院長的，可能不是西班牙人，而是外籍的排難解紛專家，或是當局極力培養、準備交付更大重任的後起之秀。

羅耀拉的《會憲》為後繼的總會長帶來龐大權威，但後來的總會長如何處置這些權威？如果他們能忠於他的風格、能忠於耶穌會的「行事之道」，他們會毫不吝惜地將權力賦予任何能夠在現場作最佳、最快決策的人。耶穌會士皮德洛・里巴迪奈拉，對任何部屬都樂意為之效命的管理人（無論在十六世紀或在二十一世紀皆然）有以下一段描繪：

（羅耀拉）給予那些他賦予重任的人完全的行動自由與成敗之責，使他們有權各憑本身的能力與才賦採取行動，從而顯示他對他們的信心。他在給予他們指示時，還會加上一句：「你們在現場的人會看得比較清楚、知道應該做些甚麼。」

對於這些授權，羅耀拉非但不會設限，還會設法擴而大之。方濟・博日亞在加入耶穌會以前，原是甘迪亞公爵。有鑒於他的行政經驗，羅耀拉甚至在尚未知情以前、已經為他的決定背書，也就不足為奇：「無論你認為應該採取甚麼手段才更能服侍主，我都全然同意在這個問題上我們只有一條心，而且由於置身於現場，你更能近便行事。」這並非羅耀拉給予一位心腹愛將的特殊待遇。在一封致西馬奧．羅吉古斯類似措詞的信中，羅耀拉那種充分授權的習慣性本能，再次顯露無遺：「一切全憑你作主，無論你作成甚麼決定，我都會視它為最好的決定。」

放手

對於那些不敢運用權威、當機立斷的人，羅耀拉更有一套有效的處置之道。有一次，奧利維．曼奈爾茨為一件地方管理上的問題而有些猶豫不決，他於是請羅耀拉作主，但羅耀拉立即打了回票：「奧利維，根據你的布裁製你的衣服；只要把如何行動告訴我們就行了」。曼奈爾茨於是硬著頭皮「憑他的感覺行動」，只是結果他把事情搞砸了。他向羅耀拉請罪，但羅耀拉不但沒有見責，反而立即鼓勵他再接再厲：「我希望你在日後，能夠毫不猶豫地根據情況，憑藉自己的判斷行事；而不論規則與所任何職。」羅耀拉讓曼奈爾茨從早期的失敗中汲取教訓，最後終於獲得豐碩成果。在羅耀拉去世多年以後，曼奈爾茨奉命主持荷蘭與比利時耶穌會會務，卒使原本一片破敗的地區，化為七百位耶穌會士經營著近三十所學院的欣欣樂土。

如何營建反應迅速、富有創意、而且能放眼全球的團隊，是一項複雜的管理難題，而羅耀拉解決了這項難題。根據傳統智慧，解決這個問題的不二法門就是「廣泛授權」，但僅僅如此還不夠。毫無疑問，只有在各別員工享有冒險與實驗的廣泛空間、享有管理層支持的情況下，革新與創意才成其為可能。但速度與全球性思維卻往往衍生於反面性條件：組織必須擁有中央集權的權威，才能在機會一旦出現時迅速加以衡量、並迅速動員資源加以因應。換言之，只有在廣泛授權伴隨著廣泛中央化權威的情況下，速度、創新、與全球化眼光才能出現。

這無疑是羅耀拉與耶穌會其他共同創辦人的思考方式。對天主與教宗的效忠，正是緊密中央化權威的極至表現（「彷彿他是一根老人的枴杖」），隨伴著這種權威的，是空間無限寬廣的自我主動（「根據你的布裁製你的衣服；只要把如何行動告訴我們就行了」）。持平之心使這種系統管用。自覺的耶穌會士能夠隨時專注於他們的目標（協助人靈）。他們不會犯下手段與目標本身相互混淆的錯誤。今天受命，明天束裝就道，只要我們朝著我們需要前往的地方邁進就行了。

當耶穌會士在持平之心的態度上，凝聚「全世界成為我們的住所」的精神之際，才智應運而生。才智鼓舞了會士們充滿自信、樂觀進取的態度，讓他們相信只要努力追求，沒有解決不了的事。再輔以想像力與海闊天空的思維，如戴諾比利與利瑪竇等人卒能一再找出解決辦法、屢創佳績。

挑戰依然存在：在變化無窮的世界中的才智

「我們這個時代的緊要問題是，能否掌握改變，而非與其背道而馳。」

依納爵．羅耀拉當年面對的，是一個五十年間變化幅度超越千年的歐洲。在派遣耶穌會士進入這樣一個劇變中的歐洲時，他或許也說過類似這樣的話。不過，事實上，這是前美國總統比爾．柯林頓在第一次就職演說中的講詞，時距羅耀拉去世已近四百五十年。受過耶穌會教育的柯林頓在說這句話時，不大可能是有意識地反映羅耀拉當年對部屬的叮嚀。但柯林頓這句話凸顯，從十六世紀迄今，我們在因應改變的事情上並無多大進展。

耶穌會標榜的才智究竟是甚麼？以柯林頓的說法，就是順應改變，而非為敵。耶穌會的才智，就是創新、吸收新見解、對機會或威脅迅速反應、以及放棄不再管用的舊策略以採行新策略的能力。如羅耀拉所說，才智是能夠泰然自若地巡行全球各地、運用一切可行手段達成目標。

從遠比工業革命更加早得多的變局直到「電子經濟」，從君主政治的歐洲，直到見證共產主義掘起與覆亡的民主歐洲，從一個天主教支配的世界到一個基督教支配的世界、到一個多宗教世界、再到一個大體上世俗化的世界，耶穌會歷經一波波改變的浪潮而屹立不搖。

他們究竟有甚麼獨到之處可供吾人借鏡？

首先，企業才智是耕耘的成果，而且一次只能培養一個人。耶穌會事業體所以能夠擁抱改變，只因為各別耶穌會士能擁抱改變。方濟．沙勿略能夠在接到通知後，立即束裝前往任務所需之處，而且能在抵達目的地之後，充滿信心地作出重大決定，這是他擁抱改變的方式。戴諾比利能以豐富的想像力與無畏的精神，從其他角度觀察這個世界，能以無比膽識為自己的理念挑戰教階體系，這是他擁抱改變的方式。羅耀拉一方面鼓吹彈性，一方面進行授權，並親身給予獲有授權的部屬充分鼓勵，這又是他擁抱改變的方式。

耶穌會管理人的精力，主要用於協助學員掙脫個人障礙，以培養他們的才智。這種才智在今天應該已經是不難預知的事了吧？自覺是才智的基石。自覺有三個對追求個人才智至關重要的層面：

——持平之心使人免於不健康的牽掛拘束，而得以自由自在。

——知道甚麼對個人而言是不能討價還價的：知道哪些價值、目標、與工作方式不容討論。

——基於一種「全世界成為我們的住所」的態度，充滿信心地擁抱新做法、探討新理念或觀點。

持平之心使席維提拉伯爵甘願捨棄義大利貴族的生活方式，換取托缽僧每日只進一餐米飯的苦行。不過耶穌會式持平之心的要旨，不在於捨棄歐洲生活方式、換取陌生的新世界生活方式的物質面。它的要旨在於那些使人無法保持彈性、無法開放胸襟的內在衝動、恐懼與偏見。

方濟・沙勿略唯能持平之心，才能保持健康的自我價值，願意奉命立即啟程，還能視情況所需轉變方向、籌劃自己的路線。

羅耀拉本人提供了持平之心的借鏡。軍人出身的羅耀拉慣於向軍隊發號施令，他設計的事業體也將一切權威集於核心。但同樣是這位羅耀拉，卻能夠不受限於強勁的個人衝動，對部屬授權。

戴諾比利帶來最中肯的現代典範。他最偉大的超脫，不是能從貴族生活方式的種種排場中脫身，而是能夠去除那一切常使人們行動受限的個人恐懼：恐懼失敗、恐懼不再獲得主管青睞、恐懼冒險，至於自己當著夥伴面前完全像個大白癡的極端恐懼，自更不待言。冒險難免使我們暴露於若干或全數這類自然生成的恐懼之中，而能夠像戴諾比利一樣、有效超脫它們的人，可說少之又少。

自覺的第二個層面，對個人才智的重要性不亞於第一個層面。戴諾比利、利瑪竇等人，與他們在印度與中國的後繼人等，將基督宗教的做法與表現方式拓展至極限，終於導致十六與十七世紀他們許多當代人們的不解、甚至憤怒。他們所以能夠信心十足地這麼做，不僅靠著持平之心，也靠著他們能夠辨識甚麼是不容討論的。有些人面對改變而退縮不前，只因為揮之不去的那種對一切新事物的恐懼，而無法行動。還有些人在一套、又一套價值觀與策略之間漫無目標的猶疑不定。這兩種反應（行動癱瘓與躑躅猶豫）都指向同一基本問題：缺乏核心價值與原則。人們不能等到面對複雜的選擇、不能在處於強大壓力下、不能在遭逢緊急問題或機會之際，才設法解決這種基本問題。只有在清楚了解甚麼事不容討價還價之後，一個人一旦坐上談判桌，才能憑本能把握機會、達成較廣的目標。如果戴諾比利直到坐在馬杜萊的一間茅屋，留著庫土密、塗著提拉卡，才開始思考基督信仰的核心價值，或許時機上不是很好。他必須多年以前已經在自我內心進行這類討論，必須在他還是耶穌會學員、與其他學員一起接受一個月的神操時，極端密集地進行這類討論。

達到持平之心與知道甚麼不容討論，只是使才智真正成形的先聲。納達爾曾告訴學員們，唯有踏上旅途的人才能以整個世界為他們的住所，當他這麼說時，納達爾絕非僅僅強調機動性一端而已。他宣示的是一種基本上令人嚮往、樂觀、冒險、甚至有趣好玩的遠景。胸懷「整個世界成為我們的住所」的領導人，會熱衷追求生命的下一高峰。才智植基於下述信念：大多數問題都有解決之道，能對新理念抱持想像力與開放的胸襟，並且能鍥而不捨，才能發掘這些解決之道。

如果說才智協助早期耶穌會士找到反直覺的、冒險的策略，致使他們遠遠超越歐洲主流文化，他們的第三大領導支柱（愛心）使他們產生執行這些策略的勇氣與熱忱。在從事艱鉅、而且往往孤獨的工作時，方濟．沙勿略與戴諾比利等人必須承擔龐大的個人風險。這些耶穌會士與類似他們的其他人，所以能夠勇於接受挑戰，因為他們在充滿信任與相互支援的環境中工作。下一章探討的就是耶穌會第三大領導支柱：在一個「愛心勝於恐懼」的事業體中，耶穌會士展現的精力、勇氣與忠誠。

❶羅伯特・戴諾比利（Roberto de Nobili）

❷巴特洛姆・迪亞士（Bartolomeu Diaz）：生於一四五〇（？）年，逝於一五〇〇年，葡萄牙人，好望角的發現者。

❸佛得角群島（Cape Verde Islands）：非洲塞內加爾西面大西洋島國，早為葡萄牙屬地，於一九七五年獨立。

❹里格（league）：長度單位，約等於四・四公里。

❺香料與人靈（spices and souls）：十五世紀的歐洲人對於香料需求殷切，偏偏香料貿易掌握在阿拉伯人與威尼斯人手中，西歐的英、法、西班牙、葡萄牙君主及商人因此希望，能直接取得香料的來源。除了爭奪香料，把基督信仰傳給異教徒，也是他們的目的。

❻路易斯・喬利葉（Louis Jolliet）：生於一六四五年，逝於一七〇〇年，法國探險家。

❼傑洛尼莫・納達爾（Jeronimo Nadal）：依納爵・羅耀拉的創會夥伴之一。

❽Thomas Peters

❾Robert Waterman

❿*Search of Excellence: Lessons from America's Best-Run Companies*

⓫Amdahl

⓬Chesebrough-Pond's

⓭Raychem

⓮Sivadarma

⓯*Vedas*：印度最古老的宗教文學，共分詩篇、詠歌、咒文、祭詞等四部。

第八章
省察人才的至上標準：愛

依納爵．羅耀拉告誡耶穌會管理者，要以「愛心勝於恐懼」的方式管理。方濟．沙勿略也解釋道，「『耶穌會』的意義，指的就是『一種愛的修會，與一種心智的團結』。」繼羅耀拉出任總會長的雷奈斯在寫給駐印度耶穌會士的信中說：「由於我經常就重要問題與你們的長上溝通，特別寫信給你們似乎並無必要……不過，我希望藉著寫這封信，藉著與你們的這番對話，聊慰我對你們的感念之情，你們的身影長存我心，時刻刻劃在我靈魂深處。」

耶穌會的通訊紀錄與《會憲》中充滿這類言詞。共同創辦人決心以愛為這個初創事業體的基石。

何以如此？他們對愛的強調，不僅是對猶太教與基督教共有誡律「愛你的鄰人如同愛你自己」的虔誠呼應而已。事實上，羅耀拉與他的共同創辦人不遺餘力地要求他們的團隊，要他們以無私而廣被的愛為己任，正是運用了一項充滿活力的領導原則。愛成為結合耶穌會事業體的黏聚力，成為鼓舞會士們奮發進取的一股力量。以更深一層的意義而言，愛成為各別會士透過它觀察周遭世界的透鏡。愛他們的上司、他們的同僚、他們的部屬、他們的敵人、以及他們服務的人，不僅改變了耶穌會士觀察他人的方式，也改變了他們所見的事物。他們的眼光變得更敏銳，他們能夠看清才幹與潛能。簡言之，所謂以愛為動力的領導就是

——能看清每個人的才幹、潛能、與尊嚴的眼光。

——發掘那種潛能的勇氣、熱情、與承諾。

——從而導致的、使團隊奮發而團結的忠誠與相互支援。

不拒才幹：局外人出身的領導人

那一定是一次令人側目的談話。

猶太人已經被趕出羅耀拉家鄉的西班牙，而羅馬也即將把他們關進猶太區。大多數歐洲人見到猶太人避之唯恐不及，但這位耶穌會創辦人卻在餐會中告訴同桌諸人，擁有猶太血統是一件特殊榮寵：「想想看！一個人竟能與基督是血親。」

羅耀拉生長在歐洲反閃族氣燄最高漲的國家。大多數美國人直覺地將哥倫布一四九二年的新大陸之旅，與西班牙君王斐迪南與伊莎貝拉聯想在一起。但在同一年，這兩位君王另有值得注意的大行動。他們已經終於擊潰了摩爾人，將整個西班牙統一在他們的領導、基督信仰領導之下。為強調這種領導，兩人馬不停蹄，立即在一四九二年頒令驅逐境內猶太人。在必須皈依基督、否則流亡的最後通牒下，五萬名西班牙猶太人至少在表面上成為天主教徒，另有十五萬人則流亡進入北非、義大利或其他地方。

當富有的卡斯提爾商人之子雷奈斯來到巴黎時，羅耀拉已經在巴黎研習了五年。兩人在雷奈斯初到巴黎第一天會了面。對雷奈斯而言，能在這裡遇上一位在大學區熟門熟路的故鄉人，自是一大慰藉。不過雷奈斯需要協助的時間很短。無論就巴黎各處市街的穿梭，或就學術論文的研討而言，他都很快超越了羅耀拉，後來有一位耶穌會共同創辦人贊揚他「擁有極其卓越、幾乎超凡入聖的智慧」。

但在十六世紀這個特定環境中，雷奈斯另有一項更加引人注目得多的事：他是猶太人之後。他的曾祖父是改信基督的新入教者，根據那個時代的法則，雷奈斯因此是所謂的「新基督徒」。這個名詞不是甚麼恭維之詞，不過，相對於皈依基督徒的猶大教後裔所背負的大多數標籤而言，還算是相當客氣的。在那個時代，他們最經常遭人安上的，是一個沒那麼有技術意味的名詞：豬。

當豬仔雷奈斯加入時，羅耀拉在巴黎的那個小圈圈人數尚不滿六人。方濟．沙勿略已經是其中一份子；奉命與方濟．沙勿略結伴前往印度、但未出里斯本即遭召回的葡萄牙人西馬奧．羅吉古斯也在內。幾年以後，羅耀拉、雷奈斯、方濟．沙勿略、羅吉古斯與另幾人合創耶穌會事業體，也使雷奈斯走上一條匪夷所思的路。若是換成其他大修會，他連修會的門都進不去；因為那些大修會不收「新基督徒」。但雷奈斯卻與羅耀拉等人創辦、經營一個修會。不僅如此，雷奈斯沒隔多久甚至脫穎而出，成為修會領導層成員。據羅耀拉說，「耶穌會承蒙雷奈斯大師之所賜，無人能夠比擬，甚至連方濟．沙勿略也不能。」因此，當羅耀拉將義大利的耶穌會會務重任交付雷奈斯時，沒有人感到意外。義大利不僅是天主教會權力的神經中樞，也是早期耶穌會規模最大、最重要的運作中心。

這可不是一件好玩的差事。方濟・沙勿略置身於遙遠的亞洲，享有為半個世界籌劃耶穌會經營策略的自由裁量權。可憐的雷奈斯，卻必須在老闆羅耀拉就坐在房間另一頭的情況下，管理著一國境內的會務。兩位強力的領導人共有一個城市，而且責任時而重疊，這自然不是培養和諧群體關係的理想安排。羅耀拉將一位耶穌會才俊之士從威尼斯召到羅馬，事先卻「忘了」與身為耶穌會在義大利領導人的雷奈斯相商；雷奈斯也在未與羅耀拉磋商的情況下，向威尼斯保證，將從羅耀拉的幕僚中，調派一位同樣能幹的人，前往威尼斯替補空缺。

雷奈斯開始向夥伴們抱怨，說羅耀拉的干預已經到令人難以忍耐的地步。（功能紊亂是現代公司生活司空見慣的現象，在知道開明而聖潔如耶穌會士者，竟也難免淪為這種病症的犧牲者之後，令人寬慰不少。）於是有一天，羅耀拉的秘書交給雷奈斯一封措詞嚴厲的信。羅耀拉畢竟是總會長，而且就與二十一世紀的情形一樣，在十六世紀公開說老闆壞話也絕非明智的職場行為。這封信「澄清」耶穌會總會長與他派在義大利地區管理人之間的工作關係：

我們之父（即羅耀拉）對閣下不僅是稍有不悅而已，更何況，愛之深則責之切。此外，他囑咐我寫信給你，要你管好自己份內的工作，如果要作好它，你應該更加忙碌才是。你不必費神為他的事提供意見，而為自己添麻煩，因為除非他主動徵詢，否則他不需要你的任何插手；而且現在你已經出掌義大利會務，他更加不需要你的建議，因為你甚至在本身該管省（義大利）內的政績也不能讓他滿意。要面對天主省察這些錯誤，並且在今後三天花一些時間為此禱告。之後，你如果承認它們確是自己的錯誤、過失，然後寫信。同時也選定你認為自己應得的懲處；把它寫下來交給他。不過在接獲我們之父的答覆以前，不要先行就此事自我懲處。

雷奈斯不需運用他那「卓越、幾乎超凡入聖的智慧」，也明白此時唯有謙卑才能脫困。在回信中，他毫不迴避、極度熱忱地就他認為自己應得的懲處提出建議：

> 我現在選擇：鑒於天主的愛，請你解除我照顧他人的職責，免除宣講與學習，只留給我一本日禱書，下令我一路行乞地返回羅馬，並且在回到羅馬以後，把我送進廚房，或派我服侍他人用餐，或派我在花園或任何其他地方工作。當我年事已高，再也無力從事任何這類工作時，把我送進最初級的文法班、直到我死，而且如我所說，對待我（就外在事物而言）只需像你對待一把老掃帚一樣，於願已足。以上懲處是我的第一選擇。

雷奈斯極盡謙卑地要求一路行乞來到羅馬，以「送進廚房、或服侍他人用餐或在花園工作」，但羅耀拉不會同意這麼做。在一個「對於有才幹、或任何有品格之士，來者不拒」的事業體，像雷奈斯這樣的大材不會小用。或許在雷奈斯的請罪信送達以前，羅耀拉的怒氣早已平歇。如果羅耀拉真的做了一些處罰，也絕不像雷奈斯所提的首選這般嚴厲。雷奈斯的才幹為夥伴們與羅耀拉所肯定。羅耀拉去世後，雷奈斯獲選為繼任人。

追求卓越

身為教宗顧問與耶穌會義大利區管理者的雷奈斯，只是一長列「新基督徒」耶穌會士中最顯要的一人罷了。他向羅耀拉體現一項原則：一個人的品格比家系更重要。當其他修會將「新基督徒」擋在門外時，羅耀拉不遺餘力地羅致他們，以壯大耶穌會：成長中的事業體需要優秀的人才。韓立克．韓立克斯❶在他的猶太裔血統曝光後，被逐出方濟會，因為方濟會的規約禁止猶太或摩爾人後裔入會。羅耀拉想方設法，排除一個修會必須經過梵蒂岡同意、才能吸收遭另一修會逐出者的障礙，終於將韓立克斯招納入會。

羅耀拉的苦心獲得豐碩成果。韓立克斯夾於耶穌會在印度的兩位著名英雄方濟．沙勿略與戴諾比利之間，常遭人們遺忘。但他的貢獻並不稍遜於方濟．沙勿略與戴諾比利。沒錯，方濟．沙勿略為耶穌會打開了印度的大門，但著作歐洲發行的第一本坦米爾文法、使後世耶穌會士能將方濟．沙勿略的傳承發揚光大者，卻是韓立克斯。戴諾比利納入印度經典作品的意象與語文，以拓展基督信仰表達的疆域，但是使戴諾比利的工作得以順利推動的，卻是韓立克斯所著的原本坦米爾要理問答。當然，韓立克斯的坦米爾文並非絕佳。當他不小心把坦米爾文的「misei」當作「Mass（彌撒）」，聽他宣道的坦米爾人無不一頭霧水。歐洲人的面貌與怪習慣早已令這些坦米爾人稱奇，聽到西方傳教士竟然如此反覆強調「鬍髭」（misei 的坦米爾文意義），說「鬍髭」代表神的犧牲甚麼的，更令他們大惑不解。

「新基督徒」耶穌會士得路❷為通曉越南文也下過同樣苦功。像他在日本、中國與印度的先輩一樣，得路在進入交趾支那❸（越南南部）時，也以研究文化流入過程為主要目的。但得路對他的地主國文化的貢獻，甚至超越利瑪竇對中文的成就。他協助越南人為越南語制定一套羅馬化文字，以取代一直沿用到當時的中文，幾世紀以後，這套文字成為越南國語（quoc ngu，即國語）。在他去世以後，越南人感念他的貢獻，在西貢（今胡志明市）市區為他立紀念塑像，賦予他極少數西方人士得享的殊榮。

不僅在遙遠的印度與越南，「新基督徒」在歐洲各地都成為重要推手，推動著迅速成長的耶穌會事業體的作業風格與遠見。

這項接納皈依人士的政策並非沒有引起側目。哥多華❹耶穌會學院的管理者曾寫信給總部，解釋何以學生在畢業以後不願加入耶穌會：「那些考慮入修會的人，會加入在聖帕布洛❺的道明會修道院，他們說，只有這個修道院才是真是的西班牙紳士會去的地方，而在我們的學校中，只有猶太人畢業以後才會成為耶穌會士。人們在這個觀點上有強烈偏見，無論甚麼時候，任何人只要膽敢加入我們，人們都會報以異樣眼光，彷彿他是穿了宗教裁判官員迫令猶太教偽皈依者穿著的黃袍一樣。」

儘管面對如此壓力，羅耀拉仍然堅決唯「最得宜的人才」是用、不問出身背景。當耶穌會的西班牙負責人對這種敞開胸懷、接納猶太人的態度表示不滿，說這種態度已損及耶穌會在王室的信譽時，他獲得羅耀拉秘書寄來的一封措詞嚴厲的答覆：「如果為慮及王室與國王的態度，你認為不可能在西班牙接納皈依者，只要這些皈依者人品好，不妨將他們送來這裡：在羅馬，我們只重人的品質，不去費神計較他的出身。」這項答覆的含意很明確，西班牙於是繼續吸收有才幹的「新基督徒」。

西班牙的緊張情勢確實嚴重，絕非一位意志不堅、又有反閃族情緒的管理人的揑造之詞。羅耀拉本人也聽說西班牙權貴艾包利伯爵對這個問題甚表不滿。但羅耀拉不肯讓步：「我聽說伯爵對我們吸收這麼多『新基督徒』進入我們修會的事頗感不悅。我們的修會既不會也絕對不能排斥任何人……它不能拒絕才賦之士，不能拒絕任何有品德的人，無論他是『新基督徒』，或高貴的騎士或任何其他人，如果他的宗教行為有益，符合普世之利，我們不會排斥。」

使羅耀拉的團隊得以邁向成功的秘訣，對今天任何業界的任何公司而言仍同樣重要。這個秘訣就是盡可能發掘「最頂尖的人才」。而且要結納所有才賦之士，無論他們是「高貴的騎士或任何其他人」。使羅耀拉的團隊有別於其他團隊的，不僅是他們願意「雇用」遭其他修會摒棄於門外的才賦之士，也因為他們慧眼獨具，能夠看出其他修會甚至不屑一顧的人才與潛能。他們所以能夠做到這一點，靠的是愛心。

愛心驅動的領導本質

當基督教世界大多數人看著韓立克斯（對雷奈斯也是一樣）時，他們見到的不過是一無用處的「新基督徒」，但看在依納爵．羅耀拉的眼中，卻能見到吸納為新學員與夥伴的潛力，這是怎麼回事？面對歐洲權貴與當年時代思維的挑戰，他又怎能絲毫不為所動，而且還能理直氣壯地說耶穌會「不能拒絕才賦之士，或任何有品德的人，無論他是『新基督徒』，或高貴的騎士」？

原因就在於以愛的領導：能看清每個人的才幹、潛能、與尊嚴的眼光；能發掘那種潛能的勇氣、熱情、與承諾；以及從而導致的、使團隊奮發而團結的忠誠與相互支援。

這種眼光在神操期間初具規模，在這段期間，集大成的沉思提醒每一位耶穌會士注意他本身的潛能與尊嚴，注意賜予他「存在、生命、感覺、與智慧，並且更進一步使他成為天主住所的神賜活力」。這項沉思於是要每一位學員思考下述問題：這種神賜活力如何加速世上萬物的滋長生息，「使它們生存、保育它們等等」。

換言之，羅耀拉是在說：首先自我觀察；然後觀察他人。未能首先完成健康的自我觀察的人，無法精確地觀察他人。要重視你的潛能、獨特的天賦、以及基本人性尊嚴。然後重視其他人，相信但凡人類盡皆生而具有同樣的人性尊嚴。

不過，愛指的不單是觀察而已，還包括根據所見採取行動。「成就愛心的默想」不僅使耶穌會士擁有一種世界觀，並且使他們獻身於這種世界觀，使之成為一種活生生的、日常生活中的現實：「愛應該以實際作為、而不是以言詞自我顯現。」

愛是一種眼光、一種承諾？我們在主日學校也學得一些較簡單的教訓，知道一些沒那麼複雜的事，如善待鄰人等等也是愛的實踐，這又怎麼說？發展人類潛能的承諾（其實應該說是熱忱）比單純地做個好好先生還要更深一層。當人類潛能不能獲得尊重、遭到浪費、或遇到挫折時，愛會導致對抗。愛使羅耀拉不畏權勢、挑戰艾包利伯爵，愛使耶穌會士如下文所述、卯上拉丁美洲的殖民者。在今天的商務世界，愛驅使管理者擠出時間，協助表現平平的員工做得更好，協助一位遠景可期的新進員工規劃生涯發展，還使管理者斥責那些因業績好而趾高氣揚的員工，迫使他們為他們那些可厭的行為負責。

愛有時甚至造成一個家庭或團隊內部的對抗。儘管羅耀拉對雷奈斯評價極高，有「耶穌會承蒙雷奈斯大師之所賜，無人能夠比擬」之歎，但雷奈斯的感受卻絕非一直如此。他因人事問題而頂撞羅耀拉，絕不是他與他這位恩師之間的唯一一次對抗。事實上，他還曾憤憤不平地向一位夥伴抱怨：「天啊，我究竟做了甚麼對不起耶穌會的事，讓聖人（指羅耀拉）這麼待我？」

他究竟做了甚麼？或許他不過是未能充分發揮羅耀拉認為他具備的潛力罷了。耶穌會士皮德洛．里巴迪奈拉曾對羅耀拉的管理做法有以下描述：「對於那些在能力上還是孩子的人，羅耀拉饗以牛奶；對那些較強的人，他給他們有硬殼的麵包；至於那些能力極強的人，他對待的態度也更加嚴厲，為的是讓他們全力衝刺、邁向至善。」這樣的描述，雖或有些誇張，但確實能將有愛心的領導人追求至佳的熱忱，說得栩栩如生。對羅耀拉而言，領導的精髓在於協助其他人「全力衝刺、邁向卓越」。或者，也就是說，領導是確使其他人充分發揮人類潛能的承諾。

當然，大多數專橫的管理者也能作類似的自我辯解。或許這些狂人所以逼得我們發瘋，真的只為了幫助我們全力衝刺、邁向至佳。但沒有人會說他們是在進行愛的領導。羅耀拉何以與眾不同？或許原因在於：羅耀拉的動機在於協助他人發展，以謀達成耶穌會的共同目標，而不是利用他人以謀私利。雷奈斯在致羅耀拉的請罪信中，有這樣一句發人深省的話：「我能夠接受（長上）懷抱愛心所說出的話（批評）。」雷奈斯像任何其他人一樣，也對上司所說的愛寄予重視，而這種愛，指的就是管理者以支持而不以操縱的手段，贏得部屬的信任。比管理者說些甚麼話鼓勵部屬、以促使部屬進步更加重要的，是管理者抱持的態度。誠如羅耀拉的秘書對一位耶穌會管理者所說：「要（使批判或回饋）成功，如果負責糾正的主管擁有若干權威，或者能以清析可辨的強烈感情採取行動，一定很有助益。如果以上兩個條件盡皆闕如，糾正行動將失敗。」

愛的領導人與專制暴君之間有何不同？「強烈感情」再加上確使他人「全力衝刺、邁向至佳」的熱忱。愛的領導，不會不考慮他人的渴望、福祉、或個人需求，一味只知要求他人前進。它也不是那種好好先生的經理，坐視部屬表現不力而不採取行動，而終於損及部屬的長程發展。愛的領導人渴望部屬充分發揮隱藏的潛力，而且協助他們發揮。以較白的話來說，子女、學生、運動員、或員工甚麼時候最能發揮全部潛力？只有在能夠讓他們產生信任、能夠提供他們支持與鼓勵、能夠發掘他們潛能、並為他們訂定高標的父母、老師、教練或主管的帶領下，才能達到這個目標。

愛的領導一旦在廣泛的基礎上紮根，除激勵表現以外，還能創造獨特的團隊一體意識。早期耶穌會士散佈全球各地，不像奉行本篤會規的那些修道人、都住在一所修道院內那樣便於管理。耶穌會士都是受過高等教育、有才幹、有抱負、有獨立主見的人。他們由上而下的戰術運用，使他們經常與有影響力的學術界、文化界與政界領導人互動，而這些領導人也競相拉攏著他們。總言之，早期耶穌會士面對的，正是任何大型跨國公司必然面對的團結問題。耶穌會團隊遍處世界各地，成員既具才幹，又不斷受到相互衝突觀點的洗禮，在這種情況下，如何在他們之間建立榮辱與共的團結意識？耶穌會是不是透過甚麼誇張的員工訓練計劃、宣示甚麼崇高的任務，而鼓勵會士們團結奮鬥？或是用了甚麼高薪的金手銬手段，將幾位重要會士牢牢鎖住？是用了變卦無效附加條款的分期薪酬方案？還是發行內部通訊月刊？這些辦法或許都有一些強化聯繫的功效，但它們都不能滿足羅耀拉的需求——羅耀拉要的，是他所謂「心靈團結」的相互感情的強大結合。而心靈團結以領導人為開端：

除其他特質之外，（總會長）在部屬心目中的令名與威望會非常具有特效；他對他們真情流露的愛與關注也一樣有效……

更有幫助的是，他的指揮方法經過他精心策劃與組織，而且為使部屬服從，他採取的方式是身為上司的他，應用一切天主賦予的愛、謙和、與慈悲，使部屬在面對上司時總能愛心勝於恐懼，雖說愛心與恐懼兩者有時都有其用。

耶穌會團隊奮力營建一種愛心勝於恐懼的環境。羅耀拉挑戰著當年盛行（如今也一樣）的下述智慧：那些蠢到在運作過程中應用一切愛、謙和與慈悲的人，只有慘遭生吞的份。馬基維利雄辯滔滔地強調這種觀點，他告誡領導人，「如果必須有所選擇，當一個為人畏懼的領導人，遠比當一個人們喜愛的領導人安全得多。」羅耀拉的團隊強調人的天賦、潛能、與尊嚴，而馬基維利則以一種不同的角度觀察人性：「因為世人總是不知感恩，反覆無常，他們滿口謊言，他們是騙子，害怕風險而又貪得無厭，這是人性的金科玉律。相較於一個讓他心生畏懼的人，人們比較不在意冒犯一個愛他的人：原因就在於愛是一種義務的聯繫，而人們由於腐化，會在自認為有機可乘的任何時間打破這種聯繫；而恐懼則涉及懲罰的恐怖，使人們永難掙脫。」

耶穌會士不贊同這種觀點，他們以愛為行事準則，結果不僅大獲勝捷，也造福了人群。

學者專家對動機的說法

在羅耀拉與馬基維利身後四百年，社會心理學家道格拉斯．麥葛利哥[6]將兩人在意識型態上的衝突作了比較。麥葛利哥推論說，對部屬的管理行為，往往反映出對人性的一般基本態度。在經常只是稍具意識的層面上，「X理論」的管理者會認為人類基本上「很懶，因此必須加以激勵與控制」。而「Y理論」的管理者則認定人類「基本上是自我激勵的，因此需要讓他們接受挑戰，讓他們有上進的管道」。對馬基維利一派的X理論管理者而言，挑戰在於如何使他們工作。對羅耀拉一派的Y理論領導人而言，挑戰在於如何使他們想工作。這兩派理論之間並沒有抽象的理論性差異。麻省理工學院經濟學家保羅．奧斯特曼[7]的研究，使他深信X理論一直在美國的職場掛帥。「公司發現，如能在員工大眾間保有某種程度的恐懼（如解雇），它們可以達到它們的目標」。

羅耀拉、馬基維利與麥葛利哥都同意：我們的基本世界觀（我們對人性的觀點）難免影響到我們的日常行事。我們的世界觀很少能像羅耀拉或馬基維利的那樣明確，但即使它們不健全，而且只是一種略具意識的產物，它們還是左右著我們的行為。如果人類「不知感恩，反覆無常，滿口謊言，都是騙子，害怕風險而又貪得無厭」，你當然會據此以對，隨時擔心如果老闆不加控制、督促、管束、或微管理，他們會造成甚麼損害。但如果神賜活力賜予他們「存在、生命、感覺、與智慧，並且更進一步使他們成為天主的聖殿」，你會支持他們、鼓勵他們，甚至（要大著膽子才敢說）愛他們。

當一支小型耶穌會團隊抵達南美洲銀之河❽地區時，這兩種有關人性的觀點都呈現了。

人性的勝利：南美洲的歸集村

迪耶哥·戴·陶里斯·包洛❾只是守法而已。不過服從這個法律意味他必須選邊而站。而他選擇的那一邊，使耶穌會走上一條不歸路。在這條路走到盡頭之際，數以千計的人將喪命，而陶里斯的耶穌會事業體也遭到從南美洲逐出的厄運（編者按：此段歷史即電影「教會（The Mission）」的主題）。

陶里斯於一六〇八年抵達銀之河地區，擔任耶穌會在這處窮鄉僻壤的負責人。他所負責的耶穌會巴拉圭省幅員廣闊，佔地幾與半個歐洲相當：包括今天的智利、阿根廷、巴拉圭與烏拉圭全境，以及部份的巴西與波利維亞。這處位於美洲南端的錐形地區，曾使所有涉足當地的殖民者淘金夢碎。早期探險家稱這個地區的入口為銀之河。這個名字取得過於誇張。因為當地非但不產甚麼銀，也沒有任何歐洲人可以覬覦的東西。利馬至少出土了印加古國的金飾，亞松森（銀之河地區第一個永久屯墾區）卻除了泥土與蚊蟲以外一無所有。

在陶里斯抵達當地時，為推動西班牙海外領地殖民化的「信託（encomienda）」系統，已經在文化中根深柢固。西班牙要說服它的人民移居南美洲並不容易。越洋旅途充滿凶險，使移民者既遠離親友，經濟前景也一片茫然。而信託系統一直就是西班牙王室用以引誘移民的極有限幾個法門之一。西班牙政府不僅以相當優厚的土地贈予參與這個系統的「信託人（encomenderos）」，還將當地土人「託付」（即字根 encomendar 的含意）給信託人，在每年指定的一段期間替信託人耕作這塊土地。這個系統為所有有關各造都帶來了好處：為信託人帶來的是土地與勞工；為西班牙王室帶來的是誘使國人移民新殖民地的手段；為當地原住民則帶來保護與皈依基督信仰的機會。

或許有人不解，所謂保護是保護甚麼。答案是，保護他們不受敵人的傷害。當然，早在西班牙人來到以前千百年來，當地原住民與他們的祖先為對抗當地的敵人，一直都能自己保護著自己。他們唯一無力與之對抗的敵人，就是這些西班牙屯墾民本身。這是一種或許有些怪異、但很簡單的環形推理：所謂信託，說白了就是殖民地主提供當地原住民保護，使他們不受殖民地主之害。更惡劣的是，原本每年定期的勞役，很快變成「全職而全年無休」的工作。信託系統淪為幾近於明目張膽的奴役，西班牙王室於是功德無量地很快採取因應行動，通過法律以謀最終廢止這個系統。

理想碰上現實

當然，這個系統最終確實廢止了。但當陶里斯於一六〇九年宣佈，他將遵守頒令施行已達數十年的西班牙法律，在耶穌會莊園終止信託系統，並以付薪方式重新聘用原住民勞工時，這個系統仍然盛行。陶里斯此舉絕非理想主義者出於無知的一種做作。他非常清楚自己挑戰的這個系統是整個地區經濟的支撐。由於這是他出掌耶穌會巴拉圭省之後的第一項重要行動，此舉成敗更具象徵性意義。

沒有人給予他掌聲。事實上，那些在經濟上依靠信託系統生存的人因而盛怒。陶里斯寫道，地方行政長官「由於害怕激起民怨」，有意避不見面，以拖延對耶穌會行動的發照批准。地方屯墾民則以更加直接的方式表達他們的不滿：他們「切斷捐款，一連多天不給食物，在那段期間，（耶穌會）餐廳裡只有玉米片可吃」。情況繼續惡化。

陶里斯在上任之初的表現或許沒能贏得多少友人，但他似乎不很在意。他的眼光並不放在盤據著亞松森、哥多巴[10]或布宜諾斯艾利斯的兩、三千西班牙人與克里奧人[11]身上，他注意的，是人數至少比這大上一百倍、遍佈銀之河地區各地的土著部族。瓜拉尼、瓜庫魯與其他土著部族不太可能造訪耶穌會在亞松森或其他地方的會所。於是陶里斯派出耶穌會士沿著巴拉圭河與帕拉納河尋找他們。在與當地部族建立互信以後，每一支耶穌會團隊與一個部族合作，建立一個小型屯墾區。由於決心要將這些半遊牧的部族「聚集（reducciones）」成為永久屯墾區，耶穌會士稱這些新成立的小村為「歸集村（reductions）」。其中一個最早建立的歸集村，經命名為「聖依納爵」，聽起來就像是耶穌會士、而不是瓜拉尼人取的名。

這些尋找部族的探訪之旅危險嗎？可能。陶里斯在發回羅馬的報告中說，有一支團隊在一個蠻子猖獗的地區工作，這些蠻子「殘暴已極，會把他們在戰場上殺死的人吃了，然後用死者脛骨做笛，用死者頭顱做杯」。不過，一切事都是比較才知道。耶穌會士很可能已經察覺，南美洲叢林儘管凶險，但對他們的加害，無論如何比不上來自自己歐洲同胞的加害。在持續百餘年的瓜拉尼部族區傳教史上，有二十六位耶穌會士慘死殉教；但僅僅在一年之間，歐洲人屠殺了正好兩倍的耶穌會士。一五七〇年，法國新教徒的一支胡格諾教派⑫的一艘海盜船攔截下一艘載運耶穌會士前往巴西的船。四十位耶穌會士被丟下海中，其中有人先被砍了頭，有人被砍斷了四肢。到最後，這些海盜一定是厭煩了，或者是殺得累了，於是將四十位會士中最後幾人活生生丟下海中，讓他們在已死或垂死同伴造成的一片殘屍血水中掙扎。海盜們這麼做或許只為取樂，想看看血水淌入海中引來魚群爭食的情景。翌年，又有十二位耶穌會士在前往巴西途中遭海盜殺害：總共五十二條人命，正好是在歸集村工作中殉教人數的兩倍。

當然，與遭歐洲人殺害的土著人數相形之下，慘死於歐洲海盜或美洲印第安人手下的耶穌會士人數，只能說小巫見大巫。陶里斯的夥伴知道，需要保護的人是瓜拉尼人，而不是耶穌會士本身。於是陶里斯著手一項等於是無中生有的策略。為爭取瓜拉尼屯墾區的保護權，使當地土著免於所謂文明歐洲人的迫害，他與王室談判。耶穌會將瓜拉尼人遷移到新建的、直屬西班牙王室的小鎮，使他們遠離西班牙屯墾民的控制與影響力、也遠離了信託系統。

耶穌會與其瓜拉尼夥伴合作得如何？毫無疑問，耶穌會的策略眼光絕對談不上完美。歸集村或許使瓜拉尼人享有若干自由，但伴隨這些自由而至的是一個保護系統，而這個系統絕對談不上給他們全面人性尊嚴與自由。但無論如何，耶穌會這項有遠見、有膽識的實驗，使十七世紀當代人士的那些做法與思維相形見拙。史書對耶穌會此舉讚譽有加，僅憑書名已能說明故事內容之一般：《失落的樂園與消失的世外桃源》。甚至稱天主教會為「那個愚蠢的強權」、對天主教會絕不友善的伏爾泰，也稱讚歸集村是「一項替最早期征服者殘酷罪行贖罪的人性勝利」。

發現天才

提洛爾⑬人安東尼奥．塞普⑭可以為這項人性勝利作見證。塞普畢業於專門造就音樂長才的維也納王室學院佩蒂．先杜，卻選擇了一個不尋常的人生旅途——成為耶穌會士，並成為歸集村一所音樂學校的校長。在從維也納學成之後許多年，置身於全然不同的另一大洲的塞普說，他設在亞培由歸集村的這所學校，造就了「以下未來的音樂大師：六位小喇叭手、四位風琴手、十八位小銅號手、十位低音管手」。而這是一年的成績。塞普年輕時認識極多有才華的音樂人士，因此，他的以下一段比較應有相當根據：「（瓜拉尼）這些天才的特性在於全方位的音樂。無論甚麼樂器，他們總是一學就會。而且他們演奏技巧之精，只有最有天賦的大師才能與之一較短長。」或許塞普這番讚美之詞不夠客觀，因為畢竟他是他們的老師。但對瓜拉尼人的音樂天賦推崇有加的，不只塞普一人而已，而且塞普也不是這些音樂天才的唯一師承。早在塞普踏上南美洲土地許多年前，布宜諾斯艾利斯總督已經向西班牙提出報告說，亞培由的一個樂團「在音樂與舞蹈方面的表現令人激賞，彷彿他們受教於陛下王庭一樣，而他們卻只在如此短短幾年之間練就這一身技藝」。

布納凡圖拉．蘇亞雷茲[15]也見證了這項人性勝利。天文學與數學大師克拉維斯曾經想像，有朝一日，他門下的耶穌會科學長才「散居不同的國家與王國，像閃閃發光的寶石一樣為（耶穌會）事業體倍增榮耀」。使得他此一美夢成真的，不僅是他在北京欽天監（曆法局）的弟子們而已。半個地球以外，南美洲第一位原住民出身的天文學家蘇亞雷茲，也對南半球的天空進行著同樣精密的觀察，與他在北京的夥伴遙相呼應。蘇亞雷茲與他的瓜拉尼團隊，在建於聖考斯米歸集村叢林中的一座觀測站，用水晶石磨光製成的望遠鏡進行觀測，並與遠在瑞典、俄羅斯、以及中國的天文學家交換觀測與估算成果。

不過，或許能對這項人性勝利提供最有力見證的，還是瓜拉尼人。擁有悠久歷史的瓜拉尼人，首次有了屬於他們本身的文字，能夠提供這項見證。早在布宜諾斯艾利斯擁有一座印刷廠之前很久，奧地利耶穌會士紐曼[16]已經使用木模與錫活字，在銀之河地區造了第一部印刷機。但在紐曼可以著手塑造錫字以前，有人得首先造出文字。克里奧人耶穌會士安東尼奧．魯茲．迪．蒙托亞[17]，將當地好幾十種各式方言簡化，融為一種標準而統一的瓜拉尼文。今天經正式確認、成為拉丁美洲國家語言的土語寥寥無幾，而其中一種即以瓜拉尼文為基礎。尼柯拉．亞普圭[18]的瓜拉尼文證道與評註，使他成為眾多瓜拉尼作家中最有名的人士。

當然，人不能只靠音樂、科學、與文學而活。瓜拉尼的巧匠們在完成歸集村建址位置的查訪、設計觀測、工程與建造以後，才有時間研製樂器與天文觀測裝備。在跨越今天巴拉圭、阿根廷與巴西的一片廣袤地帶，他們建立三十餘座住有十餘萬瓜拉尼人的歸集村。每一座歸集村收容多達一千戶家庭，並且配置兩位為村民服務的耶穌會士。由於與殖民者的互動對瓜拉尼人無益，陶里斯訓令他的團隊「憑勇氣、謹慎、與機智防阻（殖民者）進入歸集村」。瓜拉尼人因得以使他們的小鎮盡可能完全自給自足。

歸集村音樂學校校長塞普，在家信中對充滿蓬勃朝氣、功能一應俱全、自給自足的這些社區有以下描繪：「病癒以後，我造訪各辦事機構：首先來到學校，看到男孩在學習閱讀與寫字。我還去看了我的那些樂師、歌者、小喇叭手、雙簧管手等等。在某些天，我教印第安人跳舞。之後我走訪工人，探視磚瓦匠、麵包師、鐵匠、細工木匠、木匠、油漆匠、還有每天屠宰十五或十六頭牛的屠夫。」

塞普既是神父，是顧問，是音樂教師，還教舞蹈？歸集村的耶穌會士有沒有甚麼不做的事？看起來，他們是甚麼事全包了：一位捷克籍耶穌會士，在歸集村備忘錄中解釋，一旦遇上美洲虎該怎麼做：「只需站在大樹底下，對準威脅到你的美洲虎兩眼（小便），你就安全了：這頭虎會立即竄逃而去。」他記述的應該是當地原住民的辦法，而不是個人經驗，但天曉得？

不幸的是，耶穌會士找不出這類好辦法，以嚇阻瓜拉尼人最兇殘的敵人——那些殖民者。無論耶穌會是否真正創建了一個烏托邦，這烏托邦卻建在一個即將淪為人間地獄的險境之中。伏爾泰樂觀地認為歸集村已為「最早期征服者的殘酷罪行贖罪」，只是這項評估失於天真。當第一座歸集村成立時，最早期征服者早已死亡，但殘酷的罪行卻還只是初現端倪而已。

無心而為最兇殘的罪行埋下引火線的，正是耶穌會士本身。在界線不甚明確的陶德賽拉條約另一邊的葡萄牙殖民區內，若干耶穌會團隊以歸集村會士們同樣的抱負，一直為當地巴西土著服務著。對這些巴西境內的耶穌會士而言，事實證明一五七〇年特別是一個甘苦參半的年份：在這一年，四十位耶穌會士在海上遭法國海盜殘殺，而一項大膽的立法行動也發生在同一年。耶穌會當時已經在巴西開始建立以土地為基礎的社區「村莊」，以收容並雇用印第安人；為反對印第安人在巴西遭到的虐待而進行的遊說，更使葡萄牙國王瑟巴斯下令，禁止殖民地內對原住民一切的奴役行為。他將土著人民的福祉托付耶穌會，自此以後，農場場主必須與每個村莊的管理人議定工資，然後根據這些工資雇用土著替他們工作。

這道命令遭致始料未及的嚴重反彈。長久以來備受煎熬的巴西屯墾民，終於因栽種甘蔗田而見到繁榮將至的一線曙光。但國王的敕令現在威脅到這片榮景，因為種植甘蔗田所以有利可圖全靠使用奴工。甚至在國王頒行此令以前，農場場主們要維持夠多奴工已經不是易事。由於歐洲傳入的各種疾病的肆虐，美洲各地土著人口銳減。舉例說，根據一項估計，祕魯人口在區區六十年間（一五二〇至一五八〇年）已從三百萬暴減到略多於一百萬。類似有關人口的故事在南美各地俯拾皆是，只不過或許不像祕魯那麼讓人心驚膽顫罷了。免費勞工已經逐漸死亡（真實意義的死亡），現在國王瑟巴斯更下令不得役使巴西原住民。

但事隔數十年，一項始料未及、得來更加不費功夫的勞力來源，落入農場場主們的掌握。巴西耶穌會士從奴工主人處奪走的資源，現在卻似乎由巴拉圭的耶穌會士雙手捧來、送到他們面前。來自聖保羅的「奴隸販子」長久以來，一直在帕拉納河以東的西班牙區獵捕瓜拉尼部族土人。這些奴販的工作原本著實不易，因為他們必須深入異域，尋找遊牧部族人民，才能加以獵捕。但由於歸集村系統的成功，在一六〇〇年代初期，奴販只需在距聖保羅不到百哩的屯墾社區，已能找到數以千計的瓜拉尼人。耶穌會設計的瓜拉尼社區以自給自足為目的，但是忽略了一項重要環結：防衛。

一幕可怕的諷刺劇於是緩緩揭開序幕。巴西耶穌會士成功保護了當地原住民部族，使其免於奴役，但此舉反而使搜尋奴隸的行動變本加厲：無論在非洲，或在南美洲的西班牙殖民地皆然。而巴拉圭耶穌會為解放、安置瓜拉尼人而作出的努力，反而使瓜拉尼人更易遭奴販獵捕。這些用意至善的神父卻在無心之間成為幫兇，使瓜拉尼人成為來自聖保羅奴販的待宰羔羊。在一六二八至一六三一年間，被抓到巴西奴隸市場出售的瓜拉尼人超過六萬。另有數以千計瓜拉尼人在獵捕行動或押送過程中喪生；在耶穌會倉促間組織的、從葡萄牙邊界歸集村緊急撤離的行動中，也有同樣多的瓜拉尼人遇難。

亞松森的西班牙殖民政府當局沒有伸出援手。保護瓜拉尼人又有甚麼好處？耶穌會已經為瓜拉尼人提供了保護傘，使他們從信託制度中解放。瓜拉尼城鎮與殖民地沒有甚麼貿易，事實上還與殖民地競爭著「草藥茶」出口貿易。唯一可能的支持，來自海洋彼岸的西班牙國王與教宗。但在當年，情況並不像耶穌會可以電告歐洲、請求發佈禁制令那麼容易。等到歸集村的耶穌會士抵達歐洲，為瓜拉尼事件請命時，已經事隔數年。對南美洲出生、第一本瓜拉尼文字典與文法的編撰人耶穌會士蒙托亞而言，這一趟為瓜拉尼而請命的歐洲之旅絕非易事。在寫給留在南美的夥伴們信中，他抑鬱寡歡地說：「這一切緊張而喧擾、吻手、禮俗、時間的浪擲，都讓我無法適應，特別是讓我滿腦子擔心著公事、各種焦慮、與成不了任何事的方案，尤其讓我難以忍受。總歸言之，神父，我在這裡只是個流亡份子。為尋求慰藉，沒有一天我不想像著他們已經帶我上船（返回南美）。」

無論心情鬱悶與否，在關係良好的歐洲夥伴的協助之下，遠從南美而來的這批耶穌會使節得以輾轉於羅馬與西班牙宮廷，達到他們的目標。教宗詔書《委託我們》（*Commissum Nobis*）首先列舉瓜拉尼人遭受的各種虐待，然後訓令葡萄牙檢察總長「嚴禁任何人將印第安人貶抑為奴，嚴禁販賣、購買、交換、贈予、拆散妻子與子女、剝奪他們的財產、強押到其他地方，嚴禁以任何方式剝奪他們的自由、役使這些印第安人」。

聖保羅沒有一個人有絲毫放棄奴役的意思。

教宗詔書在聖保羅頒布，沒有引來殖民者的懊悔與順服，反而導致他們的大聲疾呼，要求驅逐多管閒事的耶穌會士。葡萄牙王瑟巴斯在一五七〇年的一道命令，使葡屬巴西境內奴役原住民的事成為非法，已經為他們帶來嚴重損失，現在耶穌會變本加厲，又說服教宗頒令，宣佈葡萄牙奴隸販子連西班牙殖民境內的原住民部族也不得染指。耶穌會設在里約熱內盧與聖保羅的會所於是遭到盛怒的殖民者攻擊。巴西屯墾民對教宗這道敕令置之不理，耶穌會此一外交行動最大的成果，似乎只是激怒殖民地的奴隸主人，使奴役風潮空前狂熱而已。在這道教宗敕令於聖保羅頒行之後不到一年，由五百名奴隸販子與三千名土皮族[19]印第安戰士組成的一個巨型奴隸獵捕團，乘坐數百艘船組成的船隊朝瓜拉尼地區進發。

愛是戰爭？

回顧起來，奴隸販子發動的這場突襲，證明耶穌會的外交行動極為有效，只不過有效的方式，與教宗、國王或耶穌會使節本身所期待的不很吻合罷了。因為這一次，淪為待宰羔羊的，不是瓜拉尼人而是他們的敵人。若非這道教宗詔書的煽動，奴販不可能集結如此龐大的突襲隊伍、沿烏拉圭河南下、殺氣沖天地衝向瓜拉尼區、也栽進守候著他們的圈套。耶穌會不是只有派在歐洲的使節在工作而已。在歸集村的耶穌會士，不等王室批准，已先行著手武裝瓜拉尼人。耶穌會士軍人出身的傳承香火，並非只到羅耀拉與鄂本篤即已後繼乏人：軍旅出身的耶穌會士多明哥．陶里斯[20]重拾塵封已久的技巧，為瓜拉尼自給自足社區那失落的環結進行補強。他率領的瓜拉尼民團，經過持續一周的穆保洛利[21]之役，消滅了來犯的奴隸獵捕團。

如果耶穌會士與瓜拉尼人在建立歸集村之初，懷有建立一處世外桃源的抱負，經過此次戰役，歸集村也不得不像其他地方一樣，貼上絕無烏托邦意味的文明標記。為保衛他們的生活方式，瓜拉尼民團在之後數十年間至少出戰五十次。他們不斷擊退奴隸獵捕團與仇視他們的鄰部原住民的進犯。不過，他們往往應西班牙殖民政府之請而出戰；儘管或許帶有一些反諷意味，殖民政府終於了解瓜拉尼地位重要，因為它可以作為一個防止葡萄牙人進犯的、有效的緩衝區。

瓜拉尼的小鎮在穆保洛利之役以後，繁榮了一個多世紀。直到一七五六年二月十日，他們才終於碰上難與匹敵的西班牙與葡萄牙聯軍。自簽署陶德賽拉條約以後，兩國曾有少數幾次聯合作業，而對瓜拉尼的這項軍事行動是其中一次。

殖民者：擋在路上的石頭一定得移開

當地邊界不安的情勢，不僅威脅到瓜拉尼人，也威脅到西班牙與葡萄牙的商業利益。於是在一七五〇年，兩國大使集會，就瓜拉尼原住民區的問題展開討價還價，最後達成一七五〇年邊界條約[22]。瓜拉尼人沒有應邀參與這項條約談判，就像他們沒有參與陶德賽拉條約締約談判一樣。根據這項新條約，西班牙對亞松森附近柯洛尼亞[23]地區的領土主張獲得確認，葡萄牙則得到建有七個歸集村的一片土地。不過沒有人能說這項條約沒有慮及瓜拉尼人。締約談判代表確實考慮到這些部族，條約第十六條規定：「傳教士可以攜帶他們一切動產離去，可以帶同印第安人一起在西班牙境內再安置村落，連同建於其中的教堂、房屋、建築、財產、以及土地所有權應歸葡萄牙所有。」兩個殖民帝國因為陶德賽拉條約締約談判的草率與傲慢，而終於無可避免地遭到邊界紛擾的苦果，但怪的是，兩國卻能把怒氣都發在瓜拉尼人身上。

無論是瓜拉尼人或耶穌會士，都認為這項條約並無正義可言。瓜拉尼人不願就此消逝，以遂第十六條條文起草人的心願；他們準備保衛他們的小鎮。耶穌會與瓜拉尼人對這項條約的抵制，讓這兩個殖民帝國越來越憤怒，因為無論怎麼說，它確實是兩個主權國簽署的絕對合法的文件。葡萄牙與西班牙終於採取行動。一七五六年二月十日，兩國取得輝煌的勝利，為它們征討瓜拉尼的聯合軍事行動畫下句點。在這場戰鬥中，三名西班牙人與兩名葡萄牙人戰死；約一千五百瓜拉尼人遇害。

那條將全球對半劃分、完全無中生有的陶德賽拉條約界線，對耶穌會也造成反撲。陶德賽拉條約確認了葡萄牙征服的合法性，而葡萄牙的征服又使方濟．沙勿略與他的耶穌會夥伴得以冒險犯難、躍向歐洲以外的世界。但在瓜拉尼戰事發生以後，曾使葡萄牙國王若望三世嘆服不已、譽為「足為世人表率的修道人」的耶穌會士，已經淪為許多人的眼中釘。仇視耶穌會的人越來越多，而耶穌會總會長也因窮於應付更深一層的惱人之事，而無暇顧及保衛瓜拉尼、對抗西班牙與葡萄牙的問題。管理歸集村的七十位耶穌會士集會，計劃提出正式抗議以聲討西、葡兩國在瓜拉尼的作為。一個世紀以前，耶穌會在歐洲的外交機器曾為瓜拉尼人福祉而運作；然而這一次，在巴拉圭的耶穌會士奉總會長之命封口，不得輕舉妄動。

當陶德賽拉條約談判代表於一四九四年簽下這紙條約時，他們不知道海洋彼岸的南美洲有些甚麼。奇怪的是，直到一七五〇年，西班牙談判代表仍然沒能了解（也或許懶得了解）大筆一揮，究竟將甚麼讓給了葡萄牙。直到條約墨跡已乾，他們才終於開始學得一些教訓。在新邊界條約木已成舟之後，西班牙蒙提維多總督才初次造訪聖米蓋爾歸集村。他為所見的景象驚愕不已：「我們在馬德里的那些人一定腦筋有問題，怎麼會把這樣一座全巴拉圭最出色的城鎮讓給葡萄牙。」

在瓜拉尼戰事結束後不到十年，耶穌會士本身也全數被迫驅離，耶穌會與瓜拉尼人合建的烏托邦於是遭到二度重擊。歸集村緩步走向沒落。有些瓜拉尼人同意再安置，許多人離開歸集村重拾半遊牧的生活方式，另有一些人則淪為奴隸。有些歸集村成為杳無人煙的鬼城，還有些則成為西班牙或葡萄牙殖民統治下新城市的基礎。

但百年以後，一位來自瑞士的旅行者在千里達歸集村遺址仍能清晰辨識今昔之別：「當年耶穌會時代建造的房子是磚瓦為頂的石材建築，後來用的建材是黏土與草。」千里達的街道是建有騎樓的鋪石地面，而在首都亞松森，大部份街道仍為泥土路面。但儘管瓜拉尼人或許在建築才藝與文明方面勝過他們的敵人，他們缺乏在戰鬥上擊敗這些敵人的資源。

一五三七年，教宗保祿三世在教宗詔書《至高的天主》（*Sublimis Deus*）中，率然譴責新世界的奴役行為。他的譴責不是理所當然的斷語，它具有相當基本的論據：「印第安人本身都是真正的人。」讀到這道詔書而有同感的人寥寥無幾；其中包括歸集村的耶穌會先驅。

歸集村吸引了來自三十餘國的耶穌會志願人士，其中有些是安東尼奧．魯茲．迪．蒙托亞、布納凡圖拉．蘇亞雷茲這類南美土著人士，其他人則分別來自西班牙、義大利、葡萄牙、奧地利、愛爾蘭、以及另外二十餘國。他們每一位都抱持一種「成就愛心的默想」精煉而成的遠見。與銀之河地區大多數殖民者不同的是，他們願意視當地的原住民為平等的人，而且願意以勇氣與熱情自我獻身，協助這些真正的人拓展他們的人類潛能。

愛心如何能使事業體更好？

英勇的耶穌會士在一個古早的年代建立烏托邦，只是我們並不生活在這樣一個浪漫的世界。在我們這個世界，生存代表著絕無一絲烏托邦意味的競爭；在我們這個世界，多的是推崇馬基維利、不重羅耀拉的世人。就讓我們面對這個現實：在這個現實世界，極力鼓吹以愛領導的人少之又少。在今天無菌式的公司環境中，只有狂徒或為沽名釣譽、故作驚世之舉的有心人士，才會標榜以愛領導。

在書店管理叢書的書架上迅速瀏覽，你能為職場幾乎一切想像得到的人類情緒與行為，包括侵略、欺騙、喜悅、憤怒、羨慕、貪婪、遊戲、戰爭等等找到指導書籍。而有關愛的書籍卻難得一見，即使真能出現，也往往瞬間即逝，而且陳列位置也可憐得令人尷尬。《追求卓越》一書的作者湯瑪斯．彼得斯，在隨後兩部作品中以試驗性質的做法，暢談愛的觀念，但走筆嬉笑輕鬆，讀來全無迫人之感。在《追求卓越的激情㉔》一書，彼得斯強調「要愛你做的」，對麥當勞創辦人雷伊・克洛克[25]的「有關漢堡的愛的故事」推崇有加。在《Tom Peters 談創新[26]》一書，他用一整章的篇幅討論「愛大眾，服務大眾」的主題。不過他引用的是硬石咖啡的信條，而我們要愛的「大眾」也只是我們的顧客而已（就像硬石咖啡的做法一樣吧？）。《讓員工愛上你的公司[27]》這本書，書名頗為堂皇，但它鼓吹的卻是一種相當一廂情願的愛。書中提出五項絕妙的、使員工愛上公司的建議，卻避而不談管理層如何回報的問題。《管理大師指南[28]》一書蒐集七十餘位管理顧問界超級巨星的見解，並且指出其中一位大師有非傳統的信念，相信「領導需要愛」。好極了，我們總算找到了！可悲的是，任何一位讀者如果想知道這種愛的信念如何成形，或甚至想知道究竟是哪一位大師有如此信念，讀完全書三百多頁仍然一頭霧水。

為什麼我們日常一切作為，總能理所當然從軍事意象中找到意喻（舉例言之，《主管們的作戰藝術[29]》），而「愛的討論」卻始終只能是領導叢書中的三流作品？這有一個原因。我們已經注意到，領導的根本概念遭企業一族劫持的情況越來越嚴重。企業主管與他們的顧問或學術界專家，是最醉心於在領導上爭長鬥短的人。而企業界員工大眾則是領導有關叢書最大的消費者。因此，這些書的寫法以企業界讀者為訴求也就不足為奇。

對美國企業最具訴求力的是甚麼？且讓我們誠實以對。儘管每個人都在吹捧，說我們如何開明、如何具有包容一切的商業感性，美國的企業文化卻一直就是一處殺聲震天、不留活口、逞兇鬥狠的競技場。

既然如此，我們的領導角色典範總是以一種強悍兇狠、目空一切的面貌呈現，又真的會那麼令人震撼嗎？在我們的領導人排行榜中，遙遙領先的是運動教練與超級明星，如派特·萊利[30]、菲爾·傑克森[31]、教練K、喬伊·陶利[32]等等。追在他們後面的是軍事領導人，如中國的孫子、阿提拉、二次世界大戰的英雄巴頓將軍、南北戰爭的將領葛蘭特及羅伯·李等等。你現在讀到的這本書也無法置身事外，因為這本書也以糾糾武夫類型的領導人為一種領導典範。早在我開始談到這個愛的主題許多章以前，本書已經確立羅耀拉本身男子氣魄的形象。要記得，他沒有向我們示過甚麼似水柔情。他仍然是那位強悍不屈、在帕隆納挨了砲彈，仍是那位孤身一人從西班牙長途跋涉、前往耶路撒冷朝聖的羅耀拉。

任何人若是膽敢宣揚極不具陽剛之氣的愛的理念，甚至只是輕描淡寫、點到為止，也會需要一位無懈可擊的發言人。講到這樣的發言人，又有誰能比傳奇性的美式足球教練、公認「男人中的男人」的文斯·隆巴迪[33]更具資格？隆巴迪曾在美國管理協會[34]發表一篇演說，至少有三本各別著作引用過這同一篇演說的講詞。現在又多了一本。隆巴迪列舉致勝領導人的各項特質，最後達成結論說，「還有一項，就是愛。我說的這個愛就是忠誠，是一種最偉大的愛。團隊合作，即一個人對另一個人的愛，即他對另一人尊嚴的尊重。我說的這個愛也是慈悲心靈之力、是你的公司的力量所在。」

這只是隆巴迪在賽季外專為參加應酬餐會而準備的故弄玄虛吧？不然。隆巴迪不僅向衣著光鮮的企業主管，也向那些發動綠灣包裝工隊攻擊線、一身汗水、龐然大物的球員，宣講這種理念。事實上，在面對自己的球隊時，隆巴迪更能拋開一切老生常談，突顯他「愛應該主要以實際作為、而不是以言詞自我顯現」的觀點。一位已經退休的綠灣包裝工隊隊員，還記得隆巴迪對每一位隊員應如何彼此相待的要求：「你一定得愛他，或許那種愛能使你協助他。」隆巴迪從哪裡發展出這種以愛領導的觀念？在多年教練生涯中，不斷設法激勵球隊的經驗，很可能是這種觀念的來源。不過，隆巴迪曾接受耶穌會教育的事實，或許也並非純屬巧合。

或許企業顯要與學者專家，不願鼓吹以肯定、支持（即：愛）的態度待人的領導策略，但宣揚這種理念的大有人在。事實上，在任何人類互動密集之處，以愛領導的決定性利益似乎顯而易見，只除了職場以外。幾乎每個人都參與的一個「團隊」，就是家庭。沒有人認為缺乏愛的家庭在運作時，能像充滿愛的家庭一樣有效，也沒有人認為它們能像後者那樣給予成員支持，讓他們有進取意志，或令他們滿意。也沒有人會說只有那些嚴厲得令人望而生畏、或競爭得過於兇殘的學校，才是我們最成功的學府。唯有能夠提供真誠支援、關愛與鼓勵的環境，才能使置身其中的學生學得最好、最有成果；但為什麼我們卻說服自己、相信我們成人的需求竟如此不同？這許多職場以外的人類互動環境，為我們帶來明顯的智慧，而耶穌會以愛心領導的原則，不過是汲取了這些智慧罷了。

愛如何使耶穌會變得更好？愛又如何能使任何一家公司變得更好？

一家實踐以愛領導的公司

——不會拒絕任何有才賦、有品德之士：以愛心驅動的公司能夠察覺、尊崇、並雇用其他公司排斥或忽視的人才。在羅耀拉當年，雷奈斯、韓立克斯、得路等人就是這樣的人才。以今天而論，這樣的人才包括在家族出身、膚色、口音、背景或教育程度「犯了錯誤」的人。

——能夠全力衝刺、邁向至佳：以愛心領導的管理人，會全力培養員工未經開發的潛能，而不會採取達爾文式優勝劣敗的態度、要部屬自求多福。

——能夠以愛心勝於恐懼的方式運作：愛心驅動的環境使員工想工作，而不只是被迫工作。

真正的果實，在於愛心勝於恐懼的環境促成的活力與忠誠。類似「團隊合作」與「團隊精神」等詞，無法掌握到方濟．沙勿略在亞洲那個團隊的態度：「我就此必須住筆，但無論以個人或以整體而言，我對你們全部人的愛戀如此之深，要我不再寫信是不可能的。如果彼此相愛的人能在這一生心心相印，最親愛的兄弟們，相信我，你們會在我的心裡清晰見到你們自己。」

以這種相互關懷之情而結合的團隊，表現自能輕易超越其他絕大多數僅以基本團隊合作行為為已足的組織。所謂基本團隊合作行為指的是：尊重夥伴、聽取同事的意見、主動共享資訊、除非握有確證否則假定他人無辜、以及提攜後進等等。任何曾在一個關係緊密、忠誠、互信的團隊，無論它是家庭、是運動隊伍、還是一群友人，工作過的人，都知道在團結一體、以愛心驅動的團隊行為相形之下，這類基本團隊合作標準顯得黯淡無光。充滿爾虞我詐、勾心鬥角的職場讓人活力淪喪，而愛心勝於恐懼的環境則能創造活力。處於這種環境的團隊成員享有同事支持，他們的同事希望、並協助他們成功。人們只有在受到真正關懷他們福祉的人尊敬、重視與信任時，才能有最佳表現。羅耀拉具有大智慧，能洞悉這許多作為「愛」的本質的取勝態度，他擁有大無畏，能明白指出這些態度就是愛，並且不遺餘力地用愛增強耶穌會團隊的活力與凝聚力。

愛既使耶穌會團隊團結，也深深影響了他們對他們服務對象的看法。巴拉圭歸集村是耶穌會心甘情願的付出，這種付出不具任何情緒意義，而純粹只是一種愛的表現。這種愛提升了耶穌會士的能力，使他們認識到瓜拉尼人的尊嚴與人類潛能，認識到這些尊嚴與潛能都在殖民信託系統下遭到侵害與浪擲。愛心使耶穌會士具備眼光，看清那些遭到浪擲的潛能；而英雄氣慨則刺激他們有所行動。

方濟・沙勿略在於一五五二年年底啟程前往中國之前不久，接到一封羅耀拉的信。他立即寫下回信：

接到來信，得知你身體健康與其他生活狀況，這一切佳音帶給我的寬慰只有天主才能知道。在躍然信上的那許多聖潔字句與令人快慰的訊息中，我讀到你在結尾寫的那一行字：「無時無刻能忘了你，依納爵謹上。」讀到這些字使我淚水縱橫，我也同樣含著淚寫這封信給你，想著那段逝去的時光，想著你一直給著我、而且仍然給著我的大愛。

你以如此聖潔的慈悲心懷告訴我，說你渴望能在此生與我再見一面。天主為證，這幾個代表如此大愛的字如何深深烙印著我的靈魂，每當憶起它們，又如何讓我衣襟盡濕。

無怪乎羅耀拉認為，與以愛領導相形之下，其他那些組織創意都顯得微不足道，這從他的耶穌會《會憲》前言即可見其一般。耶穌會《會憲》全文幾近三百頁，但羅耀拉在前言中為耶穌會士指出的指導原則，遠比《會憲》中所述任何規則更為重要：「就我們這方面而言，最有助於保護、指導、推動耶穌會士們進取的，莫過於內在慈悲與愛的法則，這比任何外在章程都重要。」

這種內在慈悲與愛的法則以遠見為開端。在成為一種能夠提升團隊表現的企業優勢很久以前，愛是一種個人領導態度。愛心驅動的領導人，不會透過文化過濾、偏見、或狹隘的心態貶抑他人，他們擁有能認識其他人的遠見，並且能根據這些見解領導其他人。在早期現代史上，歐洲人視美洲印第安人為「森林裡的野獸，不能了解天主教信仰污穢的野蠻人，兇殘而極端下賤，除具有人形以外，從一切方面而言與野獸一般無二」。來自二十餘國、以愛心領導的耶穌會士，卻在美洲印第安人身上發現同樣的神賜活力，這些活力給予他們「存在、生命、感覺、與智慧」，並使他們成為上帝的住所。

如果這種內在慈悲與愛的法則以遠見為開端，它以行動為結尾：「愛應該主要以實際作為、而不是以言詞自我顯現。」企業無需採取有如瓜拉尼歸集村般規模的行動，也能達到伏爾泰所謂的「人性勝利」。父母、老師、教練為謀他人之福而無私奉獻，每天都有無數的人性勝利。

但人性勝利也突顯於我們猶豫不決、不願稱它們為愛的許多行動中，如管理人對部屬的奉獻，如團隊成員相互的忠誠與支持。那些寧願協助同事、使他們成功，也不願意坐視他們失敗的人，正是在創造愛心勝於恐懼的環境。所有使外界人士感覺他們受歡迎、獲支持的人亦然。他們所以能創造這種環境，靠的不只是「作好一份工作」而已；更精深、更個人的動機激勵著他們，他們承諾尊重與支持周遭的人，而他們在職場的互動，只是這種較基本承諾的一種表現而已。他們以尊重與愛心對待他人，引領他人邁向愛心勝於恐懼的環境，在這種環境中，更多人享有充分發揮人類潛能的機會。

每個人都知道這種領導有其必要。他們也都知道這個世界需要更多的人性勝利，包括十七世紀耶穌會士在巴拉圭達成的那種恢宏的勝利。儘管他們的構思或有瑕疵，但他們比當代其他人看得遠。這正是愛心驅動的領導人所作所為。他們看得更遠。他們能夠超越擋住我們眼光的障礙，以觀察更合公義、更具人性的世界會是甚麼情景。他們指出一條邁向未來的明路，使真正的男女享有發揮潛能的更大機會。在「愛應該主要以實際作為、而不是以言詞自我顯現」的決心引導下，領導人能夠貢獻一己之力、創造這樣的未來。

創造更美好的未來，是一項艱鉅的任務。一個人憑藉一己之力，能造就多大差異？這要問那些英雄。

---

❶韓立克・韓立克斯（Henrique Henriques）：耶穌會士。

❷得路（Alexandre de Rhodes）：耶穌會士。

❸交趾支那（Cochin China）：越南南部，以西貢為中心的地區。

❹哥多華（Cordoba）：西班牙安達魯西亞地區的文化重鎮。

❺聖帕布洛（San Pablo）

❻道格拉斯・麥葛利哥（Douglas McGregor）

❼保羅・奧斯特曼（Paul Osterman）

❽銀之河（Río de la Plata）：英文譯名為river of silver。

❾迪耶哥・戴・陶里斯・包洛（Diego de Torres Bollo）：生於一五五〇年，逝於一六三八年。

❿哥多巴（Cordoba）

⓫克里奧人（Creole）：指生長於西班牙屬美洲的歐洲人後裔。

⓬胡格諾教派（Huguenot）：法國十六、十七世紀基督新教徒形成的派別，多數屬加爾文教派，亦有屬路德派或其他獨立教派。

⓭提洛爾（Tyrol）：奧地利西部與義大利北部之一區，在阿爾卑斯山中。

⓮安東尼奧・塞普（Antonio Sepp）：生於一六九一年，逝於一七三三年。義大利人，耶穌會士。

⓯布納圖拉・蘇亞雷茲（Buenaventura Suárez）：生於一六七八年，逝於一七五〇年，巴拉圭人，耶

穌會士。

⑯紐曼（J. B. Neumann）：耶穌會士。

⑰安東尼奧・魯茲・迪・蒙托亞（Antonio Ruiz de Montoya）：耶穌會士。

⑱尼柯拉・亞普圭（Nicolas Yapuguay）：耶穌會士。

⑲土皮族（Tupi）：與北美印第安人同源的巴西原住民。

⑳多明哥・陶里斯（Domingo Torres）：耶穌會士。

㉑Mborore

㉒Boundary Treaty

㉓Colonia

㉔*Passion for Excellence*

㉕雷伊・克洛克（Ray Kroc）

㉖*The Circle of Innovation*

㉗*Getting Employees to Fall in Love with Your Company*

㉘*The Guru Guide*

㉙*The Art of War for Executives*

㉚派特・萊利（Pat Riley）：美國職籃ＮＢＡ知名教練。

㉛菲爾・傑克森（Phil Jackson）：美國職籃ＮＢＡ知名教練。

㉜Joe Torre

㉝Vince Lombardi

㉞American Management Association

第九章
思想的巨人、也是行動的英雄

在一家我權且稱為XYZ電訊的公司，有工會組織的電訊作業員以工作壓力過大為主要訴求，放下耳機，開始罷工。首先發起這項行動的是顧客服務代表，他們是公司第一線戰鬥人員，負責安撫每天數以千計打電話來告狀的顧客，這些顧客有的抱怨電話帳單有誤，有的不滿無法撥接，還有的指責維修人員姍姍來遲。

彷彿這些坐困愁城的顧客服務代表工作還不夠繁重也似，公司當局最近更提出「新作業程序」，要他們奉行。訂定這套程序的，顯然是那些躲在象牙塔內、完全不了解客服部門苦處的官僚。所以訂定這套程序，為的是重申誠信、尊重、想像力、熱忱、與服務等公司明定的價值觀。根據這套新程序，客服代表在每一通電話的結尾，必須向顧客提出一個標準問句：「我今天是否為你提供了優質服務？」

很顯然，這個問句設計人的主要用意，在於鼓勵客服代表達到預期的「優質服務」。然而毫無疑問地，它促成的，只是使客服部門這些已經吃盡苦頭的員工更加叫苦連天而已。這樣的提問對顧客沒有好處，也未能使員工更加支持公司的價值觀或見解。當地工會主席批評：「員工們了解這項價值聲明。但我不知道他們是不是相信公司真的按照它自己的話在做。他們大體上只是看著這項價值聲明，丟下一句『是啊，沒錯』，然後了事。它不過是一張紙罷了。」

這整個過程有一件事是對的；其他大多數都錯了。至佳不會偶然而至，所以，我們至少可以將立意做到優質服務的事歸功於 XYZ 管理層。直到這裡，事情還沒有問題。但自此以後，事情就每下愈況了。首先，問題出在這個標準問句。為公司設計廣告詞的這些專家，有多少人能僅憑一句話的鼓勵，而遵照它的指示、表現最好的成績？當然，沒有一個人。既如此，他們又怎能要求那些客服代表憑著一句話而提供優質服務？優質服務或許一直是公司有意完成的使命，但這家公司沒有一套程序使這項使命對各別員工具有任何意義。

其次，即使 XYZ 的客服代表能熱忱擁抱這項使命，他們也沒有獲得完成使命的充分授權。無論代表們怎麼做，那些惱火的顧客也不大可能覺得他們獲得優質服務，因為代表們並不具備解決根本問題的手段。他們不據有取勝的立場，當然註定失敗，即便沒失敗，也或至少有挫敗感。

最後，也是殺傷力最強的一點，就是管理人沒有以身作則、為實現他們宣揚的抱負而努力。客服代表們沒有見到他們的管理人「按照公司的話在做」，他們因此心存懷疑，於是達出合理結論，認定這項價值聲明不過是一張紙而已。

耶穌會式的領導

處於這種狀況，無論對個人、團隊、或對整個公司而言，最重要的挑戰在於如何使員工從心存疑慮、走一步算一步的做法中奮起，展開積極主動、甚至具有英雄豪氣的行動。早期耶穌會團隊與XYZ電訊公司間的差異是甚麼？其中一個組織能夠如此英才輩出、成員們深信他們獻身的是「當今世上最偉大的事業」，而另一個組織卻因管理不善而積弱，造成這種現象的原因何在？兩個組織都有在各自領域創下佳績的抱負，但兩者之間的類同之處也就此而已。耶穌會團隊為實現抱負，至少採取了三項XYZ電訊公司沒有採行的步驟：

——首先，他們使新進人員將企業抱負轉化為一種個人使命。

——其次，他們創造一種強調英雄豪氣的企業文化，並親身為典範塑型。

——第三，他們使每一位成員都能為一個更勝於本身利益的企業做出有意義的貢獻，而讓每一位成員都有機會自我充實、發展。

羅耀拉對於英雄式領導最強有力、最實事求是的見解就是，這是一種自我激勵的領導。神操使每一位學員將企業使命個人化。耶穌會不僅要求學員全力投入，還要求他們「更上一層樓」，而每一位新進人員也做出個人選擇以為因應。與XYZ電訊公司的員工不同的是，耶穌會新進人員需要了解的，不僅僅是企業有甚麼遠見而已。他還必須推敲比全力投入更進一步的做法即「更（magis）」的精神——對他具體的人生境遇有何意義。在神操驅策之下，組織內的領導廣為擴散，每一位成員都能考慮、接納、塑造一項總體使命，將之轉化為一項個人使命，一個崇尚英雄豪氣的組織與一個墨守成規的組織，兩者之間最關鍵的差異正在於此。

當然，許下個人承諾的這些員工需要支持。耶穌會最高領導層對會士們的支援與鼓勵永無止境。耶穌會領導人總是不遺餘力地強調追求卓越，強調（神聖）抱負。羅耀拉對葡萄牙境內一個團隊的告誡，是個典型範例：「你們有超越凡俗的偉大義務，僅僅是一般的表現將不能滿足這樣的義務。如果考慮到你們職責的特性，你們會發現對其他人而言微不足道的事，對你們而言不然。」他的夥伴傑洛尼莫．納達爾，以更加具體、更具個人意味的說法，對西班牙的耶穌會學員強調耶穌會的這種追求：「耶穌會希望每一位成員，在每一種有助於會務宗旨的領域都能盡可能有所成就。你能成為一位優秀的理則學家嗎？如果能，就去實現吧！一位優秀的神學家？如果能，就去實現吧！而且不要以只做半調子為自滿！」

這些話所以能夠激勵耶穌會團隊，只因為他們眼見羅耀拉、納達爾與其他許多會士都能以身作則、言行如一。當員工見到管理人員只尚空談而沒有實際行動時，個人的承諾化為疑慮，就如XYZ電訊公司的例子一樣。早期耶穌會團隊充滿這類身體力行的英雄人物，而它們也盡力確使每一位耶穌會士都能聽到這類英雄事蹟。當來自全球各地會士的信件匯集羅馬、經過抄寫而遍傳耶穌會世界各角落之後，團隊精神大振。在巴西的耶穌會士曾描述這樣一封來自日本的信造成的轟動，說這封信雖然在送到時已是深夜，卻仍讓他們搶著先睹為快：「從（午夜）直到早晨，沒有一個人可以入睡，因為院長神父立即搶先看了來信。」在享用完他們所謂「來自日本的大消息」之後，巴西的會士們寫信給總部，呼籲總部繼續傳閱這類報導，並且解釋說，聽到夥伴們的這些豐功偉業，為他們帶來「無與倫比的慰藉」。

如果說建立個人化的使命感與創造一種支持的文化，是耶穌會提煉英雄豪氣的兩項要件，則第三項要件是賦予每一位成員有意義地提供貢獻的機會。在巴西的耶穌會士並不只是坐在那裡、讀著夥伴們那些英雄事蹟。畢竟，他們在自己寫給羅馬的信中十分自豪地說，他們在當地的成績使他們覺得「是在為直到地老天荒都不會倒的房子奠基」。他們自我獻身於比全力投入「更上一層樓」，而且，不同於XYZ電訊公司員工的是，他們得到有意義的機會，可以真正做想做的事。二十世紀行為心理學家斐德烈．赫茲伯格（Frederick Herzberg）說：「你無法鼓勵任何人做好一件工作，除非讓他有好的工作可做」，從而佐證了當年耶穌會士的信念。

耶穌會有許多好的工作可做，也因此造就許多完成這些工作的英雄豪傑。第一批英雄設計了一家革命性的新事業體，這批英雄當中，當然包括羅耀拉，但也包括方濟．沙勿略與雷奈斯。接下來是科學與文化領域的先驅，包括利瑪竇、克拉維斯、戴諾比利，還有鄂本篤等一長列的探險家，計有第一位在塔那湖❶深入青尼羅河源頭的皮德洛．培茲❷；探勘上密士西比河的賈奎斯．馬奎特；以及那位「聰明而有遠見」的賈可布．貝格特❸。派在偏遠的加利福尼亞服務的貝格特，在一七七一年已經預測到他這處駐地的未來：「有關加利福尼亞的一切都毫無重要性，根本連拿支筆來寫它都是多餘。」

他們都是擁有獻身精神的人，而且享有有意義的機會，得以貢獻自己的天賦與見解。他們出身於支持他們的環境，在這些環境中，他們的管理人展現同樣的承諾。像耶穌會這樣英豪、遠見之士人才輩出的組織實不多見。達到如此表現高原的本身已經是極為艱鉅的挑戰；要持續不墜則更是難上加難。不斷挑戰現狀的一種永無休止、反文化的本能，刻劃在耶穌會式英雄氣慨的內心深處。內建於心靈、「更」的活力，總是指向解決問題的較佳做法，指向一些更有因應價值的挑戰。每天一次的「省察」，使那些不符預期的行為或成果無所遁形；耶穌會士自我反省的習慣使他們不能「隨波逐流」。一旦一條較佳的途徑自我呈現，會士們隨時準備應變、「舉著一隻腳過日子」的姿態，使他們立即挺身展開行動，而不會猶豫不決。

好的領導人能夠共享這種永無休止、內在自省的姿態。這使他們不斷走在彎路的略前端。唯其如此，他們總能邁向未來，總能朝解決辦法與機會前進。而其他人或因疏忽，或因膽子太小不敢嘗試，或因缺乏追求的活力，終於無緣於這些辦法與機會。這是一種拼勁十足、不屈不撓、堅忍不拔的精神，是一種「把我趕出大門，我會想辦法從窗戶爬進去」的態度。這樣一種領導生活方式儘管可能充滿朝氣與活力，卻也可能行之不易，耶穌會就學到這樣的教訓。

在克服常使潛在領導人出軌的各式挑戰之後，一個耶穌會團隊在一件大事上取得成功。

耶穌會士皮德洛・里巴迪奈拉當時對西班牙國王菲利普二世說，「基督宗教以及全世界的一切福祉」完全取決於他們在這件大事上的成果。

他說的這件大事是中學教師。

里巴迪奈拉雖然相信世人福祉的重擔完全由耶穌會教師一肩扛起，對課室生活的現實，他倒沒有任何不切實際的幻想。根據他的觀察，從十六世紀以迄二十一世紀的今天，教學生活的日常挑戰並沒有出現多大變化：

> 引導、教育、並設法控制一群年輕人，是一件可厭、惱人而沉重的工作，因為年輕人天性使然，總是這麼輕浮、這麼喧鬧、這麼多話、又這麼無意工作，就連他們的父母也無法把他們關在家裡。也因此，我們這群年輕的耶穌會士，自參與教育他們的工作以來，一直過著一種非常緊張的生活，他們的活力為之耗弱，健康狀況也受損。

未來取決於今天

英雄式的領導不僅是教育中學孩子而已，而是將目光超越孩子們的嬉戲，看到全世界的福祉取決於今天你在教導這些孩子的事上做了些甚麼。英雄式的領導在於把握每一刻時光，全力發揮最豐盛的潛能，自我激勵，以追求超水準的成績。耶穌會憑藉事業體守則「更（magis）」，亦即不斷努力把握每一個機會，以追求更多，並且充滿信心，認為一定追求得到，他們將這種領導發揮得淋漓盡致。工作本身並無英雄氣慨；有英雄氣慨的是人對工作抱持的態度。耶穌會士並不是因為當了中學教師才成為英雄；他們成其為英雄是因為他們將「更」的精神帶進工作。而且這種精神在耶穌會世界隨處可見。因此，認為自己參與的工作能改變全球命運的耶穌會士，不單只是里巴迪奈拉一人而已；他們每個人都作如是之想。有例為證。日本的一位耶穌會士，在面對一件極不相同的工作時，表現的情感絕不稍遜：「長上應該了解，這毫無疑問是當今世上最偉大的事業。」巴西的一位耶穌會士也曾說：「我們努力工作，為直到地老天荒都不會倒的房子奠基」。

他們都太愛幻想了吧？不然，就像我們一樣，他們時而也會抱怨工作的抑鬱、單調，抱怨與同事不和。但他們同時也能超越這些事物，著眼於所作所為可能達成的最豐盛的成果。追求「更」的精神使他們的工作與產品轉型。他們將工作視為世上最偉大的事來做，這工作於是成為世上最偉大的事。在數以千計的機會推波助瀾下，他們憑藉信念與熱忱，營建了全世界最大、最成功的教育系統。

世上最大的教育系統如何成形

一五四三年的一個下午，一個特別小組從會議室走出來，帶著一項控制全球教育市場的計劃。如果，情況是如此，耶穌會看起來倒更像是傳統企業。但當年情況並非如此。事情就是發生了。而事實真相是，儘管沒有一位策略企劃人願意承認，企業的成功往往「就是發生了」。

耶穌會在成立之初，遭逢一個難題。創辦人原本天真地以為歐洲教育系統能帶來源源不絕的人才，供他們發展事業。還記得他們需要的是甚麼人才？他們需要的是：在精神上能夠積極參與，完全奉獻，在智慧上超人一等（在歐洲精英份子中百中挑一），能夠用拉丁文與新教著名神學家辯論神學，能夠以方言向農夫的孩子解釋同樣理念，可以在接到通知後四十八小時內啟程，漂洋過海、前往地球另一端，在大學講堂與在傳染病防治醫院能同樣泰然自若地工作，能隨時準備受命、或設計本身的策略。

創辦人發現找不到這樣的現成人才時，大為吃驚。誠如耶穌會後來在《會憲》中所說，「人品既好、又有學問的人很少」。

其實，要解除這種困境或也不難，只需略將用人標準降低即可，但問題是這個辦法絕對過不了羅耀拉這一關，羅耀拉甚至在垂死之際，仍然懊悔沒能將這項標準訂得更加嚴厲。只有某些候選人達到耶穌會所謂 aptissimi，即「最頂尖的人才（編者按：最合宜的人才）」的標準。耶穌會有一個令人難忘的招募人才口號 quamplurimi et quam aptissimi，亦即「最合宜的人才越多越好」。由於歐洲的大專學府不能提供足夠「最頂尖的人才」，耶穌會最後不得不自已動手，塑造這類人才。在人手已經短缺的情況下，耶穌會決定從原已吃緊的現場作業中抽調人員，加入新人訓練工作，以解決欠缺合格新進人才的問題。但這不是最有效的解決之道。

循序漸進解決需求問題

隨後出現的是一種典型的循序漸進式做法，獲有特定權限、負責新進人員教育工作的耶穌會團隊，就這樣看著他們的任務不斷擴展。他們最初的計劃，是在不致過於耗用耶穌會資源的情況下，解決用人問題。他們在巴黎、魯汶、與科隆等地的大學附近，為新進人員辦宿舍。耶穌會管理人負責監督學員的靈性成長，同時歐洲最優秀的幾家學府則為這些學員提供學術訓練。問題解決了。其實，還是沒有解決。在這些只要「最頂尖人才」的耶穌會管理者眼中，這幾所大學雖然已經是歐洲最佳學府，它們的教育品質卻仍然參差不齊。基於這個理由，一方面也為免負擔驟然加重，由耶穌會士自行任教、為學員提供大學教育以外的補充課程，很快成為一種完全可行之道。

一旦他們開始自行開課教導學員，甘迪亞公爵的以下建議，似乎也不無可行性：耶穌會若同意接納他的幾位非耶穌會的臣民，可以在甘迪亞開班教育他們的學員。這麼做有何不可？反正要開班授課，多招收幾個人又能添多少麻煩？對資金短缺的耶穌會而言，公爵這項捐助辦學的建議也是個好消息。不過這項發展確實為耶穌會帶來額外的工作，也使耶穌會的教育朝一個新方向推進。當時甘迪亞地區沒有大學。於是耶穌會第一次完全包下教課工作，至於管理學校本身，對耶穌會而言則更加是一種嶄新的經驗，不在話下。略超過一年以後，西西里島米西納[7]的市府官員提出一項建議，使耶穌會的訓練工作又出現一次小轉折。

這項建議是，耶穌會在米西納為當地青年辦學，並且招收自己的學員。

就這樣，原本只為安置學員而建的非教學性宿舍，幾經周折，卻轉變為一般學生服務的學院，由耶穌會任教、管理。循序漸進。耶穌會並非經由策略企劃部門（他們沒有這樣的部門）舉行的一次腦力激盪會議，而訂定這項辦學目標；事情就是如此發生而已。不過耶穌會善於分辨、並把握好的構想，而不論它如何產生，這種本領令我們不得不佩服。

認清並營造一項好構想

在他人生旅途的最後十年，羅耀拉批准開辦了近四十所學院。在那個時候，沒有一位耶穌會士具有辦學經驗。但在羅耀拉去世以前，耶穌會已經設法使三十餘所院校展開運作：其中義大利就有十二所，其他遍佈於里斯本、巴黎、維也納、魯汶、科隆、布拉格、德南的英格斯塔德❽，甚至在歐洲以外的印度臥亞，以及巴西的聖維生❾都辦了學。當時可資運用的耶穌會人力，幾近四分之三在突然之間，投入事業體在創辦之初未曾想過的一項事業。在耶穌會成立四十周年時，它經營的一百五十所院校已經成為歐洲天主教高等教育的基礎。這時的耶穌會，已經擁有全世界規模最大、最具影響力的高等教育系統，而相較於日後全盛時期在全球五大洲擁有七百餘所中學、學院與大學，這不過是初試啼聲而已。教育歷史學家估計，到十八世紀中葉，追求傳統高等教育的歐洲人，幾近二〇%受教於耶穌會經營的學校。

學者專家會說，高等教育市場在當時大體上是一片真空，耶穌會是第一個透過精心籌劃、進軍這個市場的組織，而且耶穌會領導人也有足夠膽識，敢把握這個機會、以整個事業體的命運一搏。但真正的領導其實來自最前線，因為派駐各地、積極進取的耶穌會士相繼發現辦學是個理想的策略，既能造成獨特而長遠的衝擊，又能強化耶穌會在當地的地位與信譽。為了建立學校，使學校展開運作，強悍的耶穌會地方管理人奮戰不懈。他們使盡一切手段，務使地方社區與貴族提供贊助與資金，並且想盡辦法爭取總部的批准與資源。相對而言，贊助通常不難；隨著耶穌會聲譽愈隆，開辦新學校的要求不斷湧入羅馬。在一般狀況下，如何向羅馬爭取人力才是難題所在。

教育市場為耶穌會帶來一個絕佳的機會。既有系統無論任何層面都已殘破不堪。教育在當時是一種有多少算多少的事。大多數歐洲城市根本沒有小學或中學教育系統。免費或政府補助的大眾教育系統根本不存在，只有少數付得起學費的富裕家庭子弟才能受教育。其結果是，在已達學齡的男性中，即使只是初具基本讀、寫技巧的人也僅得三分之一，在女性中更是不到十分之一。不過這些平均數字隱藏了駭人的社會經濟不平等真相：幾乎所有富裕家庭的子弟都受過一些教育；幾乎所有窮人的孩子都無緣於教育。由於小學教師沒有同業公會組織，想加入這一行沒有任何既定最低標準限制。地方政府對小學也不加監督，對小學課程也沒有指導原則。一個人只要能夠吸引付學費的學生，就算是老師。舉例說，在一五〇〇年代末期，威尼斯八〇%以上的學生都受教於在自己住家開設小班、獨立運作的教師。

新教改革運動人士，對這種教育體制蕩然、教育機會明顯不公的現象痛心疾首。馬丁・路德呼籲政府當局組建基礎教育系統，強調普及教育對國家之利。但改革運動人士的這些努力幾乎完全集中於小學教育。因而建立的少數幾個教育網路，確實在若干地區大幅改善了小學教育。但這些網路鮮少跨越國界，或涉入高等教育領域，而且無論怎麼說，直到十六世紀結束，它們數量太少，太稀。

與小學教師不同的是，有志在大學任教的人必須至少滿足成為教授的最低標準。儘管當年大學教授的資格取得不像今天這麼嚴格，欲享有授課於大學的特權以及「大師」的名號，仍需多年的大學研究與成功的考試成績。無需多說，有鑒於教授的品質要求，唯有運氣好、能夠讀大學的人，才有可能進入這一行。而且在那個年代，正式高等教育最突出的特性就是它的極端缺乏。如果歐洲那些最富裕城市的居民只有四分之一的人受過基本教育，享有正式高等教育的人不到一%。

當時的中等教育市場殘破，蕭條，服務品質既差也欠缺領導人才，同時還面對新教徒社群的「意識型態競爭」，極其適合耶穌會大展其競爭優勢。耶穌會的全球性組織以及迅速的反應能力，是兩大明顯的優勢。即使對一個意願與資源兩者兼具的城市而言，建立新學院的師資與人員問題都是一項艱鉅挑戰，但耶穌會可以從既有學校與其他業務項下調遣團隊，或運用新進學員進駐，迅速解決新學校的師資問題。成立於西西里的耶穌會學院，在創校之初共有十位耶穌會教職員，他們代表的國籍至少有五國。

在新教宗教改革運動人士全力於基礎教育之際，耶穌會向一處完全欠缺有組織競爭的地方進軍。在當時的歐洲，即使在同一所學校也經常出現課程與做法相互衝突的混亂現象，國與國之間的歧別自然更為嚴重。而耶穌會適於此時創建進軍全球計劃，並將最佳做法蒐集編寫為一套「教學方案（Ratio studiorum）」。耶穌會品牌開始成為持續不墜的高品質的保證。在當年任何一所大城市，身為父母者都必須面對數十家各不相涉的小型學校，而不知何去何從。對於這些迷失的父母們，耶穌會學校是一大恩賜。在當年那個既無教職公會出面訂定最低師資標準，政府當局也相應不理的環境中，受過嚴格訓練的耶穌會士比一般中學教師的程度高得太多。簡言之，耶穌會事業體的實力能夠絕佳地呼應時代需求。當時沒有任何其他組織具備與它匹敵的能力，而耶穌會領導人展現他們甘冒風險的決心、創意、與進取性，把握了機會。

十全十美的網路

但為什麼選擇這一行？再怎麼說，耶穌會「協助人靈」的使命範圍很廣，適合從事的行業很多。而且對於一個組織良好、智慧能力超強、行動又敏捷的事業體而言，教育絕不是它唯一可以勝出的領域。

他們所以如此激進地投入教育事業，只因他們發覺教育與他們較廣的行事目標切合得天衣無縫。耶穌會士渴望能夠影響那些能對社會造成最大衝擊的人士：他們的學生由於高人一等的教育，往往能夠成為各別社群的菁英，而為耶穌會帶來極大優勢。教育程度較高的天主教人口能夠提升力量，以壓制基督新教的擴散，這是耶穌會衷心渴盼的又一目標。此外，高等教育還能透過無數其他方式支援耶穌會的使命。它為耶穌會增添生力軍，使耶穌會更能大舉投入與新教宗教改革派的論戰；它使才智驅動的耶穌會士能夠不斷走在科學與學術的前沿；它為從亞洲、非洲、與美洲耶穌會駐所源源流入的科學、地緣與文化發現，提供一個學術出路。

隨著早期現代歐洲經濟發展，一些重要城市掘起，由於學生集中於這些歐洲新興的都市中心，耶穌會也選在這些地方建立新學校。耶穌會的學校逐漸成為城市神經中樞。一旦學校的基礎設施完備，耶穌會的其他活動也利用這些設施展開。就這樣，耶穌會教堂、社會服務中心與其他作業機構，往往不謀而合地座落在重要大城的心腹，為歐洲最具影響力的公民提供著服務。

最後，學校也以一種耶穌會始料未及的方式，解決了耶穌會人才難求的苦惱。這些學院一如預期，使耶穌會得以教育自己的學員，提升學員的水準。但它們同時也為耶穌會匯聚大批年輕、可塑的準學員。在每年的畢業班都為耶穌會帶來新學員的情況下，有經驗耶穌會士轉任教職的努力獲得成倍奉還的豐碩回報。如果耶穌會士刻意避免予人一種公然利用辦學召募新人的形象，對於如何利用這些近在眼前的莘莘學子、擴展其陣營的遠景，他們絕不是一無所知。傑洛尼莫・納達爾鼓勵耶穌會管理者「盡可能吸收最多最頂尖人才」，而他也建議每一所耶穌會學校教職人員提名一位「推廣人，賦予睜亮眼睛注意可能人選、以及誘導那些有意加入者的特別責任」。

於是乎，耶穌會的能力與策略利益以一種獨特而共生共榮的方式，與一個時代的需求切合。大多數商務之所以能夠迅速擴展，根本原因也在於核心能力與市場需求的密切結合。但另有一項小小細節，使耶穌會的產品更具訴求力：它是免費的。耶穌會不僅提供全歐洲最佳的中等教育，這些教育還是免費的。無怪乎各地城市都籲請他們前往辦學。除少數幾項單獨的城市實驗以外，沒有任何一家企業或政府嘗試過抱負如此遠大的計劃，甚至只是略相類似的計劃也難得一見。只有為「英雄式目標」所惑的事業體，才會傻到在人力與資金兩缺的情況下，推動這樣一種規模龐大、推陳出新、而且勞力密集的實驗，並且還能像英雄奏凱一般取得成功。

栽培領袖

耶穌會免費提供教育。單是這個事實已經宣示了一項革命性的社會遠見：即使窮人也應享有學習機會。在那個年代，只有少數家境富裕、付得起學費的人才能享有正式教育。從而導致的不平等，使歐洲社會與經濟階層化的情況更形惡化。如果說，那些城市中的子弟因市內設有耶穌會學校而得享公平競爭的機會，則這種說法有過於誇大之嫌。耶穌會的辦學並沒有帶來甚麼社會革命或人性勝利。耶穌會士也從未曾以社會革命者自居。他們只是在愛的世界觀的驅使下設法「協助人靈」而已。儘管他們建立的網路使其他民間辦學行動看來微不足道，但面對不當教育與不學無識的一片汪洋，他們的努力也不過彷彿滄海一粟罷了。無論如何，這些學校為許多原本不可能受教育的窮人子弟帶來絕佳機會。富裕人家的孩子也因此得享一種獨特的教育機會：由於與窮人子弟同窗，他們得以在同儕層面上與窮人互動（這往往也是他們初次的類似互動經驗），從而學得有關人類平等、顯而易見的教訓。

耶穌會的革命性遠見，最後卻因它本身的成功而受到威脅。學校網路擴展之速，甚至超越耶穌會本身英雄式的宏觀想像之外。羅耀拉本身要為激勵耶穌會這項大舉擴展的行動負責；他與他的夥伴如何應付因成長過速、後繼乏力帶來的後果，造成的衝擊恐怕連耶穌會也不完全了解。如果，能料想到那些始料未及的後果逐一展現，羅耀拉很可能採取不同的因應做法。

保持遠見之難

史丹福商學院教授詹姆斯．柯林斯與傑利．薄樂斯在一九八九年針對公司負責人進行一項廣泛調查，並跨越產業界線找出十八家他們稱為「有遠見公司❼」的首要公司，之後對這些公司進行研究以找出使它們不斷維持優異成績的共同特點。兩人於是發表《基業長青》（*Built to Last*），公開他們的研究成果。在這些成功習慣中最重要的一個習慣，是將公司投入甚至孤注一擲於極具雄心、勉力而為才能完成的任務。這樣的任務，即所謂 BHAGs：規模大、氣勢大、膽識大的目標（big, hairy, audacious goals）。舉例說，在三十年內，建立全世界規模最大、品質最高的高等教育系統。對於一家一直苦於人手不足、而且從未辦過學的公司而言，這樣的目標可謂大膽已極。

只有一個問題。B（規模大）、H（氣勢大）、與A（膽識大）都沒錯，只是沒有人視它為一種G（目標）。耶穌會在一開始根本沒有想到要建立一個學校系統，一旦建立學校系統的作業展開，耶穌會也沒有任何一位具創業胸懷的總會長決心建造全世界最大的學校系統。事實上，派駐各地的耶穌會士所以極力辦學，只為了進一步實現事業體「協助人靈」的抱負。一旦學校開辦，積極進取的耶穌會教職員一般都能使它成為當地最優質的中等教育學府。

這個網路的建立透過由下而上的方式逐步完成，而不是由領導人提出恢宏遠見、交付部屬執行而成。如果說耶穌會領導人對於辦學有甚麼恢宏的遠見，也絕對只是一種非全面性的遠見：「教師應該傑出。」他們就這樣建立全世界最優秀的學校網路，每一次一位傑出教師，每一次一所學校。辦學是耶穌會英雄式領導原則的縮影。它的成果極其輝煌，但它是會士們前仆後繼的努力結晶，每一位會士都以事業體的使命為己任、都塑造著他的使命。每一位會士都在「更」的精神激勵之下，將目光超越平凡無奇的潛在成果，追求更多、更偉大的成就。

早期耶穌會士為我們帶來甚麼有關BHAGs的教訓？英雄豪氣以及隨之而來的BHAGs，由「更」的領導人由下而上展現。這種英雄豪氣是買不到、換不來、無法操縱、也不能迫使的。它由自我進取、熱衷工作的各別員工無償提供、甘心奉獻。成功的領導人知道，激勵英雄豪氣不像訂定一項雄心勃勃的 BHAGs 那樣簡單。他們的做法是努力創造環境，使置身其間的員工能選擇英雄式的工作與生活方式。

英雄式的領導碰上難題：在人權問題上不能盡其全功

隨著耶穌會士益發深入未經探勘的文化與意識型態領域，他們採行的路線也充滿艱難險阻、孤獨、而且時而相互矛盾。

巴西的奴隸販子至少有一項優勢：他們的工作是一致的。非洲人、巴西土著或巴拉圭耶穌會歸集村的居民，在他們眼裡沒有分別，只要是奴隸就是奴隸。對耶穌會士而言，事情可沒那麼簡單。葡萄牙耶穌會士安東尼奧．維耶拉❽，捨下在里斯本的一項輕鬆舒適的皇差，選了一項頗具爭議性的任務，於一六五〇年代抵達巴西，調查當地土著遭虐待的情況。沒隔多久，他已經在葡萄牙殖民社會中陷於完全孤立；他在給里斯本葡萄牙國王若望四世的信中如此寫道：「（在這裡）與我們為敵的有當地人民，有（其他）修會，有業主，還有王國與這個城邦裡面所有有意奴役印第安人的人，為保護狀況淒慘的印第安人而奮鬥的，只有我們而已。」

不僅簡報土著的慘況，維耶拉還在信中厲斥運抵巴西港口的非洲奴隸受到的野蠻待遇：「主人穿著打扮威風凜凜，奴隸衣衫襤褸裸露身軀；主人大快朵頤，奴隸饑腸欲死；主人穿金戴銀，奴隸鐵鎖纏身。」如果他由於為原住民權益請命而與殖民地社會為敵，在同一封信下文展現的滔滔雄辯，更使他與十七世紀幾乎所有歐洲人形同陌路：「這些人難道不是亞當與夏娃的子孫？基督的血難道沒有為這些靈魂贖罪？難道這些人體的生與死與我們不同？他們難道與我們呼吸的不是同一空氣？難道他們不置身在同一蒼空之下？難道他們不在同一太陽下取暖？」維耶拉與他的一小群耶穌會夥伴在抵達巴西不到十年，殖民地的人已經受夠了；被驅逐出境。

耶穌會士規劃的路線不僅遭到歐洲社會排斥，有時就連耶穌會士本身也無法放膽遵循它走向目標。沒錯，主要由於耶穌會的鼓吹，原住人民的自由權得以通過立法、在巴西獲得若干保障。但即使是維耶拉也沒能大起膽子、要求停止在非洲的奴役行為，儘管那些受害人同樣是「亞當與夏娃的子孫，在同一太陽下取暖」。維耶拉等人要求的，主要只是給予非洲奴隸較人性的待遇而已。在十七世紀的美洲，這已經是極端激進的主張，但與耶穌會士為捍衛當地原住民權益，而即將在巴拉圭展開的殊死鬥爭相形之下，維耶拉等人這些主張就差得太遠了。或許維耶拉很精明，了解在耶穌會協助切斷源源而至的原住民奴工以後，非洲奴隸已經形成巴西經濟賴以支撐的勞力泉源。他或許認為原住民的解放，大概已經是憤憤不平的殖民地人民能夠容忍的極限；如果再鼓吹解放非洲奴隸可能引發反撲，使殖民地的人連勉強同意給予土著的自由權益也一併反悔。

不過，這樣的策略運用無論在邏輯上如何無懈可擊，與在巴拉圭的那些耶穌會士展現的精神卻不能契合，因為後者只是全力將原住民從信託系統解放，絲毫不考慮安撫殖民地人士的任何折衷辦法。或許非洲奴隸的問題對耶穌會而言，過於影響到它的根基；畢竟，耶穌會在新世界各殖民地擁有廣大的學校與房舍網路，而贊助這些網路的人都是當地大地主，可以說，在拉丁美洲擁有最多非洲奴隸的團體支持耶穌會。

耶穌會雖然在南美為保護當地原住民的權益而奮戰，但即使是這項行動也沒能做得徹底。沒錯，耶穌會協助瓜拉尼人在文化上有所成就，為他們建立的生活水準儘管仍有缺失，但相較於其他遭歐洲殖民的拉美原住民而言，已經強得太多。只是，雖然瓜拉尼人果能表現不俗，成為成功的音樂家、藝術家、建築師與作家，但至少有一個行業是他們無緣踏入的：耶穌會士。像所有大修會一樣，耶穌會也在整個新世界建立相當於有色人禁令一樣的機制。耶穌會認為，瓜拉尼人篤信天主的時間還太短，不宜賦予聖職。這是一項合乎邏輯的推理：早期的歸集村居民，不僅是第一批接觸基督教文明的瓜拉尼人，也是最早接受基本讀寫訓練的瓜拉尼人。他們不可能滿足耶穌會為新進學員訂定的嚴厲學識標準。但隨著代代相傳，這項推理也越來越站不住腳。

強調這些現象的要點不在於說明早期耶穌會的缺失，而在於說明英雄式領導是一種永無止境、不斷挑戰的工作。它涉及對於做法、戰術、價值與文化不斷質疑、不斷探討的意願。以耶穌會的情況而言，他們的英雄式做法往往使他們疏離主流歐洲文化。見識狹隘、鼓吹國家主義的西班牙與葡萄牙王室，不願讓耶穌會的跨國團隊進入他們在海外的殖民地，迫使耶穌會與之力爭。耶穌會大幅背離修道院傳統的做法令教廷當局不快，也迫使他們與教廷周旋。拉丁美洲的殖民人士憤恨耶穌會插手保護原住民權益。而在亞洲各地，激進的耶穌會傳教策略也讓非耶穌會的傳教士惱怒不已。

逆境考驗領導

領導往往是一種反潮流的奮鬥。逆流而上雖然已夠困難，不過面臨見風轉舵、隨波逐流的誘惑而能不為所動者，就更加難上加難了。隨著耶穌會事業體得失之間的考量越來越重，英雄式、一馬當先的領導越來越不能成為會士們的必然首選。當年的情況與今天沒有兩樣：相對於根深柢固、成敗得失攸關重大的主流業者，一意衝刺的新興企業既無所失，自也比較容易冒險。

早在十八世紀的耶穌會，乃至近在二十世紀末的全錄、美國電話與電報公司（AT＆T）、與IBM，都出現過這種現象。科技迷應該還記得個人電腦在問世之初，只是一種新奇的玩藝，對於以大型電腦主機掛帥的資訊管理工業，根本形成不了甚麼威脅。全錄、AT＆T與IBM的技術專家，都曾在早期有所突破，這些突破經證明對個人電腦的發展至關重要。而且這三家公司都擁有足夠財務資源，可以利用這些突破而支配萌芽中的個人電腦工業，但沒有一家公司這麼做（或沒有一家早在該做的時候做，或做得沒有該做得那麼好）。何以如此？

這其中的理由很複雜，但可以斷言的是，三家公司的管理層都決心繼續經營過去一直為公司賺錢的事業，而不改變方針、積極開拓未經測試、風險極高的新事業，儘管這三家公司當初所以發跡，都正因為創新與冒險。就像耶穌會一樣，成長得太大、過於自滿、而且不願為本身的利益而冒險。這三家公司也都逐漸偏離作為繼續成功關鍵的核心價值。在這三家龐然大物的主流業者緩步而前的同時，蘋果與微軟這類資金欠缺的新興企業卻勇往直前，在不斷演化的商務中搶佔利基市場。

早期耶穌會士在整個發展史中，有時也放棄英雄式、反文化的路線。當他們這麼做的時候，年已老邁的第一代會士常以一種預言般的語氣提出告誡。當耶穌會不願接納亞洲裔學員作為正式會士候選人時，羅耀拉本人對這種態度提出質疑，他鼓勵在印度的耶穌會管理人冒更多風險：「對那些在學院中受教的孩子，比較有才賦、信仰比較強、行為比較良好、表現比較亮麗的，可以納入（培養成為耶穌會士）」。他的夥伴們一直沒有足夠勇氣這麼做，等到他們的推拖終於成為一種政策時，羅耀拉早已去世。

之後許多代耶穌會士屈服於政治壓力之下，違背了創辦人訂下的其他承諾。羅耀拉與他的夥伴為吸收新基督徒進入修會，曾經歷多次政治鬥爭，但在羅耀拉去世半個世紀以後，耶穌會對新基督徒加入耶穌會施加了令人卻步的嚴厲限制。因為無論如何，所有其他重要宗教組織許多世代以來早已有了同樣限制，遲遲不肯同流合污，只會使耶穌會在歐洲各地喪失政治支持。在大多數第一代創會會士皆已作古的情況下，唯一能夠挺身而出、譴責夥伴不該出賣早期會士們遠見的，只剩下皮德洛．里巴迪奈拉一人而已，而他本身也即將邁入古稀之年。

堅守英雄式領導的挑戰

進入成熟期的公司，往往必須經過一番苦鬥才能保有成就其偉大的那些英雄式衝勁。耶穌會的教育網路是最佳寫照。早期由耶穌會創辦的學校，由於擁有耶穌會「行事之道」的極度優勢而欣欣向榮。所謂耶穌會的行事之道指的是：保持機動，對新構想敞開胸懷，無視於國家界線，相互支持，以及不斷精益求精、永不懈怠。既在核心學科受過極佳教育、又能憑藉持平之心而掌握新知識潮流的耶穌會士，透過學校將傳統學術與進步人性主義的最佳構想結合在一起。在克拉維斯的堅持下，甚至是數學這類新出現的邊緣學科，也納入耶穌會的核心訓練課程，這在當年是正統教育的一項獨特創舉。（顯然，這項創舉廣為世人接受。）就像那些最優秀的研究機構一樣，總部透過「教學方案」，將理念交流的程序制式化。遍佈世界各地的耶穌會教育家，將各項建議與最佳做法源源不絕送交羅馬總部，再由羅馬將修訂後的研究計劃傳回各地學校。

對於一個決意「舉著一隻腳過日子」的事業體，當總部的會士們開始談到將「教學方案」作最後定案時，示警的紅旗也到了應該豎起的時候。他們完成的最後定案，指示耶穌會神學家必須完全奉行偉大的聖多瑪斯．阿奎納[9]的論點。倒不是十六世紀末葉有任何耶穌會士要求效法其他神學大師，但將研究計劃作成定案違反創辦人擁抱世界、敞開胸懷的見地。

至少對碩果僅存的共同創辦人、已逾七十高齡的奧芳索・薩爾梅隆[10]而言如此。老一輩的成員發牢騷在大多數公司是司空見慣的常事，但老輩子指斥年輕一輩過於保守的情況倒頗為稀罕。薩爾梅隆指出，耶穌會不應明訂奉行任何一派神學理論，應該保持開放而樂觀的立場，有朝一日，耶穌會本身的神學家說不定能設計一種比阿奎納學派更好的學說，「依納爵英靈有知一定很是寬慰」。

即使在教學課程更加僵化的情況下，耶穌會學校網路仍然大獲勝捷，耶穌會其他的領導原則也因而受到威脅。在一開始，辦學只是諸多耶穌會事業中的一個項目而已，但學校網路很快吸納了耶穌會一切可用人力資源的幾近四分之三。教育系統的文化，無可避免地開始與較廣的耶穌會文化發生衝突。舉例說，學校與羅耀拉極其重視的機動、彈性、與適應能力並不十分相容。高品質的學校能夠辦得有聲有色，部份原因在於教職人員能夠年復一年、恪守崗位。但羅耀拉期望的，是一支隨時可以「丟下任何寫到一半的信」、以應付緊急新機會的團隊，而身為學校教師，要他們衝出課堂或突然停止學術演說，像方濟・沙勿略那樣在接到通知後四十八小時內趕赴印度，顯然不切實際。

學校需要學校建築。耶穌會擁有的財產越來越多，隨之而來的俗務也增加了。使命感使他們以創新的態度面對展現的機會，但耶穌會管理人被迫至少保留一些創造力，使鍋爐運轉、使課堂屋頂不致坍塌。學校生活的繁瑣雜務，如校舍的保養，教職員的維持穩定、以及勞力密集工作的按步進行等等，定然影響到他們的思維與冒險胃慾。最早期的耶穌會士行動彷彿輕騎兵。他們謹守羅耀拉的訓示，避免有礙機動能力的工作，因此可以輕鬆整裝拔營，邁向新機會。但對於經營一所學校的團隊來說，放下手邊工作束裝上道、展開新工作就難得多了；因為他們對學生有不能背棄的承諾，對校舍、裝備保養維護之責自更加不必多說。

成功者的危機

身為耶穌會持平之心典範的羅耀拉曾說，即使耶穌會解體，他仍可以泰然自若輕鬆以對：「只要能在祈禱中沉思一刻鐘，我已經喜不自勝，甚至較過去更加喜悅。」但是在主持數百所經營得非常成功的學校之後，要耶穌會管理人保有這種心態大為不易。在一無所有的情況下，要你冒大險推動一項雄心勃勃的新企業不難，但一旦你家大業大，要你冒同樣風險就難得多了。同樣的掙扎也在一種人與人的層面上自我呈現：在高度制式化機構中服務的耶穌會士，能否像不受制度牽扯的會士一樣，保有同樣迅速應變與冒險的能力與意願？

當領導開始與如何存活、如何晉升、或與瞻前顧後混為一談時，壞事出現，英雄氣慨也化為子虛烏有。對太多大公司的員工而言，《紐約時報》有關一位組織新秀的報導一定令他們有彷彿親歷的熟悉感。報導中說，他「從不僭越老闆」，是「聰明而有效的組織人才」。他「不眠不休地工作」，完成一連串責任越來越大的任務，「不斷建立盟友，而不留任何痕跡」，職位也不斷升遷。一位通曉內情的人士於是抱怨說：「他確實很精，很懂得自我保護，但我們完全不知道他在大多數重要議題上究竟採取甚麼立場。」這番話原也不足為奇。

但如果因此指責這位新起之秀或許並不公平。因為再怎麼說，他只是走著一條傳統的、早有定規的晉身途徑，這條途徑幾乎在任何組織階層中都能無往不利。一位有抱負的潛在領導人若採取不同的晉身之階，可能並不明智。問題在於，儘管沒有一個組織希求「八面玲瓏」的領導人，一旦這樣的文化生根，想拔除就難了。當公司確能打破這種循環周期時，造成突破的原因通常在於英雄式領導。這類領導人只注重真正領導價值，不計較他們的職場生涯，不在意他人對他們的看法。公司通常得拜英雄之賜才能自救。《紐約時報》筆下這位新秀是誰？他是中國共產黨一顆崛起中的政治新星。以一位共黨官僚的事蹟，而能如此契合企業美國新人的掘起之道，一定讓人沮喪不已。

任何政府或民間機構再愚蠢，連想都不會想的事，耶穌會一連許多年做得轟轟烈烈。對大多數十六世紀歐洲人就這件事而言，還包括十七世紀歐洲人，以及十八與十九世紀多數歐洲人而言，為窮人提供中學教育是匪夷所思的事。在展開辦學之初，尚．鮑朗高擬訂一份十五項要點的報告，說明耶穌會何以選擇進軍教育事業。報告中以極度實事求是的說法，將耶穌會空前的壯志表露無遺：「不可能付得起學費，更無力聘請私人教師的窮人，將在學習中有進步。」這稱得上是一項 BHAG。

只是，這項為窮人提供優質教育的計劃，幾乎在一開始就處於極度緊張下。耶穌會提供免費中等教育當然是件大好事，但小學基礎教育還不是免費的。大多數窮苦家庭無力負擔請教師教導孩子讀寫的費用，也因此許多目不識丁的窮人子弟來到耶穌會中學的門前。耶穌會於是開辦讀寫補習班，希望使這些文盲的孩子也能跟上進度。兩個難題於是出現。無論補習班的訓練多麼有效，大部份補習班出身的學生，始終跟不上那些讀過小學、來自較富裕家庭的子弟。而且，當這些剛學會讀寫的學生終於從補習班「畢業」、而與那些程度強得太多的學生同窗以後，他們也總是全軍覆沒。此外，由於耶穌會人手已經短缺，補習班師資也是一大挑戰。

對成功的妥協

甚至早在羅耀拉有生之年，這種來者不拒的做法終將耗弱耶穌會資源的趨勢已經很明顯。耶穌會於是達成一種或許終於為它招來大禍、但是合乎邏輯的解決辦法：只限招收識字的學生。耶穌會訂定的課程難度在歐洲居冠。年輕人若從完全不具讀寫技巧的起點出發、而想通曉這些課程，幾近不可能。不過由於只有富貴人家才有能力使孩子接受小學訓練，一般而言，能夠克服讀寫障礙、有資格就讀耶穌會學校的，只有這些富人子弟而已。耶穌會學校（儘管或許並非出於本意）越來越成為主要為富有階級而設的教育機構。這種趨勢於是蔚為風潮。嚴格的課程與高品質的師資，為耶穌會作為富貴階級首選教育機構的名聲定了型。當然，影響那些有影響力的人原本也是耶穌會的一項核心策略，而鮑郎高的報告中也曾辯稱，「那些現在只是學生的人，長大以後將成為政府官員將出任其他要職而造福全民之利」。舉例言之，到一六〇〇年代初期，帕爾瑪耶穌會學校招收的學生，就只限經確證出身貴冑之家的男孩。為配合這些年輕學子的身份與未來前程，帕爾瑪的課程除傳統學術研究以外，還加上騎術與防禦工事設計等科目。

一切都沒有問題。它是全世界最好的學校系統，而且繼續如此。它服務的，是對耶穌會由上而下策略做法至關重要的顧客。

只不過，在「更」驅策下的英雄式領導，要旨在於成人所不能成的事。耶穌會建立的，確實是超乎當年任何歐洲人想像之外的學校系統。但他們沒能建立一種更加不可能的學校系統。或許在「更」上再接再厲，能使這樣的系統也成為可能。

在「更」驅策下的英雄式領導，包括大膽的想像力，與把握大膽機會的意願。耶穌會自我跳脫於歐洲人思維方式之外，目的在以一種非常不同的角度觀察這個世界。就這樣，在印度與巴拉圭的那些英雄能夠義無反顧地踏上征塵，絲毫不擔心安危與退路問題。他們怎可能不冒這個險？他們參與的是「當今世上最偉大的事業」。巴拉圭的耶穌會士為爭取土著人權，積極推動進步的、為當代人士不敢想望、更不可能贊同或嘗試的做法，而他們站穩了腳步。當戴諾比利、利瑪竇等耶穌會士，分別在印度、中國與其他地方運用新模式表達基督教訊息之際，他們站穩了腳步。

但隨著時間不斷過去，耶穌會士開始發現他們的腳步踏得似乎不是很實。他們於是在非洲奴隸、以及在會士資格問題上採取比較妥協的立場。奇的是，當他們盡情發揮一切可資運用的英雄豪氣與才智、完全將退路與安全問題拋在腦後時，他們幾乎都能攻無不克、所向披靡。但一旦他們開始猶疑、退縮，撤回看來比較安全的所在之際，整個事業體卻突然出現大幅震盪。

---

❶塔那湖（Lake Tana）

❷皮德洛・裴茲（Pedro Paez）：生於一五六四年，逝於一六二二年，西班牙人，耶穌會士。

❸賈可布・貝格特（Jakob Baegert）：耶穌會士。

❹米西納（Messina）：位於西西里島。

❺英格斯塔德（Ingolstadt）：德國巴伐利亞小城，是奧迪汽車的總部所在地。

❻聖維生（São Vicente）

❼visionary companies

❽安東尼奧・維耶拉（Antonio Vieira）：生於一六〇八年，逝於一六九七年，葡萄牙人，耶穌會士。

❾聖多瑪斯・阿奎納（St. Thomas Aquinas）：生於一二二五年，逝於一二七四年。義大利人，神學家，教會聖師，道明會士。

❿奧芳索・薩爾梅隆（Alfonso Salmeron）：生於一五一五年，逝於一五八五年，西班牙人，聖經學者，耶穌會士。

第十章 膽識與生存

能夠一代傳一代、持續保有取勝必備的領導優勢的公司很少，能夠一世紀接一世紀而不斷保有這種優勢的公司，更如鳳毛麟角。試想一下，以一九〇〇年全美最大的一百家公司為例，到二十世紀之末仍能威名不墜的僅得十六家。那些成功的公司存活率何以如此之低？原因之一是成功導致自滿。或者是市場領導人改採守勢，他們引頸回顧，而不再放眼前方搜尋新機會或隱然成形的威脅。追求更多的領導人能不斷凝視前方、尋找更有抱負的目標，為確使遠見與使命感的重要部份仍然佔有重要地位、未遭忽視，或未遭完全拋棄，這樣的領導仍是唯一可靠之道。

耶穌會或許改變了速度，但他們沒有改變路線，也沒有放棄他們的領導原則。他們沒有背離迅速應變、擁抱世界、追求「更」的原則，而淪為腦滿腸肥、躲避風險的官僚。甚至在羅馬當局準備對新基督徒的會士候選人資格施加嚴格限制之際，戴諾比利仍能獲有總會長艾卡維華的支持。甚至當耶穌會教師在帕爾瑪與貴族子弟一起建造玩具堡壘之際，耶穌會士仍在巴拉圭與瓜拉尼人並肩努力，建造真正的城市與要塞工事。當耶穌會成立即將屆滿兩百年之際，曾協助他們創下輝煌的成長與成功佳績的領導原則，仍然穩穩支配著耶穌會。

但或許由於這時的耶穌會已有太多患得患失的負擔，這些領導原則已經不能再像當年一樣、徹底掌握這個事業體。十八世紀中葉的耶穌會，遭逢耶穌會官方歷史學家柯達拉❶所謂的「驚滔駭浪」而動盪不已。柯達拉指出，耶穌會若能無愧於命名與其英雄傳統，原可以避開那場大劫難：「我認為應付非常性質的不幸，應該運用非常的手段。我深信極大的膽識必不可缺，深信必須寸土必爭。」不幸的是，當耶穌會最迫切需要膽識的時候，羅馬總部卻極度欠缺羅耀拉、方濟．沙勿略、鄂本篤、利瑪竇、戴諾比利、以及其他好幾十人展現的那種極大膽識。

空前成功的副產品：遍地都是敵人

任何井然有序、教材式的寫法，都無法正確描繪十八世紀中葉衝擊著耶穌會的複雜而洶湧的逆流。當年的耶穌會在歐洲遍地是敵人：包括保守派與進步主義份子、政界人士與神職人員、虔誠的天主教徒與反對有組織宗教的死硬份子。這個匪夷所思的同盟，只因一種共同目的而結合，這目的就是剷除耶穌會。要解釋這許多人所以懷恨的動機不難，但要了解他們的憎惡何以逐漸壓倒耶穌會就難得多了。甚至是在今天，想找出耶穌會盛極而衰的「傾斜點」也極為不易。

啟蒙運動❷思想家從意識型態角度進行觀察。科學的進步促成廣大風潮，要求以「理性人」的方式搜尋支配自然界與社會、放之四海皆準的法則。啟蒙運動的哲人只重透過推理或經驗法則而證實的真理，對天啟性宗教❸不予重視。對於經他們認定、只是根據教宗權威而片面作成的決定，他們也不當一回事。如果說解放歐洲、使歐洲掙脫天主教與其迷信儀式的支配，代表的是全面勝利，伏爾泰認為擊敗耶穌會是邁向這場全面勝利的第一步：「一旦毀掉耶穌會，我們應該很有擊敗這可惡東西，即法國境內的天主教會的勝算。」他對他談到的這個敵人有第一手的了解：他曾經受教於耶穌會。扳倒耶穌會不僅能對教會形成一記明顯、富有象徵意義的重擊，也能一舉迫使最有能力駁斥啟蒙運動論點的那些耶穌會理論家退出戰團。丹尼斯·迪德洛（Denis Diderot）的《百科全書》第一冊，甚獲時人推崇（它那位不很謙虛的總編輯也在推崇者之列）譽為知識企業開明新做法的一項勝利。耶穌會對這些自吹自擂的人大舉撻伐，因為他們發現這本書的許多論文是全文剽竊的產物（而且其中有些還剽竊自耶穌會的作者）。迪德洛等人何以認為他們的運動在剷除耶穌會以後會發展得比較好？答案已是呼之欲出。

反耶穌會的隆隆砲聲，也來自相對的另一側翼。耶穌會神學家一直極力批判著一個稱為楊森主義❹的天主教改革運動。耶穌會在捍衛人類自由意志理論上不遺餘力，而楊森派在強調恩寵的理論中，卻為命定論辯護。在發現此事以後，耶穌會說服教宗對楊森主義提出各項譴責。不過耶穌會低估了楊森主義彷彿拉斯浦丁❺般的耐久力，也或許它沒有考慮到這個改革運動在法國教會與政府擁有的政治勢力強大的同情者。楊森派雖然早於一六〇〇年代中期，已經在精微深奧的神學理論辯論中遭耶穌會擊敗，但直到一整個世紀以後，它仍然發行小冊子，對恨之入骨的耶穌會進行不分青紅皂白、查無實據、死纏爛打式的攻擊：

他們（耶穌會士）從來不知收斂無休無止的野心，只是一味增加權力與支配。透過一切可行手段，他們累積資金與巨額財富，這些手段包括：從不疑有他的君王求取贈禮，從城鎮與都市榨取財物，用於法不容於傳教士與宗教的污穢商務行動侵入各國商界，或者透過暴力或利誘剝奪家庭的家產。

啟蒙運動思想家與楊森派人士，都視耶穌會為他們在意識型態之爭上的死對頭，不過基於不同原因。鼓吹理性與自由意志的啟蒙運動思想家，所以攻擊耶穌會，只因耶穌會是保護天主教會最力、最具代表性的團體。另一方面，楊森派則因耶穌會固守自由意志的教義而抨擊耶穌會。到一七〇〇年代中期，耶穌會已經過於身陷苦戰，無力察覺這兩者之間的矛盾。

但這其間還有另一問題。耶穌會士極度熱衷於高姿態的神學辯證之戰。有先見之明的羅耀拉，早在近兩百年以前已經告誡他的一個團隊、要他們放低姿態：「在一些道聽塗說的人、特別是在羅馬這裡的一些人心目中，我們（已經）背有一種惡名，說我們有意統治世界。」或許這種好勇求戰的習性，正是耶穌會的阿奇里斯的腳後跟❻，是耶穌會的致命傷。

更重要的是，人們不禁要問，促成耶穌會早期成功的迅速改變、擁抱世界的眼光，是否已經為那種潛移默化的知識性傲慢所吞噬。或許較早期那些「非常大膽」的耶穌會團隊，更能有效地應戰啟蒙運動思想家。無論克拉維斯之與伽利略，戴諾比利之與他那些婆羅門皈依者，或利瑪竇的後繼者之與中國皇帝，富有想像力的耶穌會士都能發掘共同立場，使觀點與他們大不相同的人士能與他們共處。說也奇怪，這種虛懷若谷的胸襟已捨他們而去、投入啟蒙運動思想家的懷抱。這些思想家多人出身耶穌會學校，他們至少鼓吹著一個耶穌會士本身也極力標榜的主題：對人的尊嚴、潛能與人性高貴的信念。

最大的危險就是不冒一切風險

向耶穌會丟石頭的人，遠遠不只是楊森派與啟蒙運動思想家而已。耶穌會為原住民自由權益請命的做法，或許令原住民社群歡欣雀躍，但對耶穌會在殖民者心目中的聲望卻沒甚麼好處。而且殖民者還有其他一些對耶穌會恨之入骨的理由。耶穌會在拉丁美洲、亞洲與非洲都經營農場，以支撐他們的傳教工作與教會。耶穌會自認他們在出口商務上做的是公平競爭，但對他們的競爭對手而言，這場競爭卻絕對不公。西班牙王室為加惠在西班牙新世界殖民地宣教的修會，豁免這些修會的農場營利活動的銷售稅。憑藉這項優勢，耶穌會得以在糖、酒、牲畜、以及其他農牧產品上，以低價擊敗與之競爭的商場對手。更有甚者，殖民者經營的一般是規模小、零星、而且孤立的農場，而耶穌會卻是大規模經營，他們在內陸、在拉丁美洲港阜、以及在歐洲各大城市擁有的房屋與社區網路，也協助他們克服出口商務難免遭遇到的種種難關險阻。這些在殖民者眼中的不公平商業優勢，使挾怨已久的他們更加痛恨耶穌會。

惱火不已的殖民者，很快在楊森派與其他團體散播的許多流言上，又加上他們自製的謠傳，說耶穌會經營著大金礦，說耶穌會壟斷可可亞、馬德拉白葡萄酒❼、以及其他一些商品的外銷，還說耶穌會在籌建一個龐大的全球性貿易帝國。

謠言、影射，再加上一些半真、半想像的事，為耶穌會帶來最不幸的一刻。歐洲諸國正想方設法對付積弱的梵蒂岡，伸張本國的權力，而耶穌會是一個容易下手的目標。誓言效忠羅馬總會長的法國耶穌會，遭到巴黎議會公開譴責，說他們不愛國，議會並建議他們自治。陷於窘境的法國耶穌會當然拒絕了這項建議，反對他們的人於是大作文章，誹謗法國耶穌會這種效忠外國權威的宗教至上做法。

塞巴斯提奧．戴．卡法荷（Sebastião de Carvalho）自命為啟蒙運動的正宗傳人，在擔任葡萄牙駐英國大使期間，對教會隸屬於國家之下的關係極為嚮往。一旦出任葡萄牙外長，他自然渴望在葡萄牙也建立這種關係。在卡法荷伸張國家權力的鬥爭過程中，耶穌會成為一個理想目標，而瓜拉尼戰爭更為他帶來以阻礙葡萄牙發展為由、粉碎耶穌會的絕佳機會。以葡萄牙外長具名的一份宣傳小冊，開始鼓吹歐洲各國伸張國家權力：「耶穌會即將遭到這個王國驅逐。其他列國很可以效法葡萄牙這麼做。這些先生的野心與偽裝的精神都作得太過火。他們想控制一切良知，並侵入宇宙帝國。」

「教會」與「使命」誓不兩立？

換成是柯達拉，必然奉勸夥伴們運用「非常的手段」與「極大的膽識」以「寸土必爭」，但耶穌會先後幾任總會長紛紛在對抗下讓步，希望就此息事寧人。對於像這樣一個成員每每能在必要之際成就大功、化險為夷的事業體而言，如此一味退縮的策略完全失去其英雄本色。在前幾章，當巴拉圭的耶穌會士因瓜拉尼遭到解體厄運而挺身而出之際，我們已經感覺事情似乎出了甚麼差錯，而現在，整個歐洲映入我們眼簾，亂子顯得更大了。巴拉圭的耶穌會士原本指望，他們的總會長與在馬德里及里斯本的夥伴能為他們進行遊說。結果他們奉命退讓：「我要求省內每一位成員堅守神聖服從的訓令，違者以大罪論，要求（每一位耶穌會士都不得）直接或間接阻撓或抗拒七個歸集村移交的工作並（運用）影響力與努力，使印第安人不抵抗、不反對、不逃避地服從。」姑息從來不是一種有效的策略；不敢冒險的耶穌會管理者徒然使敵手們食髓知味、更加大起膽子攻擊耶穌會罷了。

耶穌會的解體以慢動作的方式呈現。他們首先於一七五九年遭葡萄牙驅逐，隨後在法國與西班牙遭到連根拔起。發生在羅耀拉故鄉的事，成為後來在歐洲各地景況的寫照。在一七六七年四月三日的午夜，西班牙全境耶穌會士由軍隊召集到耶穌會會院會議室。在那一天結束時，來自數十處會所的耶穌會士，就只帶著穿在身上的衣衫與手提行李，在武裝警衛押解下，押送到驅逐出境口岸。就像任何其他時代、世上任何其他地方的流亡人士一樣，六百位耶穌會士被押上由十三艘船組成的船隊，準備遍訪全球、尋找一處願意收容他們的國度。教宗的後院原本似乎是收容他們的理想所在，因為耶穌會士一直就是教宗御用的精銳部隊。但教廷卻根據一種只有理則學家才能懂的邏輯斷然拒絕了他們：如果允許耶穌會士進入教廷，教廷等於默認西班牙政府有權驅逐他們。但梵蒂岡之所以拒絕收容這些西班牙耶穌會士，還有另一個較實際的理由：羅馬已經擠滿八年前遭葡萄牙逐出、數以百計的耶穌會士，這個問題為耶穌會與梵蒂岡的資源都帶來沉重負擔。

流亡的會士就在科西嘉外海的船上滯留，有些會士一連幾個月就關在惡臭撲鼻的船上，等候政府批准他們移居科西嘉。不過他們沒有等多久。不到一年，法國政府完成購買科西嘉的最後手續，耶穌會士於是再次淪為業已在法國境內生效的驅逐敕令的對象。在數以百計來自瓜拉尼與拉丁美洲全境的耶穌會士，與這些從西班牙逐出的會士會合以後，耶穌會難民人口增加一倍有餘。有些會士設法混進熱那、費拉拉與其他義大利城市。數以百計的會士放棄他們的身份，輾轉漂泊地回到西班牙，以教書或加入其他行業維生。另有數以百計的會士遇害殉教。

事業體解體

教宗克萊孟十四世認為，為了他或他的教會的最佳利益，在全球性根除耶穌會的事件上，他最好不要與葡萄牙、西班牙和法國政府作對。他在一七七三年發表的那篇詔書，有一種「他們要我這麼做」的味道，似乎發表聲明的不是一位教宗，倒像是一個悔過的孩子：

但同樣這幾位王（指法國、西班牙、葡萄牙與西西里國王），這幾位耶穌基督最親愛的孩子，認為這種匡正之道（即只將耶穌會士逐出其本國）不具持久效果，認為除非耶穌會本身全面遭到禁止與廢除，否則無法在基督宗教世界建立安寧。經過充分省思我們禁止並廢除了耶穌會；我們整肅、廢止了每一處耶穌會會所。

耶穌會培育中的見習生被迫放棄修道生活、遣送回家。耶穌會的神父獲許加入其他修會。當局還採取一項雖或全無必要、但極富戲劇效果的行動，將耶穌會總會長拘禁在羅馬，後死於獄中。耶穌會的財產遭到各國逐一瓜分。與傳言大不相同的是，他們沒有找到金礦，沒有找到大筆財富，也沒有甚麼全球貿易帝國。但掠奪者有甚麼搶甚麼，他們從耶穌會圖書館奪走的書籍，後來陸續出現在大英博物館、在法國國家圖書館、在蘇富比的拍賣場、以及在無數個人的收藏之中。

二十一世紀的安能（Enron），就像十八世紀的耶穌會一樣，都有很長一段時間曾是業界的表率。這兩個組織都曾吸引眾多有志之士，在一個具有創意與遠見的環境中獻身於至佳的表現。只是曾幾何時，兩家公司的管理層都失落了成就其偉大的那些原則：當年使得羅耀拉與其共同創辦人意氣風發的那種甘冒風險的英雄氣慨，在十八世紀的耶穌會管理人身上已不復見；而安能的管理人所失落的，則是更基本的誠實與公平原則。在這兩個案例中，身為「員工」、仍然獻身於公司核心原則的才賦之士，都遭到出賣而淪為代罪羔羊。在巴拉圭歸集村工作的耶穌會士，不了解他們在羅馬的主管為什麼任由外交談判在他們無從參與的狀況下進行、坐視他們受困；安能的員工大眾則因公司的瓦解，而在突然之間一無所有，而且失業。準此而言，身為領導人的職責更重了：不僅必須伸張公司的重要原則，也要確使公司無負於信守這些原則的團隊成員。

不可抗力的大變動

無論安能下一步將出現甚麼發展，能像耶穌會這樣、在解體之後不久出現驚人大逆轉的可能性不大。在耶穌會遭到鎮壓之前僅一年，兩百位耶穌會士一天晚上在波蘭過夜，第二天早上醒來時卻已經置身俄羅斯。其實他們哪裡也沒去，只是他們置身的政治版圖變了。普魯士、奧地利、與俄羅斯都分到一塊原來屬於波蘭的土地（不消說，波蘭外交官也沒能應邀參與這項瓜分波蘭國土的談判）。兩百位耶穌會士與他們經營的四所學院，正好位在凱薩琳大帝[8]為俄羅斯爭到的那片土地上，倒不是凱薩琳當時知道有這群耶穌會士，或她特別為了他們而爭取這片土地。

但在解散令剛滿一年，羅馬天主教教宗解散耶穌會的詔書傳到聖彼得堡時，信奉俄羅斯正教的凱薩琳大帝自有主見。引起她注意的，不是所謂耶穌會進行的不公平貿易做法、不是拉丁美洲土著人權、不是耶穌會傳言中的財富、不是耶穌會與楊森派就恩典與自由意志問題而起的衝突、不是中國與印度境內耶穌會士採行的不合標準的洗禮儀式、也不是羅馬天主教會在現代歐洲國家究竟有甚麼權威的辯論。凱薩琳關心的是比較單純、也更為狹隘的事：耶穌會在她的帝國境內經營著四所非常好的學校。這麼好的學校在俄羅斯可謂絕無僅有。她要他們繼續經營下去。她不許鎮壓耶穌會的教宗敕令在俄羅斯境內頒布。

對耶穌會而言，凱薩琳大帝是出現在一處意想不到的現場的一位意想不到的救星。這兩百位耶穌會士是幾十年以來第一批在俄羅斯工作的耶穌會士，但他們不是最早進入俄境工作的耶穌會士。許多年來，耶穌會士曾間歇在俄境工作，而且曾經兩次被踢了出來。彼得大帝⑨曾聽信顧問之言，認為耶穌會陰謀顛覆俄羅斯正教，以羅馬天主教取而代之，而於一六八九年驅逐過一個小型耶穌會團隊。幾個月以後，彼得大帝二度驅逐耶穌會士，原因是在一次中、俄邊界爭議談判中，耶穌會士替中方擔任譯員；由於俄方代表這次在談判桌上失利，彼得大帝遂遷怒於耶穌會士（編者按：清廷與俄國簽署的條約即尼布楚條約，擔任翻譯的耶穌會士是葡萄牙人徐日昇及法國人張誠）。

也因此，早在其他國家開始一窩蜂也似驅逐耶穌會士以前，俄羅斯早以驅逐耶穌會士而著名於世。但現在，在幾近一個世紀之後，兩百位耶穌會士（其中大多是因為「第一次瓜分波蘭」而喪失國籍的波蘭人）卻透過最奇特的際遇組合，而在俄羅斯尋得安全庇護。如果俄羅斯、奧地利、與普魯士的君王沒有瓜分波蘭，根除耶穌會的工作將會徹底完成。但實際情況是，這兩百人儘管不能再正式自稱為波蘭人，但他們可以繼續自稱為耶穌會士。隔不久，他們推選出一位總會長。在凱薩琳大帝祝福下，他們還建立一處初學院，以訓練新學員、輸入新血。歐洲各國大使憤恨不已，紛紛向梵蒂岡提出抗議。凱薩琳很是開心，而且也有了好學校。

在教宗鎮壓耶穌會十年之後，住在馬里蘭州的前耶穌會士約翰．卡洛[10]寫信給他在英國的友人、同樣也是前耶穌會士查爾斯．普勞登[11]：「一片廣大的田野已經為懷抱使徒熱忱的人們開啟。在這片廣袤無涯的土地上，有的是無所不在的寬容，加以無數天主教徒正不斷流入、正準備進入密西西比河谷附近的新區，他們或許是世上最好的人，而他們都迫不及待地大聲疾呼，希望神父們能夠引領他們。」

何其不幸，當新獨立的美國為耶穌會的領導帶來如此龐大的機會時，追求「更」的耶穌會事業體已經不復存在。不過，有關數百位耶穌會士在凱薩琳治下的俄羅斯倖免於難的消息傳得很快。約翰．卡洛在一八〇〇年又去信給查爾斯．普勞登，談到傳到美國的一則令人驚喜的傳言，並問普勞登有沒有關於它的確切訊息：「聽到一些關於耶穌會復甦的消息。請你盡可能即早將有關這件事的確實資訊告訴我。」原來，在這個時候，卡洛本人已經是巴爾的摩主教。在鎮壓耶穌會的敕令頒布後，全球各地共有四十六位前耶穌會士獲任命為主教，卡洛是其中一人。令人不解的是，梵蒂岡當局既認為耶穌會不宜存在，卻仍能無所顧忌地為謀本身目的，而選用前耶穌會的人才。

俄羅斯聖彼得堡與美國馬里蘭州巴爾的摩之間的通訊，留下許多疑點仍待釐清。同為前耶穌會士而獲任命為主教的雷奧納．尼爾利[12]，也透過他自己的線索追蹤消息，並且傳出風聲，說他與一些原耶穌會夥伴已經在華府郊區建立一所小型學院，而且迫切需要教職人員：「如果能找到會裡的人，將讓我們喜出望外。任何真正來自我們那個舊組織的，對我們這所可憐的喬治城學院都是惠澤無限的援助。」

耶穌會總會長賈布烈．葛魯伯[13]在一八〇四年三月從聖彼得堡總部發出一封信函，證明耶穌會不但繼續存在，而且他有權在美國與其他地方吸納原有與新的成員：「這項來自教宗的口頭特許，使我們有權在任何地方吸納會員入會，只要我們能夠悄然為之、不誇張喧嘩就行了。」他之後從俄羅斯派出三位會士，前往新近聯絡上的美國耶穌會，協助撐持喬治城學院。

關鍵就在於悄然為之、不誇張喧嘩。教廷當局與許多國家的權要已經開始後悔解散耶穌會。他們或許不在意耶穌會在亞洲、非洲、以及美洲的消聲匿跡，但當他們來到自家後院，發現優質學府一家不剩，留下的盡是一些不入流的學校，發現教堂講壇上再也找不到耶穌會佈道家雄辯滔滔的身影，發現學術圈人去樓空、徒留耶穌會飽學之士的繞樑餘音之際，也禁不住深感失落。耶穌會得以在俄境倖存的事實帶來大好良機，有些統治者決定善加把握。帕爾瑪公爵決意求助於俄羅斯耶穌會。教宗碧岳六世同意他這麼做，從而和前任教宗的禁令保持距離：「我們從來不曾說過、也從未想過將一群功在教會的人解體是一件好事……今天由於失去這群人而導致的悲慘後果，我們有目共睹。」但是，如果歐洲那些統治者對耶穌會的悄然復甦心存疑慮、而決定壓制，碧岳六世也有心無力：「但如果那些偉大的天主教王公有人見罪……我們將被迫不批准殿下（即帕爾瑪公爵）此一意願。目前，我們雖然很清楚殿下有意這麼做，但我們樂得裝做不知。」

無論在甚麼時代，政治就是政治。就這樣，教宗以表面裝做不知的方式默許了耶穌會的復甦。

浴火重生的事業體：耶穌會鳳凰般的再崛起

第一代耶穌會士憑藉「無可損失」的精神創下基業，而在耶穌會解體足足三十年以後，或許憑藉同樣的精神，仍有一些耶穌會士悄然活動著。下一任教宗碧岳七世，也或許受到這種精神感召。教宗克萊孟十四世曾在葡萄牙、法國與西班牙的要脅下屈服，他或許認為犧牲耶穌會能為教廷換來一些喘息空間。但之後教宗碧岳七世遭受的屈辱，明白顯示教廷其實無牌可打。他曾忍氣吞聲、奉召來到巴黎，為法皇拿破侖加冕，後來在拿破侖佔領教廷以後，他還曾被關在巴黎近郊的楓丹白露宮。在獲釋返回羅馬以後，或許基於這種「無可損失」的態度，碧岳七世發表了教宗詔書《普世教會之不安》（*Sollicitudo Omnium Ecclesiarum*）：

天主教世界以一致的聲音，要求重建耶穌會。如果在暴風雨持續不斷的震撼與侵襲下，面對怒海不時無刻的船破與死亡威脅，當強韌而經得起考驗的枝條自我呈現、供我們與之對抗時，我們若仍然不肯善加運用，就是在天主面前犯下大罪，我們今天已經決定去做早在就任之初就應該做的事。

復會不到一年，耶穌會人數達到一千。不到三十年，在世界各地工作的耶穌會士超過五千人。隨著時間飛逝，耶穌會也毫不費力地超越了遭解散以前的規模。

一家公司在關門四十年以後還能重振旗鼓？這是絕大多數人不敢相信的事。除耶穌會以外，還有甚麼公司能在偃旗息鼓四十年以後還能捲土重來、而且領導原則維持不變？

英雄式領導是一種日復一日的個人追求

一旦重大機會突然自我呈現，大多數人對自己是否有能力採取英雄式的因應行動都心懷疑慮。但羅耀拉的神操，迫使學員日復一日地檢討他們採取英雄式行動的能力。耶穌會式的英雄主義，不僅是面對危機的一種反應而已，它是一種有意識地對人生的選擇；它的評斷依據不是機會的規模，而是面對機會所採反應的品質。對耶穌會的教師而言，每一天都代表一種選擇，里巴迪奈拉說得好：教師日復一日，必須與那些「總是這麼輕浮、這麼喧鬧、這麼多話、又這麼無意工作，就連他們的父母也無法把他們關在家裡」的乳臭小兒共處，但日復一日，他們獻身於這項關係「基督宗教以及全世界一切福祉」的重要工作。每一項追求都為同樣的選擇提供屬於它特有的版本。一個人如何選擇，對個人滿意度與表現品質有深遠的影響；畢竟，當「全世界一切福祉」都取決於你的所作所為之際，你又怎能不全力以赴？

這種思維方式不是他們自我玩弄的一種心理把戲。耶穌會士憑藉良知全心投入，決心把握一切時機、發揮一切潛能，他們也擁有先見之明，能看清全心投入一旦發揮倍倍相乘的效果時，將產生甚麼影響。就這樣，他們以一次一位教師、一次一位學生、一次進行一年、一次一所學校的方式，創建了全世界規模最大、品質最高的教育網絡。曾受教於耶穌會學校的提普．奧尼爾[16]曾說，如果所有的政治都具有逐步性，則一切英雄式領導亦然。一次出現一位全心投入的領導人，豐功偉蹟也就此成就。

追求「更」的領導必然導致英雄氣慨。每一個人都會考慮他或她的使命，將使命個人化，並加以塑造，這是英雄氣慨之始。無論是在大型組織內或獨自一人工作，只有經過個人化的使命才能讓人奮發進取。而且，只有在使追求「更」成為一種反射性的日常習慣以後，英雄氣慨才能持續。追求「更」的領導人不會以隨波逐流為已足，也不會安於現狀，他們會無止境地尋求更多、更偉大的事。這類領導人不會一廂情願地希望情況轉變，他們會設法促使情況轉變，或盡量利用情況。他們不會坐等黃金機會到來，他們會在機會中找黃金。

英雄所以能脫穎而出，所以能比常人偉大，只因他們能追求超越本身自利的目標。傳統的英雄角色典範，往往強調的只是在極關鍵時刻顯現的絕大勇氣。但英雄氣慨並不限於這些罕有而特別的機會。那些展現著勇氣、高尚情懷、與雄心壯志，在一種個人化意識上追求

「更」，不斷邁向自我提升目標的人，同樣也是英雄。

❶喬利奧・西沙雷・柯達拉（Giulio Cesare Cordara）：一七〇四年至一七八四年，耶穌會士。歷史學者，著有《鎮壓耶穌會》（*On Suppression of the Society of Jesus: An Contemporary Account*）。作者親身見證耶穌會被鎮壓，揭露耶穌會遭鎮壓前後的政治、宗教等事蹟。

❷啟蒙運動（the Enlightenment）：於十七、十八世紀於歐陸及英倫三島風起雲湧，迪卡兒、洛克、伏爾泰、盧梭等人都是啟蒙運動的健將。

❸天啟宗教（revealed religion）：根據上天的啟示而創的宗教，特指猶太教、基督教。

❹楊森主義（Jansenism）

❺Rasputin：俄國惡名昭彰的僧侶，對尼古拉二世及其皇后有很大影響力。

❻Achilles heel：荷馬史詩中的希臘英雄阿奇里斯，全身除踵部外，刀槍不入，喻為唯一致命之傷。

❼馬德拉（Maderia）：大西洋上葡屬群島。當地所產的葡萄酒採用當地火山灰為土質的土壤栽培，再加上獨特的釀造方式，酒性相當淳厚，耐得住葡萄酒的兩大天敵：高溫及氧化。由於地當位於歐洲往北非、西非與北美的中繼站，馬德拉酒便隨著過往的水手前進海外，一直到十七世紀，歐洲的航海人喝得到的酒幾乎都是馬德拉酒。

❽凱薩琳大帝（the Catherine the Great）：生於一七二九年，父親是普魯士小貴族，長成後嫁給俄國王儲，即日後的沙皇彼得三世。一七六二年在禁衛軍支持下，她推翻自己的丈夫，自稱凱薩琳二世。凱薩琳斯生活糜爛，但在捍衛貴族權益及對外開疆拓土頗有功績，因此得到臣民擁戴。

❾彼得大帝（Peter the Great）：生於一六七二年，逝於一七二五年。他經歷多次宮廷鬥爭，才掌握俄羅斯政權，因此痛恨象徵皇室鬥爭的莫斯科，一七一二年將俄羅斯的首都遷移到聖彼得堡。

❿約翰・卡洛（John Carroll）：生於一七三五年，逝於一八一五年，美國人，耶穌會士。

⓫查爾斯．普勞登（Charles Plowden）：生於一七四三年，逝於一八二一年，英國人，耶穌會士。
⓬雷奧納．尼爾利（Leonard Neale）：耶穌會士。
⓭賈伯烈．葛魯伯（Gabriel Gruber）：耶穌會士。
⓮提普．奧尼爾（Tip O'neill）：美國政治家，曾任國會議長。

第十一章
「我們的行事之道」

領導人的人生要件能「適當切合」。一位領導人的一生，首先也是最重要的是，要對這位領導人本身有意義，但也要對其他人有意義。領導人首先必須了解他或她長於甚麼，代表甚麼，在人生中追求的是甚麼，然後自我定位，選擇能施展所長、能伸張價值、能達成追求目標的一種生涯與一種生活方式。

此外，領導人了解，他或她的價值與工作方式必須形成一種和諧的、自我強化的整體，或者如耶穌會所說，一種行事之道。以耶穌會的案例而言，他們的工作，與他們自覺、才智、愛心、與英雄豪氣的人生價值，以一種良性循環相互補強：較強的自覺造成更大的才智，依此在循環中類推。最後，領導人的價值使他或她的人生，在一個複雜的世界中有「氣定神閒」之感。無論在自己，或在其他人心目中，在家庭生活或在工作上，領導人總能秉持同樣原則，表現始終如一。個人領導不是憑著一〇一種秘訣、戰術之類的東西、就能現炒現賣的甚麼本領。它是一種基本人生策略與原則相互補強的生活方式。

這種生活方式說來簡單，作來不易。對大多數人而言，每一天都會帶來新的危機，需要採取新而不同的解決之道。當日復一日的緊張與工作需求，把他或她扯向這麼多不同的方向，一個人怎麼可能有「氣定神閒」之感？

最能描繪這種自我補強原則的威力的，莫過於密集、持續改變的現實。但如果缺乏具有安定效用的自覺，領導人將在這種現實驅使下漫無目的地漂泊。自覺與才智、穩定與變化之間的聯繫，具體而微地顯示了運動中的自我補強原則。不久以前進行的兩項學術研究，不僅突顯這種聯繫，也強調組織在妥為建立這種聯繫之後將取得的豐碩成果。

相互補強的原則

「強勢」公司文化能孕育傑出表現，這是一種雖然往往缺乏有力論據，卻廣為世人接受的假定。哈佛商學院教授約翰．科特與詹姆斯．海斯凱特[1]為剖析此一假定，投入四年時間研究。如果公司文化能透過一套可以辨識的共享價值與原則而加以詮釋，強勢文化的公司是否能在表現上勝過其他公司？答案既是能，但也不能。這兩位教授在《企業文化與表現[2]》一書中指出，強勢文化有時使員工排斥新構想與做法，從而損及公司表現：「文化可以使人盲目，看不見與其假設不符的事實。而且，一種根深柢固的文化，能使新而不同的策略實施起來非常困難。」

但當三種關鍵特質具備時，強勢文化也能促成卓越的成果：

——文化的強勢不僅存在於書面上，也以一種具體方式呈現，指導著員工日常行為。當一家零售商成功地在公司培養一種顧客服務文化時，員工本能地會多付出一份心血以滿足顧客要求。

——文化具有策略適當性時。強調作業管控的一種以細節為導向的文化，比較適合一家低報酬、重精準的製造廠商，而不適合一家廣告商。

——最重要的是，文化必須能提升調適能力。文化不能阻礙改變；它必須促成改變。

科特與海斯凱特對那些在這方面處理得當的組織，有以下敘述：「領導人使他們的經理信服一種永恆的哲理，或一套價值觀，這些價值既強調滿足顧客需求與領導，也以其他一些促成改變的動力為訴求。對人性持疑的人會將這些價值喻為一種母性，但一旦遵行，這些價值極具威力。」

這些組織遵奉能夠納入一些「改變動力」的「一種永恆的哲理或一套價值觀」。舉例說，就像「奉教宗命或本會上司之命，透過在世界各地的旅行，進行傳教，聽人告解，並運用一切其他可行手段**協助人靈**」。成功的文化，能善加運用因成員堅持信念而帶來的進取力，以耶穌會的例證而言，就是協助人靈的個人承諾。但它們同時也鼓勵改變與創新，鼓勵無論去哪裡、做甚麼都盡其所能的意願。科特與海斯凱特發現，只有當這兩種價值結合時，強勢文化才能成功。成功地將這兩種屬性注入其企業文化的公司，能在表現上遙遙領先辦不到這一點的公司：「經過十一年，前者股價增值九〇一％，而後者僅得七四％，前者淨利增加七五六％，相較於後者的一％。」

兩位史丹福大學的學者運用極不相同的方法進行研究，也得到驚人類似的成果。詹姆斯·柯林斯與傑利·薄樂斯，根據公司表現紀錄，以及是否為直接競爭對手推為業界領導人，揀選出一套他們稱為「有遠見公司」的樣本。他們提出的研究問題很簡單：這些公司何以具有遠見？在大範圍的各種行業中，那些成就不凡的公司是否具有共同成功因素？與前述兩位哈佛的學者不同的是，這兩位史丹福的學者原本無意探尋企業文化的效應。但他們找到的卻是企業文化。有遠見的公司所以能夠表現不凡，主要差別因素不在於偉大的產品構想、財務控制、或甚至不在於優異的管理，而在於科特與海斯凱特發現的同樣那一套文化特質。柯林斯與薄樂斯在一九九四年出版的《基業長青》（*Built to Last*）主張，最重要的差別因素是，有遠見的公司能將一種明確的意識型態與勇往直前、追求進步的衝勁相互結合：「在營造與管理一個組織之際，必須注意的最重要的一點是創造具體機制，以合作維護核心信念並激勵進步。」

這其間的矛盾是，企業所以具有活力，正因為能將絕無商量餘地的核心信念，與一種擁抱改變的意願相結合。表面上看來，這些屬性似乎相互對立，將之結合似乎只會導致矛盾、混亂的行為。根深柢固的價值觀與信念，可能意示一種排斥改變的保守本能，而勇於改變的態度，則可能意示在奮勇而前、追求進步的過程中，一種拋棄任何信念的意願。看來，無論在一個組織中、或在一個個人身上融合這兩種本能，都將帶來一場劫難。

但這幾位哈佛與史丹福學者發現，結果正好相反：只有在這兩種屬性融合時，才會有傑出表現。這兩種屬性在落單時，都無法產生一旦結合以後產生的正面性活力。這兩種相對的屬性在凝聚以後，能造成一種相輔相成、一種創造性的張力。柯林斯與薄樂斯將「維護核心信念」與「激勵進步」，描繪成古老的陰陽太極圖的兩個互補半圓。以耶穌會的個案而論，這兩種價值都已織入核心使命：保持彈性、機動、與創新以協助生靈，並時刻不忘獻身於使命。這些價值並不衝突；它們彼此補強。

所以能夠如此其實並不神奇。華倫．班尼斯[3]在《領導人》[4]一書中，曾解釋遠見與核心信念如何刺激革新與創意。許多人認為，組織一旦建立強勢文化，將淪為教派似的地方，組織內的人將無不熱衷於巫毒崇拜、無力進行獨立思考。班尼斯反對此說。他認為，一個明確的遠見就像羅盤一樣，使人信心十足地冒險、自治、與發揮創意：

> 對未來的一種共同的遠見能協助個人辨別甚麼對組織有利、甚麼對組織有害，以及甚麼值得力謀達成。而且最重要的是，它使組織能將決策權廣泛交付個人。員工可以無需每次向組織上級請示而做成艱難的決定，因為他們知道組織期望的是甚麼成果。

自我領導的情形亦復如此。明確詮釋、具有穩定作用的目標與價值，能促成遠大、甚至激烈的革新與調適能力。戴諾比利能採行一種其他當代人士不敢想望的涵化策略，並不是因為他對基督宗教核心信念的認識不及他人。事實上原因正好相反。由於能夠明確劃出他不肯逾越的界線，戴諾比利很清楚他能在甚麼範圍內盡情進行自己的文化實驗。

如何都能結為一體

前述四章每一章都探討了耶穌會整體文化的一股線索，探討了他們的「行事之道」。這一章要將這幾股線索編織成一張文化織物。所幸華倫·班尼斯以及前述幾位哈佛與史丹福的學者提供了這許多具體而關鍵的論據，否則本章的敘述可能令讀者感覺高深莫測、難以捉摸。

一個人能否自覺，關鍵在於能否找出促成進取的核心價值與信念。但才智鼓勵人擁抱新做法、新策略、新構想、與新文化。自覺與才智這兩大領導支柱雖或看似彼此矛盾，但兩者之間密切相關。兩者一旦融合，活力油然而現。它們不是從領導戰術手冊上找到的兩條妙計，而是一種和諧一致、自我補強的生活方式的一體兩面。

這種論調或許很像冗長的官樣文章。當著名的商學院教授大談「永恆哲理」、「納入一種改變動力的價值觀」，或近似禪宗、維護核心與刺激進步的「陰陽」之道時，它甚至連聽起來也像是官樣文章。但它帶來的豐碩成果讓我們相信它絕非官樣文章：股價增值「九〇一％比七四％」。

無論這九〇一％的整體財務報酬，對十六世紀的一個宗教性事業體而言究竟代表甚麼，早期耶穌會團隊無疑取得了如此成果，而且原因正在於他們的領導價值能與一種自我補強的行事之道切合。

自覺促成才智，才智提升自覺

唯有對自己的前途了然於胸，清楚明白自己在甚麼問題上必須堅持、不能退讓的人，才能掙脫束縛、進行信心十足、甚至激進的實驗。相對而言，不知道自己必須堅持的目標與價值為何的人，難免流於無的放矢，他們火力十足，只是沒有明確的目標。也或許，他們因每遇叉路猶豫不決而癱瘓，而不敢冒險，只挑平整坦途而行，以至於不能充分發揮他們的潛力。

自覺促成耶穌會士的才智，才智以及在變化中鼓勇而前的生活方式，也進一步提升了自我認識。耶穌會士生活旋律深處有一項根本信念，就是個人成長與發展有其可能，認為「全力衝刺、邁向卓越」的人，不會困於一項全無意義的工作，而會奮勇而前。自覺促成耶穌會士的才智，但不僅如此，新構想、文化與個人挑戰也帶來永無止境的機會，使會士們得以提升對自我的認識。方濟．沙勿略與數以千計像他一樣、離開歐洲文化同質地區，前往半個世界以外遙遠異域的那些人，由於這種經驗，對他們自己的了解或許不下於對異國文化的了解，如此假設應不為過。

在講究沉思的神操過程中，耶穌會學員首先要一一找出個人的弱點，找出礙及改變的「無度的牽掛」。但這種自我學習的過程，隨著實際人生經驗的增長而持續。作危險的工作、搞砸一項重要任務、在惱火不已的夥伴們怒目環侍下奮勇而前、以腦力激盪的方式針對看來無解的工作挑戰找出解決之道：這一切都是了解自己的恐懼、牽掛、與個人能力的絕佳機會。在聽說西班牙耶穌會士計劃延長每日沉思時間時，羅耀拉勃然大怒，他這種反應不足為奇。因為一旦延長沉思時間，他們不僅自行將協助人靈的使命打了折扣，也自我剝奪了邊行動、邊沉思（在行動中學習，每天反省，以及從改變中學習）而帶來的自我認知的大好機會。

野心與願景

當羅耀拉告誡葡萄牙耶穌會士「你們有超越凡俗的偉大義務，僅僅是一般的表現將不能滿足這樣的義務。」，他向他們提出一種充滿英雄豪氣的期許，而他們唯有透過極大規模的改革與創新，才可能達到此一期許。為便於說明，且以一家現代公司的假設狀況為例：一位經理訂下節省開支一〇％的目標，讓他的團隊想方設法購買比較廉價的鉛筆：一〇％意指安全而主流的思考。但如果訂定的目標是節約開支四〇％，那就「不是一般的表現」，而是必須透過創新的構想才有望達成的一種充滿英雄豪氣、一種遠大的目標。在這種目標下，沒有人還會去想甚麼廉價鉛筆的問題；因為除非想出嶄新的作業方法，否則不可能達成目標。耶穌會士的英雄氣慨也導致同樣激進的思考型態。因此，對巴拉圭的耶穌會團隊而言，僅僅為當地土著帶來稍好一些的待遇還嫌不夠；他們否定了整個信託系統，建立了嶄新的歸集村模式。早在羅耀拉本人捨棄許多世紀以來的修會生活模式、創建嶄新的修會事業體之際，耶穌會已經奠下另闢蹊徑、創新思考的傳統。

方濟．沙勿略以及在巴拉圭的耶穌會團隊與數以千計的教師透過神操，知道他們自己是具有獨特尊嚴的才賦之士：他們擁有自我的愛心。由於知道他們本身為人所愛，他們看待他人的方式也轉變了。驅使他們的，不再只是世人皆為同一天主創造的那個枯燥乏味的教條；助人成為他們個人的使命。基於對本身尊嚴的重視，他們培養出對他人抱負、潛能、與尊嚴的重視。就這樣，自覺助長了愛心，而愛心激勵了巴拉圭團隊的英雄作為。夥伴們的支持，也協助他們將這種英雄作為繼續發揚光大。

這四大支柱如何彼此互補的一些變化經我們稍加探討，其力量明確可見。我們越來越難以辨認一項原則自何處起為另一原則取代，例如，自覺止於何處，而由才智代之而興。用稜鏡偵測顏色光譜不難，但若是沒有稜鏡，人們見到的只是光而已。耶穌會的行事之道也一樣。我們可以用靜止畫面的方式觀察耶穌會的行事之道，以分析它的自覺、才智、愛心、英雄豪氣等四大要件，但人生旅程並無片刻休止，這四項各別原則也融為一種和諧一致的做法。

世界變化快

這種模式看來似乎太清楚明白、太直截了當：有四項相互補強的原則，只要堅守它們，一切問題都能迎刃而解，一種和諧、充實、無憂無慮的人生於焉展現。

羅耀拉與每一位耶穌會士，當然都知道現實生活並非如此。令人感到反諷的是，這種和諧的、四大支柱式人生做法的最佳表率，正是有時似乎不能堅守這些原則的耶穌會英雄。當早期耶穌會士在人生充滿凶險、瞬息萬變的怒海上鼓浪而前之際，即使航行原則再好也無法替他們解決一切難題。就像進退兩難的窘況層出不窮一樣，無解的難題也不斷出現，而人性弱點也使原本複雜的人生選擇更加變幻莫測。

湯若望[5]正是生活在這樣一個真實世界上。他在極盛時，曾率同中國的耶穌會士取得即使利瑪竇在世也難以想像的成功。但湯若望也有過失。也因此，作為本書結尾的最後一個從耶穌會汲取的領導教訓，他的事蹟成為我們理想的探討對象。這個教訓是：在極力追求人生原則的過程中，沒有人能夠在每一刻成功奉行這些人生原則。最重要的關鍵在於，在難免犯下人性錯誤以後，能否藉助於重新針對核心原則對焦的機制，而在人生旅途中（如果不能時時刻刻奉行不違）看重這些原則。

中國境內的耶穌會天文學家

「鄧玉函[6]的消息，使我對我會的這項損失感到難過，但另一方面，他神聖的決心，以及他為那個我虧欠甚多的修會帶來的利益，同樣也讓我欣喜。」這是伽利略說的話。他有資格如此慷慨陳詞。當時是一六一一年，在耶穌會大力支持下，他的聲望如日中天。他口中這個「虧欠甚多」的團體正是耶穌會。

伽利略所說的那個失去鄧玉函的社團，是專門吸納第一流科學家的山貓學會[7]。羅耀拉以提升耶穌會業已極高的入會標準為傲，但山貓學會的門檻更為嚴苛，甚至連羅耀拉本人也不符入會資格。伽利略在山貓學會成立第八年入會時，才僅僅是第六位成員。一週以後，該學會接受瑞士數學家鄧玉函入會。引起爭議的伽利略於是獲得雙重肯定：除了他本身獲准加入山貓學會以外，新入會的鄧玉函還是他的得意門生。

那個「贏得」鄧玉函的社團是耶穌會。在加入山貓學會之後僅六個月，鄧玉函進入耶穌會，學習成為耶穌會士。能夠自誇曾參與比耶穌會更難加入的組織的人少之又少，鄧玉函是其中一人。

伽利略與鄧玉函既為師徒、亦為夥伴，但兩人人生際遇之天差地別出人意外。在中國，鄧玉函憑藉他的天文學知識為耶穌會夥伴開啟了大門；伽利略無意之間因他的科學長才關閉了大門，終於使得他與教會官僚之間修好無望。隨著天主教會對伽利略的敵意不斷升高，伽利略開始與他一度鍾愛的耶穌會交惡，鄧玉函轉而求教一位著名的新教天文學家，組成歐洲一個罕見的夥伴關係。等到幾近七十歲的伽利略宣誓放棄地球繞日運行的信念、因而逃過羅馬宗教裁判所的制裁時，比他年輕得多的鄧玉函已經逝世三年。

像鄧玉函這樣一位卓越的數學家與天文學家，會選擇到中國發展，與利瑪竇的策略眼光有很大的關係。在鄧玉函進入耶穌會以前，利瑪竇早已經大聲疾呼，要求這類人才加入在中國的工作：

最有利的事，莫過於派遣一位身為優秀天文學家的神父或修士前往北京。我所以強調天文學，因為就幾何學、鐘錶學與星盤術而言，我都有相當認識，而且有關這些學術的一切需用書籍也都齊備。但（中國人）對這些事物並不十分重視，他們比較關心的是星象、日月之蝕的計算，特別是有關曆法的學問，他們尤其重視。中國皇帝據我所知，花費鉅資養了兩百多人籌劃每年的曆法。這麼做可以提升我們的信譽，讓我們更自由地進入中國，確保我們更大的安全與活動自由。

儘管耶穌會自負機動性強、能夠迅速把握機會，利瑪竇要求派遣一位天文學家的呼籲一直彷彿石沉大海。他等著，但沒有人過來。直到他去世，仍未眼見目標實現。繼他之後成為在中國的一小隊耶穌會士上司的領導人，如果不能改採比較激進的手段，似乎也將老死在中國、無法達到目標。

法籍耶穌會士金尼閣[8]於是奉這位上司之命，前往羅馬，親自為中國耶穌會團隊請命。這是一趟漫長的旅程，長度幾不下於他那張列滿要求的清單。許多年來，羅馬總部對中國耶穌會的增援，就像山貓學會招收新院士的腳步一樣：平均每年增派不到兩人。來到羅馬以後，金尼閣拉長了臉，極力要求耶穌會總會長增撥至少二十餘人前往中國。雖然耶穌會當時人手極度欠缺，但總會長沒有斷然拒絕這項要求，只是同意金尼閣在歐洲各地耶穌會招徠有意赴中國之士。

利瑪竇所提派遣一位優秀天文學家的要求，十餘年來一直遭羅馬當局忽視；突然間，它獲得確切的答覆。伽利略的門生鄧玉函志願前往。命定將為「博學」一詞添增新解的德國數學家湯若望也響應了這項要求。

金尼閣的努力成果豐碩，如果耶穌會准許每一位隨時可以應變、追求更多的志願者加入這個前往中國的行列，耶穌會在整個歐洲的數學與科學人才將精銳盡出。就在鄧玉函、湯若望等人紛紛加入這個團隊之際，克里斯多佛．史艾納[9]卻接獲來自耶穌會總會長的一封信：「閣下在信中已經說明前往中國的意願……最後，我決定，為突顯天主更大的榮耀，也為了本會之利，閣下最好能留在歐洲，積極提升數學研究。也因此，你仍然可以透過你在中國的門徒，做到你不能親身做到的事。」

即使沒能招攬到史艾納，金尼閣此行仍然稱得上滿載而歸：他募集二十二人，能將耶穌會在中國的人力足足增加五〇%。但慶功還太早了些。他在離開歐洲時帶著二十二位新人；抵達亞洲時卻所剩無幾。

在離開中國五年後，金尼閣在一六一八年動身離開歐洲。在一六二一年重新踏入中國大陸時，原本帶在身邊的二十二人，只剩下鄧玉函、湯若望與另外兩人共四人。這次漫長的中國之行來回耗時六年，相當於每一年半招得一位新人。旅途的艱險造成慘重損失。荷蘭海盜鑿沉四分之一的船隊；一艘倖存的船爆發傳染病，奪走兩位耶穌會士、數十位其他乘客與船員的性命。還有幾位耶穌會士，或由於過於病弱無力繼續前進，或由於另有要務，就留在印度轉運港臥亞。金尼閣成果非凡的招募之旅，最終以一場慘痛的個人悲劇落幕：在旅途中死難的耶穌會士包括他的弟弟與堂兄。

那位要求前往中國、卻遭耶穌會總會長留了下來的克里斯多佛．史艾納，情況又如何？他成為克拉維斯之流的大師，成為耶穌會下一代「最頂尖」的數學與科學人才之師；他並且協助發明了地圖複製工具伸縮繪圖器，而列名耶穌會發明家名單。但史艾納也迅速毀掉了克拉維斯、鄧玉函兩人與伽利略的友誼。在太陽黑子、慧星與其他天文現象的解釋上，史艾納與他的耶穌會夥伴奧拉吉奧．葛拉西[10]（這人用了一個很誇張的筆名，叫做色魔沙西[11]）與伽利略一直糾纏不休。在激烈的學術性刊物論戰上，火力不成比例的史艾納與葛拉西，遭伽利略抨擊得體無完膚。對伽利略而言，這是一場皮利克王的勝利[12]，意思是贏得勝利、損失慘重。伽利略當時在教會官僚眼中已經是一位有爭議的可疑人物，與兩位著名的、具有深厚教會淵源的天文學家進行極公開、極激烈的論戰，絕非他所樂見。

如此發展也絕非耶穌會之福。鄧玉函一旦在中國展開工作，對當初利瑪竇何以渴盼羅馬方面支援天文學家的心情也越來越了解。中國皇室設置一個大規模、高階層的天文局，每年都要為訂定一部可行的曆法而費盡心血。這在今天不是一件難事，但在明朝的中國，這件事的複雜恍如一場夢魘。中國的曆法不僅每隔四年就需要多增加一天，還需要每隔約二十年增加一整個月。經克拉維斯改革的額我略曆法，在中國行不通。中國曆法儘管既僵固又有許多瑕疵，但自紀元前二六九七年以來一直在中國延用至今，它已經成為一種豐富而驕傲的歷史象徵。中國文化深深根植於天地一體的人生觀，而身為天子的皇帝正是這種諧和一體的化身。精確的曆法，有助於伸張這種上天賦予天子的授權，但每逢日月之蝕，人們對這部曆法的精確性就多了一層疑慮。

打破宗教對抗的藩籬

這顯然是鄧玉函發揮高規格影響力的大好良機，而當他寫信給恩師伽利略尋求建議、卻得不到答覆時，他的痛苦與懊惱一定更加難以承受。遠在中國的鄧玉函，自然不可能明白史艾納與葛拉西的爭執，已經如何使得他們與伽利略之間形同陌路。伽利略頑固的沉默，最後迫使身為耶穌會士的鄧玉函走上一條幾乎匪夷所思的路：與一位新教徒結盟。鄧玉函透過一位耶穌會中間人，寫信給十七世紀初期天文學界的另一泰斗克卜勒[13]。克卜勒有一項遠勝於伽利略的優勢，就是既為新教徒，他早已是天主教會官僚眼中的異端邪說份子。也因此，在伽利略惶惑不安、畏首畏尾之際，克卜勒卻能絲毫不擔心教會的譴責，而全力倡導伽利略所倡的太陽中心論。

與形同陌路的伽利略不同的是，克卜勒立即答覆了鄧玉函的問訊。他在回信中附上詳細文件，說明各種估算做法以供鄧玉函嘗試。克卜勒並且在信的結尾獻上祝福，希望耶穌會在中國的行動功德圓滿。鄧玉函建立一個跨國界、誠意真心的全基督教會的夥伴關係，運用一門學術（天文學）為達成一種完全不相干的成果（在中國宣教），這在十七世紀的歐洲非比尋常。他的所作所為，正是耶穌會士才智的充分體現：用一種嶄新的做法，以一種「照章行事」永遠找不到的解決辦法，開啟邁向未來成功的大門。

天意

利瑪竇早在一六〇五年已經要求耶穌會支援科學人才。如果說克卜勒在一六二七年寄到的信來得正是時候，似有誇張之嫌。但就一種意義而言，情況正是如此。利瑪竇去世以後，耶穌會縱然未在中國遭遇公開敵意，會士們的境遇至少也是每下愈況。持續幾近三百年的大明皇朝正陷於冗長的垂死掙扎之中。曾經促使皇朝欣欣向榮的進取朝氣早已煙消雲散，代之而起的是知識份子與宦官之間不斷耗弱著國力的奪權鬥爭。隨著支持他們的知識份子勢力的消長，耶穌會的運道也時盛時衰。即使鄧玉函早到中國十年，他也不可能以任何有意義的方式，參與在中國的科學辯論。但到了一六二〇年代末期，耶穌會在中國的命運出現多年來首次轉機。一位皈依基督信仰的知識份子奉命出任禮部侍郎（即副部長，編者按，此人即為與利瑪竇情誼深厚的徐光啟），主管曆法維修與改革。在遠在歐洲的新教徒克卜勒巧妙協助之下，聰明的鄧玉函有備而來。大顯身手的機會不久來到，一次日蝕預期將在一六二九年夏季出現。鄧玉函擊敗其他中國天文學家，精確算出這次出現於一六二九年六月二十一日的日蝕，不僅充分證明耶穌會使用的天文學推算方法確實優越，也為耶穌會贏得改革中國曆法的授權。

克卜勒的這封信來得及時。因為在一六二九年那次日蝕發生之後不到一年，鄧玉函便死了，克卜勒也在同年辭世。伽利略如果不肯屈膝於梵蒂岡的宗教裁判官、而宣誓放棄太陽中心論，也很可能在三年以後加入他們，而且不是壽終正寢。（編者按：日蝕後四年，徐光啟便與世長辭）

曆法改革家湯若望

自利瑪竇寄出第一封要求派遣合格天文學家的信之後，隔了十七年，鄧玉函才來到中國。金尼閣的歐洲招募人員之旅，不僅為中國耶穌會找到完成偉大突破必備的人才，也帶來了替補人選，填補因鄧玉函猝逝而造成的空缺。與鄧玉函同船抵達中國的湯若望，立即接掌了鄧玉函遺下的曆法改革空缺。

在隨後三十五年，湯若望將耶穌會在中國的成就推上頂峰。方濟・沙勿略從未踏上中國本土的土地。利瑪竇從沒能踏足皇宮內院。湯若望則成為皇帝的座上常客。

大砲製造者湯若望

在奉命改革曆法以後沒隔多久，湯若望奉命投入一項更緊迫的作業。這是無論他、方濟・沙勿略、甚至極富想像力的利瑪竇，都意想不到的古怪機會：製造大砲以保衛皇朝。

明朝官吏幾十年以前，曾經眼見荷蘭人示範這種武器，並據而稱它為紅夷砲。但由於傲慢自大，明朝一直不肯採用這種科技發展這種火砲，直到滿州軍隊的威脅不斷升高，明廷對大砲的需求顯然不下於曆法改革之後，情勢才改觀。由於大砲製造術是一種歐洲工藝，中國官員突發奇想，認為湯若望既能運用西方天文裝備，應該也能建造西方大砲。頗具反諷意味的是，湯若望雖然以身為神父、有所為與有所不為為由提出抗議，但這項抗議卻因耶穌會用以躋身明廷的策略而顯得軟弱無力。對耶穌會而言，天文學符合他們協助人靈的遠大抱負，製造大砲則否；但中國官員不覺得這兩者之間有何差異。

造大砲是天命？

令人稱奇的是，或許明朝皇室並不知道這還不是湯若望與大砲（或稱紅夷砲）首次結緣。一六二二年，一支荷蘭艦隊來到駐有一小股葡萄牙衛戍部隊的澳門島外，並派遣部隊上岸，試圖佔領澳門，於是打斷了當時在澳門進行的一個中文學習課程。在葡萄牙軍事抵抗差不多不存在的情況下，耶穌會的中文研習生把課程放在一旁，投入反抗工作。在他們的校址擺著幾門很早以前留下的老砲，這些耶穌會「士兵」（其中包括湯若望）就利用它們開了一砲，並且還純憑運氣地擊中一個敵人目標。一時情勢一片混亂，葡萄牙軍士氣大振，奮勇將荷蘭登陸部隊逐回船上。這場勝利造成的衝擊，與戰鬥的規模可謂完全不成比例。如果荷蘭人（當時他們都是加爾文[15]教派信徒）佔領澳門，耶穌會在中國的宣教活動定必因而告終。

更有甚者，中國當局許多年來，一直不讓葡萄牙人在如此接近大陸的地方建立要塞化貿易口

這張耶穌會天文學家與大砲製造人湯若望像，是在湯若望死後第二年，由他的夥伴亞桑納修斯・柯契爾[14]發表的。湯若望袍服上繡的金鶴，是明朝宮廷上只有一品大員才能佩戴的標幟。湯若望是第一位獲得如此禮遇的西方人，可能也是唯一一人。

岸，而這場葡萄牙與荷蘭的衝突改變了中國人的想法。甚至當荷蘭人與英國人逐漸將葡萄牙勢力逐出太平洋之際，葡萄牙人一直在要塞化的澳門穩坐江山，直到幾近四百年以後經談判交還中國為止（編者按：澳門於一九九九年回歸中國）。而這一切都得歸功於耶穌會（多少如此）。

這次事件顯然為湯若望提供了一切製造大砲的必要技術訓練。他不僅監督製造了近五百門大砲，還嘔心瀝血地訂定一項皇都防禦計劃，並以中文發表一篇有關大砲與地雷的製造與使用技術論文。但明朝皇帝何其不幸，湯若望的大砲與軍事戰略竟連一試的機會也沒有。大明江山氣數已盡，眾叛親離之勢已一發不可收拾。有些軍隊逃逸，其他軍隊則倒戈投向闖王李自成。在李自成自立為帝的同時，明朝末代皇帝崇禎在皇都郊外的煤山（編者按：今日的景山）自縊身亡。李自成的皇帝寶座還沒有坐熱，滿州大軍在更多不滿的明軍支援下，不出數周就擊潰李自成，拿下已經淪為一片廢墟的皇城。年僅六歲的順治於是在一六四四年即位稱帝，開創了大清江山。

湯若望心中七上八下，不知道是否不該以前朝曆法局臣工、而以前朝大砲製造總監的身份，向滿州征服者自薦。

滿清皇朝國師湯若望

清朝在立國之初，沒有對真正與想像中的國家公敵展開報復與血腥整肅。在滿州軍隊進駐中國幅員廣大的各省、接收管控權力之際，首都的秩序恢復，皇城官僚體系也重現生機。經過多年暮氣沉沉的明朝統治，儘管漢人私下對滿州當局剃光頭頂、結一條長辮的薙髮令很是不滿，就大多數標準而言，清朝的統治改善了人民的生活。湯若望也像所有其他人一樣，採用了這種新髮型。經過一番奇怪的轉折，湯若望發現他非但沒有因為在前明擔任過軍事要職而遭受制裁，反而獲得晉升，成為天文局的負責人。許多年來，湯若望與他的耶穌會夥伴雖然早已通曉天文局一切事務，但主持天文局的大臣一直只限於由漢人擔任。但或許由於本身也是外來民族，滿州人在建立政權以後，反而沒有這樣的偏見。

就這樣，雖然在這場改朝換代的劇變中也曾歷經片時的焦慮，但湯若望很快又成為閃亮的明星。他的官階在九品官制中扶搖直上，尊稱榮銜也越積越多。在官拜一品、成為統治核心中的核心大員之後，他的官銜既有富麗堂皇的「通微教師」（順治封為通玄教師，後因犯康熙皇帝玄燁之名諱，而改名，相當於國師的地位），也有比較單純、但份量更重的「御前大臣」。他在清帝國的影響力，以一位歐洲人士而言，堪稱前無古人、後無來者。當一位篤信新教的荷蘭大使，在引見下進入中國樞密院，卻發現陪在首輔大臣身邊的，是「一位留著一把白色長鬍的耶穌會士，他剃著光頭，穿著韃靼人服飾。他來自萊茵河畔的科隆，在北京住了四十六年，極獲中國皇帝器重」，這位大使的惶恐可想而知。根據我們判斷，這位荷蘭大使應該沒有勾起湯若望多年前、在澳門的那一段用大砲瞄準荷蘭人的回憶。

皇帝瑪法湯若望

利瑪竇用天文學與西方科技作為進身之階的策略果然有效，鄧玉函與湯若望先後利用他們的知識與專業，在中國宮廷中取得有影響力的要職。但無論是利瑪竇或是湯若望本身，都不可能預知湯若望最具影響力的職位不是天文局負責人，也不是「御前大臣」，而是「瑪法」。湯若望憑藉驚人淵博的學識與智巧，官階節節高升，但在一切塵埃落定之後，他最獲得倚重的一個身份卻是皇帝的「瑪法」，即「祖父」。當湯若望初次邂逅順治皇帝時，順治還是個小孩。順治幼年失去父母，由位高權重而自私自利的攝政大臣立為皇帝。遠離家鄉、置身異國的順治當然不可能了解中國皇帝的角色。這樣一個孩子會尋求代「瑪法」的慰藉自也不足為奇。沒有人知道他為什麼看上了湯若望。不過，與製造大砲的角色相形之下，身為耶穌會士的湯若望，至少在扮演祖父也似心腹之臣的角色時，比較得心應手。甚至在順治剷除他的幾位攝政大臣、自行視事以後，他與湯若望之間的獨特關係仍然持續。

建築師湯若望

湯若望的夥伴也託他之福，獲得庇蔭。一位夥伴寫道，「彷彿我們有一百個湯若望一樣，因為即使離我們很遠，他仍然幫得上我們大忙，我們只要說我們是他的同伴與兄弟，沒有人敢在我們面前撒野。」為免激發仇外情結，耶穌會一直在中國保持著低姿態。皈依的信徒，就在耶穌會住宅內院不起眼的教堂中禮拜。但隨著湯若望名氣越大，他們的膽子也大了起來。他們決定在首都建造一座一百呎高的巴洛克式教堂，這將是北京第一座大型西方建築物。由於最有資格擔負這項重任的人，非湯若望莫屬。於是，天文學家、數學家、大砲製造人、曆法改革家與國防事務戰略家湯若望，成為教堂建築師與承包人。

皇帝雖然非常看重他與這位代瑪法的關係，湯若望的許多夥伴卻以一種不同的眼光看待他的聲勢益隆。湯若望確實成功，夥伴們沾他的光也都做得很好，但他逐漸成為一種避雷針一樣的人物。或者出於對他的成功的嫉恨，或者出於對他變了質的生活方式的真正關切，也或者兩者兼而有之，湯若望的夥伴開始懷疑他的戰術。有些夥伴指責他的生活方式違反耶穌會神貧的誡律。鑒於清廷一品大員的排場，他們的這些指責當然查有實據，只不過這些說法過於短視罷了。還有人指責他默許迷信，因為中國人習以為常地使用他訂定的曆法，選定進行婚嫁、旅行或其他重大個人事務的良辰吉日。這些指控有許多是微不足道的瑣事，但在湯若望與皇室瓜葛愈深的情況下，就連支持他的人也開始為他感到擔心。湯若望庇佑順治孩子皇帝，或穿著一品大員專用、繡有金鶴的朝服，出現在耶穌會場合中是一回事；但當獨身的湯若望告訴耶穌會夥伴們，說他有了孫子時，又絕對是另一回事了。

湯若望在中國有後？

不過，情況還不算太糟；至少那只是他「認」的孫子而已。年輕時代即與湯若望走得很近的順治皇帝，催迫湯若望認養一個孫子，而且不必負擔任何養育費用。這件事事先未經與湯若望相商，但拒絕皇帝之請是一大冒犯。皇家的一道諭令證實確有認養一事，這道諭令也難得地透露出中國人對耶穌會士的感覺。無論湯若望與他的夥伴們如何努力融入當地文化，在中國人眼中，會士們的生活方式一定讓他們感到不解而悲哀：

> 有鑒於湯若望曾誓言守貞與終生獨身，因此勢必像流亡者一樣，過著悲哀、孤獨而無助的日子，皇帝希望他領養一個男童做孫子。湯若望來自外邦，為帝國效力多年。他沒有結婚，因此他領養的這個孫子可以進入學院。此令。

湯若望與幾位夥伴之間的齟齬逐漸潰爛，終於使他們未能充分利用這個在中國的絕佳機會。抨擊湯若望的人儘管見識狹隘，但湯若望的傲氣使然，也讓人很難對他報以熱情，很難與他迅速修好。湯若望是個很無法容忍愚蠢的人，而從他的高標準眼光看來，即使一些才華橫溢的夥伴有時似乎也是傻子。負責調查對湯若望的這些指控的一位耶穌會士，在報告中指出，原本單純的一些爭議因湯若望個性使然而變本加厲：「在外表上，湯若望是很嚴厲的人，有日耳曼傳統的壞脾氣，非常暴躁。」中國耶穌會團隊之間的磨擦暗潮日趨洶湧，耶穌會士能不能執掌中國曆法局的問題於是輾轉傳到梵蒂岡。或者教宗比較能冷靜地評斷這場爭議。再怎麼說，教宗不必每天與那個嚴厲、壞脾氣、非常暴躁的湯若望共進晚餐。無論如何，教宗給了湯若望完全的授權：「有鑒於正式天文官職對宣教帶來的明顯優勢，聖父謹此賜予一切所需教規豁免權限，使會士們得以接受此一職位。」

罪人湯若望

無論這場鬩牆之爭為耶穌會的衝勁帶來甚麼損失，與順治帝在一六六一年以二十四歲英年早逝造成的衝擊相比，都算不得一回事。順治帝一死，湯若望在朝廷上的敵人也蠢蠢欲動。被冷落的官僚與宦官、原曆法局成員、仇外與反基督教人士，以大臣楊光先為首，高舉反基督宗教的旗幟。楊光先發表《摘謬論》與《辟邪論》，意欲「駁斥有毒的理論」，對基督宗教大加撻伐。

耶穌會也是在劫難逃，隨著這項爭議逐漸升高，已逾七十高齡的湯若望又因中風而癱瘓。他的敵人因此更加肆無忌憚地加緊攻擊。湯若望與他的三位夥伴被押在禮部前遊街示眾，並因一長串罪名下獄，其中最主要的罪名包括在中國各地散播異端邪說。由於身為曆法局負責人，他被安上間接導致皇帝猝逝的罪名（根據他們的指控，順治之死，只因皇帝的行事時辰與正式奉天儀式未能趨吉避凶地妥為安排所致，而湯若望的曆法必然是這種不吉安排的元兇）。湯若望的三位夥伴被斷為犯行較輕而僅遭杖責，整個耶穌會組織也在中國全面查禁。湯若望原先被判處絞刑，但主審官認為他的罪行滔天，應處以更加殘酷的凌遲之刑：即千刀萬剮之刑，每一處新傷口烙上熱鐵，將血的流失減至最低，以延長施刑期間。

湯若望畢生大部份心血花在研究天象，他的成功也多自「天」而降。現在，上天以一種極富戲劇性的手法，幫了湯若望最後一次忙。就在湯若望的行刑判決書呈交皇帝當天，北京發生大地震。還有甚麼徵兆能比這個更明確？嚇得渾身發抖（是真正地抖著）、毛骨悚然的主審官與檢控官員立即重新考慮他的死刑判決。從輕發落突然成為比較好的辦法，湯若望於是獲許回到自己家中。

被剝奪一切職務與頭銜、身無分文、而且近乎全身癱瘓的湯若望，不到一年與世長辭。這位《歐洲天文學與中國天文學的差異》、《望遠鏡論》、《西洋天文學家史》、以及好幾本中文論文的作者，臨死前又寫下最後一篇遺稿。這篇作品只是寫給極少數人看的。這篇稿子經由湯若望口述，由一位門生執筆寫下，並當著湯若望之面唸給他的耶穌會夥伴：

> 我將我自己呈現在這個對我而言，代表整個耶穌會的團體之前。幾個月以前，我在法庭上為我自己辯白，但現在，我不但不再自我辯白，還要完全誠實而坦然地自我指控：我認養了僕人之子，而犯下輕率之罪。我引起醜聞，以言語與文字冒犯了兄弟之愛，特別是對我在這座城市的夥伴，我的罪孽尤深。

他接下來又舉了一些個人的過錯，然後繼續寫道：

最後，我懇請大家不要將這篇告白視為一種追悔，也不要將它視為一篇逼供之詞；事實上，它不是我本人思考的成果，而是慈悲天主意旨的成果。經由其福佑與恩賜命定的時間與方式，天主柔剛合濟地撫慰著人心。

湯若望於不久後去世。

謹守原則的一生

用這樣一幕情景作為耶穌會領導的最後形象似乎有些怪異：湯若望臨終的告白，他的名聲與影響力完全化歸烏有。

但或許如此形象最是契合。

湯若望的臨終告白，使他又回到最初塑造他領導遠見的神操。發明神操的羅耀拉，不可能預見湯若望如此傳奇的一生，不可能料及他面對的那一連串匪夷所思的考驗。但羅耀拉知道大千世界變幻複雜，進入如此世界的耶穌會士必將面對艱難的選擇。也因此，神操教導學員如何「做出良好而正確的分辨」，強化每一位學員的判斷力。所謂分辨指的是任何重要的人生抉擇，包括一連串心理的角色扮演：

我要想像一個與我素昧生平的人。我希望他或她能十全十美，於是考慮應該怎麼說才能促使這個人採取行動，以邀上帝更大的榮耀以謀他或她更完美的靈魂。之後，我針對自己如法泡製，我要遵守我為那另一個人訂定的規則。

我要彷彿自己即將逝去一般進行思考，思考著但願自己在面對目前這項選取時會採取甚麼程序與標準。之後，我應以這項標準為自我指導原則，就整個事情作成決定。

所以要進行這種心理上的角色扮演，理由是羅耀拉相信每一項重要決定都值得投入時間、想像力、與精力進行思考。羅耀拉要學員們從各種角度思考一項決定，包括假設在臨終前病榻上進行的嚴肅反思：如果大限將至，你將如何決定？在那一刻，指引著你的價值觀與個人目標又是甚麼？

當他在世最後幾天，湯若望重拾這些沉思，只不過這一次他確實已經置身於臨終前的病榻，這一次不再是想像的神操。從十九歲那年接受耶穌會訓練起、直到他臨終一刻，湯若望每天照例都要兩次反省自己的行動、重估自己的目標、從自己犯下的錯誤中學習、並重新調整自己的途徑。而在身為耶穌會士的整個人生旅途中，在做過四萬餘次這樣的省察之後，他坦承自己仍然犯下不少錯誤。

事實上他不可能畢生不犯錯，事實是任何人都不可能辦到這一點。但正是在這樣一種有瑕疵的人生旅途中，湯若望體現了一種和諧的領導人生。傳統的智慧會認為，湯若望在進入全世界最大帝國的權力最核心時，也將領導發揮到極至。但實際上他整個人生，無論成功或是失敗，都是一種領導典範。不僅身為一品大員的湯若望是領導人，淪為階下囚的湯若望同樣是領導典範。當夥伴希望身邊能多一百個像他一樣的人時，湯若望在領導；但當他們指責他「很嚴厲、壞脾氣、非常暴躁」時，湯若望同樣在領導。身為皇帝「瑪法」、擁有「通微教師」頭銜的湯若望是領導人，在滿佈荊棘、鮮少康莊大道，更且複雜多變的世界中，冒險犯難、竭盡所能、鼓勇而前的湯若望，同樣也是領導人。

令人感到諷刺的是，湯若望將領導原則發揮得最為淋漓盡致之際，以及這些領導原則最能有助於他之際，不是當他的權勢與影響力達到巔峰，而是當他輾轉病榻、大限將至之時。因為在那臨終一刻，他仍然冒險進行領導，仍然謹守原則維護其和諧人生，以七十六高齡而繼續領導、繼續堅持。

冒險進行領導

湯若望在臨終時，列舉自己犯下的錯誤包括：（接受皇帝的好意命令）收養僕人的兒子、過著違反守貧戒律的生活方式等等。當然，為避免這些錯誤，湯若望至少有一條路可以走：他可以一開始就不接受領導的風險。錯誤隨冒險而出現，但不冒險等於迴避領導，等於浪費個人的潛能。當人走在人生旅途終點、進行反省時，不冒險或許意味值得反省的過失較少，但也意味較多「原來可望達成卻未能達成的遺憾」，以及較少輝煌的成就。

如果湯若望能夠更為自覺、能在他每天兩次的自我省察中更有效率，他能不能作出臨終時不讓自己遺憾的決定？或許他能夠。但自省的功夫無論作得多深，不能保證他永遠不作誤判，自省的目標訂得再實際，同樣也不可能讓他永不犯錯。事實上，對自覺的追求，正是以人會犯錯（而且是許多錯）的現實為基礎。但領導人還會採行更深入的步驟：他們會反省自己的錯誤，從錯誤中學習，並且在自我調整之後繼續前進。

湯若望冒的最後一個領導風險是甚麼？首先認錯，這是他冒的險。耶穌會士透過愛的透鏡觀察這個世界與世人，但透鏡也有模糊不清的時候。憑藉愛心領導的耶穌會團隊，永遠不能自免於人性的必然；以湯若望與他的夥伴的案例而言，就是浪費精力相互指責、未能充分把握因湯若望的成功而帶來的大好機會。湯若望在臨終時，為修好與夥伴冰凍已久的關係，不惜冒險認錯：「我冒犯了兄弟之愛。」

變與不變

賦予湯若望生命和諧性與完整性的，是甚麼？表面上看來，甚麼也沒有。他的生命似乎很零碎，他的形象似乎總是不斷在變化。他在外表上的改變（從歐洲修士的服飾，轉變到明代中國人蓄長髮、留長鬍，再到滿州人剃光頭留長辮的習俗）正標示著他個人內心深處的轉型。這種轉型在他畢生不斷進行著：從幼年到老年，透過職業的改變、關係的改變、與人生際遇的改變而持續。是甚麼將這一切種種聯繫在一起，使它們一望而知確實出於一生種種？

使湯若望持續變化的人生有一種和諧性與一種整體性的，是他對一套目標與價值觀的畢生承諾。它們是他一生中保持不變的唯一事物，但也是他一生所需求的唯一事物。以湯若望的案例而言，這些激勵進取人生的原則，早在湯若望成為耶穌會士的十九歲那一年已經開始成型；而羅耀拉直到幾近四十歲時才為自己確立了同樣的原則。對十六世紀一般人而言，大半輩子在四十歲已經成為過去。比每個人在甚麼時候才能發現這些人生基本原則更加重要的是，許下追求這些原則的承諾。無論一個人早在年輕時、或直到暮年才發現這些人生原則，根據它們作人生抉擇的承諾極端重要。唯有經過這個過程，人生才能從一連串散漫無章的事件轉型為一種整體，一種和諧的人生。

每個人都領導，而且每個人隨時都在領導。

儘管湯若望擁有的一切權責與頭銜都遭剝奪，但他的領導能力依然存在。身為「通微教師」的湯若望，與不再擁有權勢、垂老將逝的湯若望本是同樣一位領導人，前者不比後者更偉大，也不比後者更渺小。他的領導機會並不因他的失勢而結束。甚至在臨終前不久，他仍然有領導的機會：他可以繼續根據他珍視的原則反省、學習與生活，並與他的夥伴以及他自己修好，然後帶著尊嚴與和諧，與世長辭。

領導人必須堅忍

強調「關鍵時刻」的領導理論，就定義而言忽略了一項重要的領導特性。由於強調的只是領導人在世事中心舞台上決定性的一幕演出，這種理論使我們忽略為了這決定性的一刻，領導人持之多年的準備、生活習慣、價值觀、以及經由顛沛流離而學得的自我知識。

領導人必須堅忍。領導人要擁有不斷前進的勇氣與意志。在輝煌與權勢早已離他遠去的臨終之際，湯若望表示他的最後願望如下：「由於悲憐的上帝容我在會中一直活到現在，我因此也完全相信，能夠獲得你們的禱告與祈福，祂會容我堅忍到最後。」在許多人眼中，他的這個願望看來似乎很怪，但與湯若望一樣、也認為領導機會持續到生命最後一刻的人，不會這麼想。堅忍到最後為了甚麼？為了他最後一項領導計劃（在臨終最後一刻仍能信守不渝，從而有始有終地貫徹這些原則）。在他看來，這最後一項計劃的重要性，與早先一些較耀眼的領導機會相形之下，絕無絲毫遜色。

堅忍是耶穌會領導的一項核心要件，絕非湯若望特有的氣質。同樣的堅忍精神，也曾鼓舞著鄂本篤，使他度過漫長而令人失望的旅程，最後在偏遠的肅州逝世。

湯若望去世之後四十年（鄂本篤之後一個世紀）在堅忍精神驅使下，一個耶穌會團隊循著中國的萬里長城走到長城盡頭，俯瞰距肅州不遠的一片荒煙。

領導人所以堅忍，不僅出於自負、篤信、以及對他們價值觀的承諾。他們所以堅忍，也因為他們在深具信心、樂觀、與愚蠢的同時，又懷著謙卑之心，使他們希求、指望他們的努力終有一天，能以他們既無法預期、也無力控制的方式在甚麼地方開花結果。它是一種態度，全世界最成功的學校系統中數以千計的教師，以及今天為人師者與天下父母，憑藉它而能無怨無悔。在克服層層險阻、艱苦經營數十年之後，湯若望失勢、去世，再加上三十所學院遭到關閉，中國境內耶穌會的宣教工作無疑慘遭徹底重挫，但是，幾位追求「更」的耶穌會士卻不這麼想，因為他們傻得仍然相信他們能夠重建在中國的往日榮光。

他們沒有等得太久，機會就來了。耶穌會士南懷仁[16]雖已從獄中獲釋，但仍未脫離遭驅逐出境之險；他留在中國，保持低姿態，等待著。他在中國各地的夥伴，已經很快遭當局驅逐到廣州，但遞解會士們出境的官員還沒有抵達京城。康熙皇帝的朝廷很快就發現，迫害湯若望最力、繼湯若望之後出掌曆法局的楊光先，絕對談不上甚麼博古通今。朝廷終於召見南懷仁，目的不在於安排將他驅逐出境，而在於徵詢他的意見，為楊某訂定的那套錯誤層出不窮的曆法解決問題。南懷仁為這一刻早有充分準備，因為他是湯若望的門生，就像湯若望當年師事鄧玉函，利瑪竇師從克拉維斯一樣。尚．鮑郎高曾說，「耶穌會士透過教導他人而獲得最豐碩的學習成果」而所謂教導他人包括相互教導。在湯若望去世、耶穌會士遭驅逐之後不到三年，會士們又開始紛紛回到中國大陸，南懷仁也已成為曆法局的負責人。在之後幾近百年之間，耶穌會士相繼主持著中國曆法局，最後打斷這種耶穌會士包辦曆法局傳統的，不是中國境內情勢的又一次大轉折，而是天主教的領導人、即教宗在一七七三年解散整個耶穌會的敕令。

利瑪竇的世界地圖，引起他那些有學識的中國友人的好奇，並促成耶穌會在中國取得的初步成功。在他去世一個世紀之後，地圖又一次在耶穌會的成功過程中舉足輕重。身為法國皇家科學院新進院士的幾位法國耶穌會士，在以學徒身份完成國王路易十四設在巴黎觀測所的工作以後，在一個因緣巧合的絕佳時機來到中國。拜南懷仁之賜，耶穌會當時在中國又獲朝廷重用。當時的康熙皇帝也渴望對治下遼闊的帝國有進一步的了解。這幾位法國耶穌會士於是計劃為長城繪製地圖，以贏得皇帝對他們技術的信心。其中三人在一七〇八年六月離開北京，並於七個月後返回京城。他們此行沿著長城探勘到塔里木盆地附近、鄂本篤一度越過的長城極西之地，繪製成一幅長十五呎，標示著河流、砲台、與約三百座關隘的圖。康熙顯然龍心大悅，下令耶穌會為大清帝國版圖繪製全圖。三個耶穌會團隊於是三面進發，花了近十年時間為第一冊中國全圖進行觀測工作。直到後來進入十九世紀，這本地圖仍然是歐洲人在繪製中國地圖時的主要參考。這些耶穌會士獲得的御賜通行證書，使帝國內各省官員不敢怠慢，甚至在北方蒙古偏遠的不毛與蠻荒之地也不例外。他們將蒙古以一張簡圖帶過：「蒙古地圖空空如也……皇帝對此很是開心。」他們在繪圖過程中會見過的官員，絕大多數生平從未見過西方人，不過其中有些人聽過利瑪竇與湯若望的大名，聽說過這兩位耶穌會會士對中國的貢獻。

利瑪竇為我們帶來的教訓是創新與想像。鄂本篤帶來的是堅忍與冒險犯難。克拉維斯帶來的是知識的精確與嚴密，以及對追求止於至善的投身。耶穌會創辦人與無數已經逝去或仍然在世的耶穌會士，則透過對自覺、才智、愛心與英雄豪氣等原則的體現，向我們揭示一種生活方式，以及一種使人生完整的方式。

❶詹姆斯．海斯凱特（James Heskett）：哈佛商學院教授，運籌管理專家。
❷《企業文化與表現》（*Corporate Culture and Performance*）
❸華倫．班尼斯（ Warren Bennis）：美國南加州大學教授，暨該校領導力發展機構創辦人。
❹《領導人》（*Leaders: Strategies for Taking Charge*）：獲得倫敦《金融時報》評選為五十本最有影響力商業書之一。
❺湯若望（Johann Adam Schall von Bell）：生於一五九一年，逝於一六六九年。德國人，耶穌會士。
❻鄧玉函（Johann Terrenz Schreck，其姓氏也以拉丁文拼法 Terrentius 為人所知）：生於一五七六年，逝於一六三〇年，瑞士人，耶穌會士。
❼山貓學會 (Academy of the Lincei，或拼為 Lynx)：十七世紀初由羅馬王子崔西創辦，為鼓勵科學研究而設。
❽金尼閣（Nicolas Trigault）：生於一五七七年，逝於一六二八年，法國人，耶穌會士。
❾克里斯多佛．史艾納（Christopher Scheiner）：生於一五七五年，逝於一六五〇年。德國人，耶穌會士。
❿奧拉吉奧．葛拉西（Orazio Grassi）：生於一五八三年，逝於一六五四年。義大利人，耶穌會士。
⓫色魔沙西（Lothario Sarsi）：葛拉西與伽利略打筆仗時使用的筆名。
⓬皮克利王的勝利（Pyrrhic victory）：皮利克為古希臘王，此一用語意為以重大犧牲換得的勝利。
⓭約翰．克卜勒（Johannes Kepler）：生於一五七一年，逝於一六三〇年。德國天文學家。
⓮ Athanasius Kircher
⓯加爾文（John Calvin）：生於一五〇九年，逝於一五六四年，法國宗教改革家。
⓰南懷仁（Ferdinand Verbiest）：生於一六二三年，逝於一六八八年。比利時人，耶穌會士。

第十二章
英雄式領導

用「領導 leadership」這個字進行搜尋，找出的項目不下千萬。線上書店也能提供我們超過一萬本有關領導的書籍。但我們無須費時耗力對這許多書籍一一檢閱，也可以猜想而知沒有一本書會認為我們的社會充滿著領導人。我們幾乎可以肯定地說，這些書總不外乎認定這個社會缺乏領導。其中許多書籍只是進一步強化我們憑直覺已經得知的一些事：我們的大企業需要更多有原則、有效的領導人掌舵；我們的家庭與職場生活需要更有信心的個人領導；我們需要更有遠見、更能激勵我們的人，作我們的教練、導師、保護人與顧問。

我們可以相當肯定地說，這萬餘本有關領導的書，能以大約四六九年前開創的這段歷史為領導智慧的豐盛泉源、而極力探討的，大概一本也沒有，即使有，也寥寥無幾。大約四百六十九年前，幾個友人聚在一起建立一個事業體。他們似乎完全沒有準備：他們沒有產品，沒有資金、沒有事業體名稱、沒有經驗、也沒有業務計劃。他們成功的機率似乎微乎其微。

但沒隔多久，成員已達千人的耶穌會已經在四大洲運作。不過略多於三十年之間，耶穌會已經成為全世界最成功的宗教事業體，它的成功甚至堪稱當代任何形式的公司之冠。他們首創與非歐洲民族接觸的策略，一位歷史學家曾說，「歐洲人以自我種族為中心的對外擴張一般很野蠻，少有例外，而耶穌會的向外拓展是這些少數認真進行的例外行動之一。」而耶穌會確實不折不扣地進行著拓展行動：他們是第一批深入密士西比河上游、進入廣袤的中國內陸、涉水直上青尼羅河源流，探勘加利福尼亞、以及更偏遠的蠻荒邊陲的歐洲人，他們來到「無論出於貪婪或好奇，都不足以讓他們任何一位同胞涉足的地方；他們見到的人所操的語言，沒有任何其他西方人懂得一個字」。

標示耶穌會征服的是甚麼？不是滿載一船船的戰利品，不是迫人降服的霸權，或為遠在歐洲的王國插旗，而是知識。耶穌會士在世界各地製作、編寫的地圖、自然歷史、智慧文學、文法與字典、以及神學的比較研究，開始在歐洲氾濫，包括利瑪竇對中國儒家四書的義大利文譯本；馬奎特繪製的上密士西比河地圖；亞洲傳教士編纂的日文、塔米爾文、越南文、以及其他幾種語言翻譯字典；耶穌會天文學家在世界彼端的北京，以及南美洲大陸深處的天體觀察研究。歐洲從耶穌會學得知識，耶穌會士所在的地主國也從他們身上學得許多東西。徐中約所著的《中國近代史》對耶穌會士在文化與科技上的貢獻有如下敘述：「中國人從他們學得西方的造砲技術、曆法、製圖術、數學、天文學、代數、幾何、地理、藝術、建築術與音樂。同時，耶穌會士也將中國文明傳至歐洲。這是中國與西方世界在現代史上的初會，為中國帶來自我現代化的機會。」

但回顧起來，耶穌會最具遠見與影響力的創意，看來竟彷彿如此簡單、如此顯而易見，且幾乎稱得上必然難免。有些偉大的構想，正由於如此廣為世人接納與模仿，而使我們終於忘了它們也曾經新奇、古怪：例如汽車、電話還有學校系統。當然，學校與基本教育網路在耶穌會以前已經存在，但以如此規模、如此想像力推動教育系統的組織，耶穌會堪稱空前。為納入某些商務做法，許多著名的全球性公司至今仍在苦苦掙扎，而早在四百多年以前，這些做法已經成為耶穌會學校系統的標誌：營建一個多國教職員團隊、跨國界管理、持續不斷地將最佳做法推陳出新並廣為流傳、獻身於「全品質」產品而超越所有競爭對手。耶穌會士所到之地，學校接踵而至，單在他們興學的最初三十年，耶穌會學校已經在布拉格、維也納、里斯本、巴黎、印度的臥亞、德國南部的英格斯塔德、以及其他二十幾個城市建立。

使耶穌會如此與眾不同的四大原則

耶穌會在創會之初，顯然欠缺計劃、產品、與資金，但耶穌會創辦人擁有的，是比這些重要得太多的事物：他們絕不妥協地獻身於一種獨特的工作與生活方式，獻身於一種融入自覺、才智、愛心、與英雄豪氣等四大領導原則的人生。

無論是羅耀拉或他的共同創辦人，對這四項原則的認識，也不過是將它們視為我們今天所謂的領導技巧而已。但由於能夠一體兼顧，加以終生奉行，這四項原則成為他們的一種行事方式，一種對人生的和諧一致的做法。在面對機會與危機時，他們運用的不是一套當時最熱門的戰術。無論在工作中或在居家生活時，無論飛黃騰達或處於逆境之際，他們今天、昨日所用，以及明天將用的，都是同一套「方式」。湯若望在臨終以前運用的那套做法，與他二十歲那年在羅馬當耶穌會學員時運用的那一套並無不同。天文學家克拉維斯在羅馬憑藉一套自省的紀律而受惠，音樂家安東尼奧．塞普在亞培由歸集村秉持的，也是同一套紀律。使安東尼奧．維耶拉無論在巴西對待奴隸，或在葡萄牙教導耶穌會後進時，都能努力不懈的，也是一樣的愛心。

公司不能自覺；人才能自覺。組織不會有愛心；人才有愛心。領導是一種個人的選擇。無論耶穌會管理人曾經犯下甚麼錯，他們都牢記領導人的養成是一種按部就班的過程。他們沒有一位嘗試縮短培訓耶穌會士成為領導人的程序。一代接著一代，每一位耶穌會學員都接受神操的訓練，而這套訓練根據的，正是羅耀拉本身歷經重重艱難險阻、終於成為有效領導人的歷程。羅耀拉所以能夠吸引歐洲最優秀的人才，並不因為他有高人一等的才賦或有多麼驚人的成就，更不因為他有甚麼令人嘆服的業務計劃——或者就這件事而言，有任何業務計劃。羅耀拉所以吸引人，正因為他有協助他人成為領導人的能力。他教導共同創辦人的做法，成為耶穌會的模式：每個人都有領導潛能，真正的領導人能夠協助他人釋出那種潛能。

對英雄豪氣的再思考

追求更多的英雄式領導，使人訂定恢宏的目標，使人朝更多、更偉大的宗旨努力不懈。羅耀拉曾呼籲義大利的耶穌會學員「懷抱偉大的決心，許下同樣偉大的意願」。他提醒另一個耶穌會團隊「平凡無奇的成就」不應滿足他們追求至佳的雄心壯志。他的副手納達爾在歐洲各地奔走、為耶穌會新進學員的培訓工作操勞時，也一再訓誡學員們無論從事哪一行，「不要以只做半調子為自滿」。天文學家克拉維斯，也曾在羅馬學院想到，有一天能培養出「頂尖的人才散居不同的國家與王國，像閃閃發光的寶石一樣」。

這些話很像是出自老闆口中的那些高調，只不過事實是，這些耶穌會的領導者真的相信這些話，而且他們本身還以身作則地實踐。而且他們不僅自己過著追求「更」的生活，不僅教導學員甚麼是「更」，他們還邀請每一位學員考慮並投入這種生活。學員們接受了這項建議，全球各地的耶穌會士開始為追求「更」而努力，他們的信念與行動使得他們無論做的是甚麼，都像是在進行「今天世上最偉大的事業一樣」。當抱持如此信念的會士人數達到一定程度時，這種信念逐漸成為一種自我實踐的預言。追求更多的英雄們為他們的工作帶來活力、想像力、雄心壯志、與進取的動機；餘下的事自能自我料理。

英雄豪氣使一個人既是浪漫的理想主義者，也是不屈不撓的實事求是者。方濟．沙勿略奉派前往印度，卻構思了一套經營整個亞洲、極度不切實際的計劃（雖然極度不實際，他後世的夥伴們確實做到了）。耶穌會的中學教師只能在課堂上更有限的空間工作，但他們的英雄豪氣並未因而受損。他們的英雄豪氣的量度標準，不在於機會的規模，而在於面對機會、作出反應時的反應品質。英雄式領導人不會等待時機、直到重大時刻來臨才大顯身手；他們會把握手邊每一個機會、盡可能從中汲取利益。英雄豪氣存在於一種勇於獻身的高貴氣質，它使人獻身於一種目標更遠大、更崇高的生活方式。

對才智的再思考

才智不僅使人能夠跳出框架之外思考，還能使人跳出框架之外生活。由於深信大多數挑戰都有解決之道，利瑪竇與戴諾比利等人才能超越當代歐洲人狹隘的思維方式，訂定戰術與策略進行探究。利瑪竇與戴諾比利所以能夠與眾不同，不僅因為他們有智慧或他們努力工作，也因為他們具備極端重要的持平之心的態度（沒有過度牽掛的態度）以及以全世界為其住所的進取精神。

持平之心使人得以根除狹隘的心胸，對未知的恐懼，對本身地位或財富的牽掛，偏見，對風險的嫌惡，以及那種「我們一直這麼做」的態度。當人將整個世界視為他們的住所時，他們對新的構想、文化、地方與機會，自會報以有希望、有興趣、而樂觀的眼光。過度的牽掛使人不敢冒險或創新，一旦免於這種牽掛，人們在面對新機會時，自能採取充滿想像力的因應行動。而且，既能以樂觀態度面對未來，他們也更有可能找到這些機會與解決辦法。羅耀拉稱這種生活方式為「舉著一隻腳過日子」。

對愛心的再思考

愛心為才智與英雄豪氣帶來宗旨與熱情。在愛心為它帶來人的氣息以前，耶穌會協助生靈的使命始終只能是一種枯燥無味的抽象名詞。這項使命以及耶穌會士如何遂行它的做法，因愛心而轉型。

羅耀拉的夥伴傑洛尼莫．納達爾說，「我們之父（即羅耀拉）曾經說，我們不應該以一種冷漠的態度，或以慢條斯理的方式協助我們的鄰人。透過這一句簡單的格言，他揭示了我會的目標：即熱情奔走，為我們人類同胞的解救與美化而效力。」愛心賦予耶穌會士熱情與勇氣，使他們敢於挑戰西班牙最具權勢的權貴，以及這些權貴所代表的整個社會心態：「我聽說爵士對我們吸收這麼多『新基督徒』進入我們修會的事頗感不悅。我們的修會既不會也絕對不能排斥任何人……它不能拒絕才賦之士，不能拒絕任何有品德的人，無論他是『新基督徒』，或高貴的騎士或任何其他人。」

愛的觀念對一家獻身於協助人靈的公司有益，這是顯而易見的事。但愛心能讓所有公司變得更加強大，何以能夠？因為愛心使得一家公司包容所有才具之士，而不論其宗教信仰、膚色、社會地位或背景。愛心是樂見團隊成員「全力衝刺」、邁向至佳的熱情。愛心也是將個人結合，成為忠誠、支持團隊的黏膠。

在以愛心為動力的領導人眼中，世上盡是獨特而有尊嚴的人，並非充滿「害怕風險又貪得無厭的騙子」。他們相信，只有在與能夠提供真正支持、能夠付出真情的人一起共事，只有在替這樣的人工作時，人們才能有最佳表現。

對自覺的再思考

自覺是又一種領導美德的根基。能夠了解自己要甚麼、代表甚麼的人，已經邁出走向英雄式領導的第一步。那些能夠指明並且開始排除本身缺失、排除不健康的牽掛的人，正營建著對才智至關重要的持平之心。

早期耶穌會學員發現，明白陳述自己的價值原來具有如此威力：這就是我，這就是我代表的，這就是我要的。這項明白陳述的過程帶來兩個結果。首先，大多數人會驚喜地發現原來他們已經擁有如此重要的代表意義，只需加以整理就能更具活力地投入他們的價值。其次，這項過程難免導致再評估：我對此感到愉快嗎？這是不是我要在這個世上發表的領導聲明？這是不是我要留給後世的傳承？

自覺不是一種一勞永逸的計劃。對個人強項、弱點、價值觀與世界觀的初步評估自然重要，但同樣重要的是永不間斷、每天都要作的自我反省的習慣。省察是一種根據原則與目標、一點一滴衡量人生的機會。在上一節課時，我有沒有以愛心教導我的學生，或者只是敷衍了事？我在今天的工作中，有沒有充分發揮想像力，還是「只求過關」就算了？省察是一種機會，它使人能夠穩步邁向戴諾比利等人採行的那種人生途徑：冒險犯難、但堅守核心信念。省察以一些假定為基礎，這些假定包括：即使是領導人也會犯錯、我們可以從錯誤中記取教訓、我們每個人都有成長與發展的無限潛力。

儘管自省的概念讓人聯想到出世退隱的形象，但能夠真正自省的人，反而能以更旺盛的活力投入世事。每天三次的心理上小停（「起身時」、「午餐後」、以及「晚餐後」）能使人活出一種有重心、能集中的生活風格，早期耶穌會士稱這種小停為「行動中的默觀❶」。一位夥伴在談到羅耀拉時，曾發出這樣的感嘆：「在日理萬機之間，我們的會父（即羅耀拉）猶能如此泰然自省，實令人難以置信。」但羅耀拉所以能夠達到如此境界，憑藉的不是甚麼聖徒特有的本領；而是持之以恆、不斷在自覺上下的功夫——首先潛心投入，發掘自己的才賦、弱點、與目標，然後養成每天自省的習慣。

做領導人的領導

我們都是領導人，無時不是在領導著，我們的領導經常在無意之間以小規模的方式進行。我們每人每天總會與其他人有數以百計、不經意的接觸，例如早上買杯咖啡、擠上火車、應付部屬等等）這些都是我們表示敬意（或不敬）的機會。與助理、夥伴、配偶或子女的無數十五秒鐘的交談，一個月下來會累積成數小時的互動。能夠停下來、思考他們在這些不斷飛逝的接觸中釋出甚麼訊息的人，可謂寥寥無幾；而除睡眠以外，這些接觸加起來能佔去人生大部份的時光。抱持「偉大一刻」理論的領導人任由這無數接觸擦身而過，一意追尋那夠格稱為偉大領導的戲劇性一刻。但讓我們坦誠以對。首長們在搭乘電梯時對共乘部屬的態度，相較於他或她為感動子孫後代千萬人而作、文采華麗的聲明，對部屬的影響可能更深、更遠。

英雄式的領導鼓勵人們評估他們日常行為造成的影響，使他們在必要時重新對焦，要他們明示他們有意達成的領導目標。它也鼓勵他們以有意義的領導取代偶發的領導，無論自我領導與領導他人皆然。以羅耀拉那種無所不在的領導觀而言，甚至在電梯裡的片刻時光也是領導機會。它是一種謙卑但樂觀的做法。所以謙卑，是因為它承認領導人最後不能控制結果，只能控制他們本身的行動——亦即他們的投入。但所以樂觀，則因為它認為一個人的行動可以成為未來教師、父母、員工、與管理人的典範，從而不僅對目前、對多年以後也能造成深遠的影響。

以耶穌會士的案例而言，四大原則的領導做法不是管理人「強加」在他們身上的；它是每一位耶穌會士的自我選擇。為耶穌會締造最偉大領導成就的，總是奔馳在行動現場的領導人，而不是坐鎮在總部內的管理人，這種現象並非偶然。利瑪竇、戴諾比利、湯若望、歸集村的耶穌會士、以及數以千計的中學與專校教師，都在把握機會。他們透過個人領導將這些機會轉型為英雄式成就。

領導你自己，也領導他人

那麼，如果每個人都在領導，如果領導由下而上，那些企業與組織大員又該幹些甚麼？根據一般看法，領導人是負責的人，是將領、隊長、管理者、團隊領袖、與首席主管。但耶穌會全盤否定了這項觀念。如果按照耶穌會的說法，一度為人視為追隨者的人事實上竟是領導人，我們曾經視為領導人的那些人又應該是甚麼？那些傳統上為人視為領導人的管理者或老闆們，又該如何應用耶穌會的智慧？

首先，這些人應該放棄過去那種領導追隨者的行為方式，他們應該設法協助他人領導，像在領導領導人一樣展開行動。

如果你要你的團隊有英雄一般的表現，你自己要做個英雄。如果要使員工彼此相互扶持，首先你必須以鼓勵、忠誠與誠摯的教導協助員工「全力衝刺、邁向卓越」。

最有效的領導工具，莫過於領導人本身的人生典範：他或她做些甚麼，他或她的行動反映些甚麼，以及他或她的「言」與「行」是否合一。有些領導人能對他人造成既深又遠的影響力，有些卻只能造成引人猜疑、「不過是一張紙而已」的非領導，這其間差距就在於個人身教。

培養最卓越、最頂尖的人才

quamplurimi et quam aptissimi，意思是最卓越、最頂尖的人才。耶穌會創辦人盡可能尋找與培養「最多、最頂尖的人才」。要培養最頂尖的人才，得將業已貧乏的人力資源轉換為學員之際，他們沒有絲毫猶豫。他們了解獲得充分發展的人才，能引領事業體邁向成功。為發展這樣的人才而調整其他優先事項，並沒有改變公司的策略；它就是公司的策略。

許多公司在年度報告中總難免有一些「我們的員工就是我們最重要資產」的老生常談。但這些公司的管理者們是否真正積極尋求、培養著頂尖的人才——不只口頭上說著員工是他們最重要的資產而已，實際上也真的投入時間、見解、與精力以釋放這些最重要資產的全部潛能？團隊是否見到他們的管理者（包括首席主管與高層管理人）仍在努力自我上進，讓他們本人也成為頂尖之士？或是員工見到公司主管們在一旦攀上某一層次高位以後，他們自我上進的努力也就此停頓？

指出礦脈

如果管理人僅憑幾句咒語就能促成員工們大舉奮發、向上，不僅便利而且能省下許多時間。問題是天底下沒有這種事，過去不曾出現，今後也不可能出現。正因為企業使命的塑造過程，使那些獻身其間的人親身感受到重要性，使命感只能激勵那些親歷其間的員工。也因此，身為領導人的管理人必須設法協助部屬，使部屬以企業使命為己任，這是自我激勵的關鍵所在。羅耀拉就曾對神操的指導人員作以下提醒：「這是一種經驗教訓，所有參與的人都會因他們自行發掘到的事物而獲得更大喜悅，受到更大啟發。因此，像用手指一樣，指出礦山的礦脈，讓每個人自行發掘，就已經足夠了。」

四個世紀以後，羅耀拉與他的夥伴研創的這套做法，經管理顧問公司麥肯錫公司證實有效，羅耀拉等人地下有知必然欣喜。為研究一套策略，以協助公司吸引並留住難得的人才，麥肯錫詢問高級主管，甚麼事最能激勵他們最優秀的人才。以下是麥肯錫這項研究的摘述：

兩百位最高級主管，給予各項激勵人才絕對必要要素的評價百分比：

價值與文化	五八％
自由與自主	五六％
工作有刺激的挑戰性	五一％
良好的管理	五〇％
優厚的整體薪酬	二三％
令人鼓舞的任務	一六％

最頂尖的人才要的是甚麼？他們要享有主動（「自由與自主」），要作有意義的貢獻（「工作有刺激的挑戰性」）。他們也關心職場的價值與文化：夥伴們爭取的是甚麼，他們如何彼此對待，以及他們如何把握機會、如何運用構想。一言以蔽之，他們在意「行事之道」。但認為「令人鼓舞的任務」絕對重要的人僅得一六％，據此判斷，他們比較不甚在意的是「一張紙」。以耶穌會的說法而論，使頂尖人才最為嚮往的，是大家都了解每個人都是領導人、每個人隨時都在領導的一種環境。

支持與信任你領導的領導人

「奧利維，根據你的布裁製你的衣服；只要把如何行動告訴我們就行了。」一旦管理人塑造出領導人，他或她必須支持他們。大多數管理者也會鼓勵部屬顯現更多主動，但等到部屬真的採取主動，事情就變卦了。部屬真的作成決定，而且行事方式未必與他們的管理者一致。有時他們居然甘冒大不諱，犯下了錯。管理者這時變了臉色，開始進行微控。

身為領導人的管理人則本著羅耀拉的一種領導本能，而認為「置身現場的人更能近便行事」。更何況，身為領導人的管理人有支撐部屬經歷犯錯過程的勇氣、信心與耐性，他們了解最有效的領導人經常必須陷身於早期過錯的窯洞之中、歷經一段精煉過程，得以發展彈性，以及從錯誤中學習的能力，並培養一種智慧，知道自己與自己的隊友並不完美。

當部屬勇氣十足奉命出發、為公司冒險犯難之際，身為領導人的管理人也勇氣十足地支持他們進行冒險。戴諾比利與湯若望在需要羅馬方面提供支援時，得到了所需支援，羅馬的長上們沒有因為不敢冒險、只為自身安全而吝於支援。反之，當耶穌會長上沒能為巴拉圭的耶穌會士挺身而出、展開外交行動，還訓令他們退縮時，便為耶穌會英雄式領導帶來了惡兆。

準備的冒險

領導在發生作用時，往往也為人帶來創痛；這是好消息，也是壞消息。領導人發掘、培養出頂尖人才，賦予他們領導機會，並在他們冒險犯難之際支持他們。這樣的領導人，幾乎必將與當年耶穌會總部一樣，不斷因同樣的人事與優先順位問題而大傷腦筋。派在各地的團隊不斷發掘著新機會，他們都深信自己正從事於「當今世上最偉大的事業」，而且都要求總部給予支援，這是一個大問題。只是傷腦筋的事不再出現之時，也是真正的大麻煩來臨之際。只有當由下而上的領導終止時，領導高層才可能享有平靜。但想過太平日子的人，應該選擇清修，而不應選擇基於四大領導原則、以全世界為住所的生活方式。

在由下而上的領導世界中，身為領導人的管理人應該：

——自我領導，以身作則鼓勵他人，並創造愛心勝於恐懼的環境。

——發掘並培養頂尖人才。

——協助部屬找出他們內心的開關，使他們積極進取。

——信任與支持「置身現場」的部屬。

對每一位員工投資三十個小時

羅耀拉是身為領導人的管理者典範。他本人運用神操教導出許多第一代耶穌會士，引導這些未來的領導人自我評估他們的長項、短處、價值與世界觀。這是一項了不起的承諾：羅耀拉必須與這些未來的領導人每天會晤一次、每次約一小時，如此持續三十天。在今天，大多數管理者要花多少年的時間，才能與每一位部屬進行一對一的純養成對談、直到談滿三十小時為止？大多數管理者會訴苦，說他們有太多緊迫要務纏身，不可能如此周詳地面對每一位部屬諄諄教誨（只不過他們沒有想到，羅耀拉主持下的耶穌會是個規模每隔數月倍增的跨國事業體）。

這些管理者說的或許沒錯。也或許他們犯了短視之過。管理者應該將這三十個小時的教導視為一種投資。羅耀拉透過這項投資在營運方面獲得巨大收益。今天的管理人經常花時間疑心部屬的決定不明智，羅耀拉則採取一種放任的做法：「無論你認為應該採取甚麼手段才更能服侍主，我都全然同意在這個問題上我們只有一條心，而且由於置身於現場，你更能近便行事。」今天的主管，在處理高層次的銷售或外交折衝行動時，一般都只信任他們自己，與他們的心腹，而羅耀拉則信心十足地派遣大批耶穌會士與世界領導人（從葡萄牙國王直到蒙兀兒王朝帝王）打交道。對每一位耶穌會士三十小時的投資而言，如此回報可謂豐碩。而且這項投資還有巨型的相乘效果。羅耀拉透過神操而認識、信任他手下這些未來的領導人，而神操也使每一位耶穌會士作好準備，讓他們能成為專心致志、有信心、有自覺意識的耶穌會士而代表修會。更有甚者，每一位會士都承繼了羅耀拉的傳統，懂得如何投入心力以培養下一代。

在今天，為培育部屬，身為領導人的管理人也應獻身於類似的投資，這麼做不是基於職責，也不是基於一種模糊的好心，而是基於所謂開明的愛心：它既是一種釋放每一位部屬潛能的個人意願與承諾，也是一種認識，相信適當培養一位領導人而獲得的回報，比把握無數其他投資機會而獲的回報都更加豐盛。

強有力的領導人對現狀質疑

耶穌會擁抱四項自我強化的領導原則，並且有著根深柢固的傳統，認定每一代會士都應該本著同樣核心原則塑造其接班人。這麼說，它應該是一部十全十美的領導機器吧？倒也未必。它的完善與否，視每一位耶穌會士而定，換句話說，它並不很完善。耶穌會士無論是否為頂尖人才，但仍然是人。在他們自我強化、自我複製的領導機器全速奔馳以後，耶穌會士完全不能打開自動駕駛、無牽無掛地享受乘風而行的快意。隨著聲譽日隆，耶穌會士發現，他們對四大原則的奉行不但沒有變得較為簡單，反而越來越難。何以如此？才智、追求更多的英雄豪氣、以及自我反省，無可避免地迫使他們質疑現狀——他們本身的行為、他們正在進行的工作、以及他們運作於其間的文化。

耶穌會很快面對每一家成功的公司都必須面對的挑戰：不能躊躇滿志，必須不斷自我再創新高。一旦他們「抵達」成就高峰，不斷再創新高的動機變得越來越模糊，在耶穌會學校系統取得驚人成就之後，他們沒有因這種成就是否損及他們強調的機動與彈性原則而苦惱，其實也不足為奇。

耶穌會士沒能遵行他們本身的領導原則，並不表示他們的領導模式有瑕疵。世上沒有絕對的領導辦法，因為沒有一種辦法能保證沒有人為疏失。跌倒並不可悲；不能接受並了解自己的失敗，不能從失敗中記取教訓，不能重新站起來，以更有智慧、更英明領導人的面貌勇往而前，這才可悲。有效的領導人堅持他們反文化、追根究底、追求更多的做法，知道一旦不再對他們自己以及對他人提出質疑與挑戰，麻煩可能就此出現。能像將近五百年前的耶穌會士一樣、保有自省本能的現代領導人，能夠避免最惡劣的一種領導悲劇：一天早晨醒來，為一個問題而沮喪不已：「我去年一年究竟做了些甚麼？過去五年，過去三十年又都做了些甚麼？」

領導人不是聖人

耶穌會的領導原則並不保證取得世俗的成功，也不保證那些奉行不渝之士必能超凡入聖。幾近兩百位耶穌會士（包括依納爵．羅耀拉，與方濟．沙勿略）獲得天主教會封聖或宣福。對這兩位擎天台柱般耶穌會英雄人物的聖蹟，若是沒能有所禮讚歌頌，耶穌會教堂似乎算不上完整。但本書論及的其他幾位耶穌會領導人，獲得天主教會賜予如此地位的極少，像是利瑪竇、鄂本篤、湯若望、戴諾比利、克拉維斯或雷奈斯等人皆不在其列。或許我們可以將此視為小小的保證，證明耶穌會的領導方式並不是藏有一套特定宗教信念的特洛伊木馬❷。

不過，無論在當年或在今天，鼓舞耶穌會士（包括獲得封聖宣福，與未能獲此殊榮者）擁抱這些領導原則的，確實是一種宗教的志業。事實上，每一位耶穌會士都會堅持，追隨耶穌的腳步才是最重要、也是沒有商量餘地的唯一「道路」。英雄豪氣、愛心與才智，只因為成為一種抱持那種宗教信仰的生活途徑才對他們有意義。

但使他們成為領導人的，並不是他們的宗教信仰。此外，耶穌會明星領導人與最後是否獲得封聖之間顯然並無強大關連，有鑒於此，領導未必使他們成為更好、更神聖、更謙和的基督徒。四大領導原則並不是「為」任何信仰系統而設，它們的「運作」也獨立於任何信仰系統之外。只是對耶穌會士，以及對每個人而言，一種有關人生宗旨的明確意識，無疑為他們帶來更大的領導活力、承諾與意志。

耶穌會的領導方式或許不是宣揚基督教的特洛伊木馬，但世上許多偉大宗教傳統共有的一種強有力遠見，卻總離不開這些領導原則。真正的領導人也是真正的英雄，能將目光從自利移向服務他人，從而尋得滿足、意義、甚至於成功。他們鎖定比單純的自利更加恢宏的目標，也因而更加偉大。

在崎嶇難行、險阻重重的現代世界，這種觀念似乎有一種過於理想主義、偏離事實的意味。鮑郎高曾說「耶穌會士透過教導他人而獲得最豐碩的學習成果」，接受鮑郎高這種說法很容易。大多數人都會同意，無論就教授題材或就個人本身而言，對教師來說，教導他人本身也是一種學習的過程。同樣，有人也說服務他人就是加惠自己，或許我們可以將這類說法稱為「鮑郎高矛盾」。但這種矛盾絕非僅限教書這一行獨有的現象。它也在其他出人意表的範疇自我展現。《企業文化與表現》一書共同作者約翰·科特與詹姆斯·海斯凱特，在調查達爾文式殊死競爭的企業戰場之後發現，優秀公司的領導人所以與眾不同，在於他們能夠超越狹隘的自利，而將注意力更廣泛地置於股東、顧客和員工身上。這與表現貧乏、營運不佳的一些公司的企業文化成強烈對比：「如果表現較差的公司的管理者不能高度重視他們的顧客、他們的股東或他們的員工，那他們關心的究竟是甚麼？在問到這個問題時，接受我們訪談的人大多數都會答稱『他們自己。』」

本書前一章引述哈佛商學院教授約翰・科特令人喪氣的一段評語：「我完全相信今天大多數組織欠缺它們所需的領導。而且這種領導人才經常頗為不足。我所謂的不足不是一〇%，而是領導階層上下各種人才二〇〇%、四〇〇%、甚或更多。」科特說得沒錯，而且他所討論的領導差距不僅只是一種企業問題而已，它的廣度還要大得多。僅憑幾家大型組織的幾位高層人士，以「一位偉人」或「一個偉大時刻」領導理論，不可能縮小這種差距。

縮小這種差距之道，只能以一次一人、一次一天的方式，在家庭、課堂、辦公室、消防隊、育幼院、遊戲場和圖書館中逐一進行。只有那些決心投入有意義的領導、不肯隨波逐流廝混度日的人，才能填補這種差距。世上最成功的學校系統，經過一次一位教師、一次一天、一次一所學校的不斷累積，「就這樣出現了」。也因此，如果父母、教師、管理者、與其他人能夠逐一把握機會，以他們的人生作成一篇領導聲明，我們的社會領導供求差距（即使大到四〇〇%）也能煙消雲散。

你如何把握你自己的領導角色？

你要怎麼做，才能像依納爵・羅耀拉一樣，成為一位對全世界造成影響的領導人？

——你要重視你本身的尊嚴以及豐厚的潛力。

——你要察覺阻礙到這種潛力的弱點與牽絆。

——你要明示你所代表的價值。

——你要建立個人目標。

——你要有一種世界觀：你的位置在哪裡，你要的是甚麼，以及你如何建立與他人的關係。

——你要透過省察發現智慧與價值，並且獻身於這種習慣：這種每天自我反省、對優先要務重新對焦、並從成功與失敗中汲取教訓的習慣。

自覺是全心全意、全力投入這個世界的先決條件，也是更偉大、更具英雄豪氣領導的先聲。領導人在塑造個人的「行事之道」時，選擇他們希望造成的衝擊。無論他們選擇的任務是甚麼，是「協助人靈」也好，養育下一代也好，寫一章交響曲、賣保險也好，遵循耶穌會領導方式的領導人最看重四種價值：

——了解他們的長項、弱點、價值、與世界觀。

——充滿信心地創新與調適，以擁抱一個不斷變化的世界。

——以一種肯定而關愛的態度與他人交往。

——以英雄豪氣的雄心壯志激勵他們自己與他人。

這種方式（像所有真正的領導一樣）將焦點置於可能出現的未來。愛心驅動的領導人懂得如何追尋自我與他人的潛力，並尊重這些潛力。英雄式的領導人設法塑造未來，而不是消極承受世事可能出現的變化。而以才智驅動的領導人會找出辦法，將人類潛力轉換為成就，將針對未來的遠見轉換為一種現實。

對第一批耶穌會士而言，實行羅耀拉之道意味冒險相信一位未經驗證的領導人，以及相信他未經測試的遠見。但對於遵循這種領導之道的今人而言，情況就好些了。這種領導之道已經通過世世代代、跨越大洲、跨越文化的考驗。對探險家、地圖繪製人、語言學者、天文學者、神學家、印度托缽僧、音樂家、社會活動人士、兒童故事作者、遊說人士、宣教士，甚至對學校教師與大砲製造人，這種領導之道都經證明確實有效。它是四大基礎支柱的整合：

——自覺。

——才智。

——愛心。

——英雄豪氣。

❶行動中的默觀（contemplative even in action）

❷特洛伊木馬（Trojan horse），譯者註：希臘人在特洛伊之戰中做的大木馬，希臘軍隊藏於木馬中卒得入城，作者以此比喻這本書並不是為天主教宣教而作。

國家圖書館出版品預行編目資料

栽培領袖：持續五百年的人才培育學/克里斯・勞尼（Chris Lowney）著；陳曉夫譯.
-- 初版. -- 臺北市：啓示出版：家庭傳媒城邦分公司發行, 2004 [民93]
面； 公分. -- (Talent系列；3)
譯自：Heroic Leadership: Best Practices from a 450-year-old Company That Changed the World

ISBN 986-7470-06-0(平裝)

1.領導論 2.組織（管理）

248.85 93014108

Talent系列003

栽培領袖：持續五百年的人才培育學

作　　者／克里斯・勞尼（Chris Lowney）
譯　　者／陳曉夫
企畫選書人／徐仲秋
總 編 輯／彭之琬
責任編輯／徐仲秋、李詠璇

版　　權／葉立芳
行銷業務／何學文、莊晏青
總 經 理／彭之琬
發 行 人／何飛鵬
法律顧問／台英國際商務法律事務所羅明通律師
出　　版／啓示出版
台北市104民生東路二段141號9樓
電話：(02) 25007008　傳真：(02)25007759
E-mail:bwp.service@cite.com.tw
發　　行／英屬蓋曼群島商家庭傳媒股份有限公司 城邦分公司
台北市中山區民生東路二段141號2樓
書虫客服服務專線：02-25007718；25007719
服務時間：週一至週五上午09:30-12:00；下午13:30-17:00
24小時傳眞專線：02-25001990；25001991
劃撥帳號：19863813；戶名：書虫股份有限公司
戶名：英屬蓋曼群島商家庭傳媒股份有限公司城邦分公司
訂購服務／書虫股份有限公司客服專線：（02）2500-7718；2500-7719
服務時間：週一至週五上午09:30-12:00；下午13:30-17:00
24時傳眞專線：（02）2500-1990；2500-1991
劃撥帳號：19863813 戶名：書虫股份有限公司
讀者服務信箱：service@readingclub.com.tw
城邦讀書花園：www.cite.com.tw
香港發行所／城邦（香港）出版集團有限公司
香港灣仔駱克道193號東超商業中心1樓；E-mail：hkcite@biznetvigator.com
電話：(852) 25086231　傳眞：(852) 25789337
馬新發行所／城邦（馬新）出版集團 Cite (M) Sdn. Bhd.
41, Jalan Radin Anum, Bandar Baru Sri Petaling, 57000 Kuala Lumpur, Malaysia.
Tel: (603) 90578822 Fax: (603) 90576622 Email: cite@cite.com.my

封面設計／李東記
排　　版／極翔企業有限公司
印　　刷／城邦印書館股份有限公司
總 經 銷／高見文化行銷股份有限公司
地址：新北市樹林區佳園路二段70-1號
電話：(02)2668-9005　傳眞：(02)2668-9790　客服專線：0800-055-365

■2004年9月3日初版
■2023年5月22日二版4.5刷
定價330元

Printed in Taiwan

城邦讀書花園
www.cite.com.tw